学校で教えない教科書

面白いほどよくわかる
太平洋戦争

日本の運命を決めた「真珠湾」からの激闘のすべて

太平洋戦争研究会 編著

日本文芸社

はじめに

ほんの少数の例外を除いて、国民が火の玉となって燃え上がり、追いつめられた最後の段階では天皇と三種の神器さえ残ればよいではないかと、ギリギリの線まで戦い抜こうとした太平洋戦争とは、いったいどんな戦争だったのだろう。

開戦から六〇年(二〇〇一年)、敗戦から五五年が経過したが、その与えた影響はあまりにも大きく、いまもなお我々を揺さぶり続けている。あの戦争の実態を垣間見る努力なしには、今日のさまざまな問題に正確なスタンスをとることさえ、おぼつかないだろう。

日本だけでも三〇〇万人以上の犠牲を払い、戦場となった各国・地域での犠牲者は正確な統計も出せないほど夥《おびただ》しい。そのことだけを取りあげても、無関心ではすまされない戦争ではなかろうか。なぜ、始まったのか。どんなところが戦場になったのか。どんな兵器で戦ったのか。敵との戦いぶりにどんな違いがあったのか。そもそも最終的には、日本はどんな目的を達成しようとしたのか。受けて立った米英はどんな目的を達成しようとしたのか。戦いで死ぬということに、どんな意味づけを行なっていたのか――。

そういうもろもろの疑問に読者なりの答を得るための、一つの手がかりを本書から読み取っていただければ幸いである。

面白いほどよくわかる太平洋戦争――目次

はじめに　1

序章　太平洋戦争はなぜ起きたのか

第1章　日本軍の快進撃で始まった太平洋戦争

真珠湾への道1
日本を戦争に突っ走らせたのは誰？　20
ナチス・ドイツの快進撃に惑わされた帝国陸軍

真珠湾への道2
日本の国力はアメリカの一〇分の一だった　22
当時の為政者は日米戦争をどう計算していたか

真珠湾への道3
日本軍はアメリカに勝てると思ったのか　24
「半年か一年なら十分に暴れてご覧にいれる」

真珠湾への道4
アメリカの最後通牒「ハル・ノート」　26
日米開戦を決定づけた米国務長官の〝国交断絶通告書〟

真珠湾への道5
筒抜けだった日本の外交暗号　28
開戦前から暗号解読戦争で敗れていた日本

真珠湾への道6
米大統領は真珠湾攻撃を知っていた？　30
米政府はなぜ日本の暗号情報をハワイに知らせなかったのか

真珠湾奇襲攻撃1
日本に汚名を着せた在米日本大使館の怠慢 32
「リメンバー・パールハーバー」を生んだ日本大使館の送別パーティー

真珠湾奇襲攻撃2
山本大将の執念で決定した真珠湾攻撃 34
山本長官はなぜ真珠湾攻撃に固執したのか

真珠湾奇襲攻撃3
錦江湾で行なわれた真珠湾奇襲訓練 36
アイデアと技術開発が支えた攻撃成功のシナリオ

真珠湾奇襲攻撃4
「ニイタカヤマノボレ一二〇八」の真実 38
新高山はどこにある？　陸軍の開戦隠語は「ヒノデハヤマガタトス」

真珠湾奇襲攻撃5
世界を驚愕させた真珠湾奇襲攻撃 40
画期的だった世界初の機動部隊の編制

真珠湾奇襲攻撃6
最初の一弾はなぜ飛行場に落ちたのか？ 42
「トラトラトラ」の陰にあった小さな錯誤

真珠湾奇襲攻撃7
真珠湾攻撃は大成功だったか？ 44
なぜ南雲司令部は第二次攻撃をしなかったのか

真珠湾奇襲攻撃8
奇襲攻撃を陰で支えた日本人スパイ 46
海軍がハワイに潜入させたニセ領事館員の活躍

真珠湾奇襲攻撃9
九軍神と日本人捕虜第一号 48
特殊潜航艇乗組員一〇名の運命を変えた「十二月八日」

真珠湾奇襲攻撃10
米国の世論を沸騰させた真珠湾攻撃 50
図に当たったルーズベルト大統領の参戦への思惑

マレー・シンガポール作戦1
真珠湾より早かったマレー上陸作戦 52
深夜のコタバル上陸は真珠湾奇襲の一時間前だった

マレー・シンガポール作戦2
日本海軍航空隊に粉砕されたイギリス戦艦 54
チャーチル首相に大ショックを与えた相次ぐ悲報

マレー・シンガポール作戦3
「イエスかノーか」――日英降伏交渉 56
山下奉文軍司令官は、ほんとうに怒鳴り飛ばしたのか？

フィリピン進攻作戦1
「死の行進」を日本軍は知らなかった 58
マッカーサーに見捨てられたバターン半島の米比軍

フィリピン進攻作戦2
部下の将兵を見捨てたマッカーサー 60
幕僚とともに前線を脱出してオーストラリアへ

蘭印攻略作戦
日本軍を助けた現地民の「救世主伝説」 62
日本軍の進駐を容易にしたオランダの植民地政策

ビルマ攻略作戦1
ビルマ独立運動家と日本の謀略機関 64
祖国の解放を日本軍に託した若きビルマ戦士たち

ビルマ攻略作戦2
空の軍神・加藤隼戦闘機隊長の最期 66
知られざるビルマ攻略航空戦

インド洋作戦
英東洋艦隊を壊滅した南雲機動部隊 68
航空主兵のダメを押した連合艦隊

日本軍謀略作戦
インド国民軍結成に奔走した秘密機関 70
ボースのインド独立運動に手を貸した日本の謀略工作

南方進攻作戦
なんと次期作戦計画がなかった日本軍 72
第二段作戦計画作成でもめる陸海軍

MO作戦1
世界初、空母同士が対決した珊瑚海海戦 74
アメリカ機動部隊は初陣を飾れたか？

MO作戦2
珊瑚海で勝ったのは日本？ アメリカ？ 76
「戦略的勝利」とニンマリしたニミッツ大将

MO作戦3
海戦後に左遷された日本海軍指揮官 78
井上成美中将はほんとうに戦下手だったのか？

MO作戦4
ジャングルに見捨てられた南海支隊 80
海軍の要請に引きずられた無戦略のニューギニア戦

大本営陸海軍部
「作戦参謀」は作戦の神さまだった? 82
陸海軍省と大本営は別組織なのか?

コラム①
連合艦隊とは何か? 84

第2章 悪化する戦局と南海の死闘

日本本土初空襲
山本大将も虚をつかれたドゥリットル空襲 86
計算が図に当たった米陸海軍の奇想天外作戦

ミッドウェー海戦1
ミッドウェー作戦はなぜ行なわれたのか 88
またも山本五十六長官の脅しに屈した軍令部

ミッドウェー海戦2
「AFは現在、真水が欠乏している」 90
まんまと連合艦隊をワナにはめた米太平洋艦隊暗号解読班

ミッドウェー海戦3
軍令部総長になったニミッツの副官 92
〝日本の提督〟として活躍した情報参謀レイトン中佐

ミッドウェー海戦4
運命の五分間、生かされなかった教訓 94
空母四隻を一瞬に失った南雲長官の兵装転換命令

ミッドウェー海戦5
造船能力でも勝った米海軍工廠の根性 96
珊瑚海海戦で大破した空母「ヨークタウン」を三日で修理、前線へ

ミッドウェー海戦6
適材適所を忘れた日本海軍の人事弊害 98
草鹿参謀長の〝哀訴〟に屈した山本五十六長官

ガダルカナル攻防戦1
日本の敗戦を暗示したガ島の飢餓地獄 100
日米最初の陸戦はなぜ起きたのか？

ガダルカナル攻防戦2
夜戦を制した日本の重巡部隊 102
米豪連合艦隊に完勝した第一次ソロモン海戦

ガダルカナル攻防戦3
痛み分け、日米機動部隊二度目の激突 104
ミッドウェーの仇を討てなかった第二次ソロモン海戦

ガダルカナル攻防戦4
空母「ワスプ」を単独で葬ったイ19潜 106
史上空前の大戦果をあげた日本の必殺魚雷戦

ガダルカナル攻防戦5
なぜガ島は「餓島」になったのか 108
大本営参謀の無能を証明した総攻撃失敗

ガダルカナル攻防戦6
新兵器レーダーに敗れたサボ島沖海戦 110
打破された日本海軍のお家芸「夜戦」

ガダルカナル攻防戦7
南雲機動部隊、傷だらけの苦い勝利 112
連合艦隊〝最後の勝利〟となった南太平洋海戦

ガダルカナル攻防戦8
日米戦艦が初対決した第三次ソロモン海戦 114
ガ島奪還をはかった連合艦隊最後の大海戦

ビスマルク海海戦
「ダンピール海峡の悲劇」はなぜ起きたのか 116
日本軍輸送船団を壊滅した米軍の新戦法

コマンドロスキー諸島海戦
太平洋戦争最北の日米海戦 118
作戦ミスでクビになった日本の司令長官

コラム②
戦艦・重巡・軽巡・駆逐艦はどこが違う？ 120

第3章 崩れ去った絶対国防圏と日本の敗戦

い号作戦1
山本五十六大将が直接指揮した大空爆戦 122
「い号作戦」はほんとうに大成功だったのか？

い号作戦2
山本五十六謀殺はこうして計画された 124
ニミッツ大将が画策した山本機撃墜作戦

い号作戦3
孔雀は時間どおりに来た！ 山本長官謀殺 126
撃墜機の中で山本長官は生きていた!?

米軍の反攻作戦1
アッツ島の全滅で登場した「玉砕」 128
最後の一兵まで戦い抜いた日本軍の北海守備隊二五〇〇名

米軍の反攻作戦2
南太平洋の玉砕戦タラワ、マキンの死闘 130
予想外の損害を強いられた米軍のガルバニック作戦

米軍の反攻作戦3
日本海軍を消沈させたクェゼリンの玉砕 132
トラック諸島が丸裸にされた南洋群島の失陥

海軍乙事件
長官はいずこ、壊滅した連合艦隊司令部 134
米軍空襲を逃れてパラオを脱出したまま行方不明の司令長官

マリアナ沖海戦1
暗号解読で丸裸にされていた連合艦隊 136
万全の態勢で待ち伏せていた米太平洋艦隊

マリアナ沖海戦2
ああ「マリアナの七面鳥撃ち」 138
卓上作戦に終わった日本海軍のアウトレンジ戦法

サイパン玉砕戦
日本軍と運命をともにした二万の邦人 140
民間人も巻き込んだ「バンザイ・クリフ」の悲劇

台湾沖航空戦
四〇〇機の攻撃機を失った大混戦の真相 142
「米機動部隊壊滅！」——幻の大戦果はこうしてつくられた
捷一号作戦1
レイテ決戦はなぜ行なわれたのか？ 144
台湾沖航空戦の勝利を信じた寺内軍司令官の愚挙
捷一号作戦2
フィリピン上空に乱舞したカミカゼ 146
米軍を恐怖に陥れた体当たり戦法の狂気
捷一号作戦3
日本海軍最後の大作戦「レイテ沖海戦」 148
米軍も混乱——「第三四任務部隊はいずこにありや」
捷一号作戦4
栗田艦隊はなぜ反転したのか？ 150
敵前脱出——いまだ明かされない「太平洋戦争最大の謎」
捷一号作戦5
戦場に初出撃した戦艦「大和」「武蔵」 152
日本が熱望した「艦隊決戦」はなぜ起きなかったのか？
インパール作戦
無能指揮官が生んだ「白骨街道」 154
飢餓地獄の将兵を尻目に〝敵前逃亡〟した最高指揮官
硫黄島玉砕戦
一人十殺主義、増援なき全滅戦 156
全島を要塞化した日本国土初の徹底抗戦
日本大空襲1
日本上空でB29を何機撃墜したか 158
「超空の要塞」に体当たり攻撃も敢行した日本の防空隊
日本大空襲2
東京大空襲はどうして決定されたか 160
対日ジェノサイド——精密爆撃から無差別爆撃へ
沖縄防衛戦
沖縄住民を見捨てた大本営作戦部 162
鉄の暴風にさらされた住民の悲惨
菊水作戦
なぜ戦艦「大和」の沖縄特攻は行なわれた？ 164
日本海軍の終焉を象徴した巨艦の片道燃料出撃

本土決戦1
米軍のオリンピック作戦とコロネット作戦 166
具体化していた米軍の日本本土進攻作戦

本土決戦2
大本営が用意した一五〇万の本土決戦部隊 168
鉄砲なく、弾なく、あるのは精神だけの日本の留守部隊

本土決戦3
松代に造られた大本営と天皇の居室 170
長野の山間に掘られた本土決戦用の地下秘密基地

ピカドン1
広島と長崎はどうして選ばれたのか 172
第二の原爆都市になった長崎の不運

ピカドン2
米軍を恐怖に陥れた原爆搭載艦轟沈 174
伊58潜の魚雷攻撃で消えた重巡「インディアナポリス」

コラム③
戦略単位——師団と連隊の関係 176

第4章 検証・なぜ日本は負けたのか

近代戦の真相1
対米戦争は負けるべくして負けたのか 178
山本五十六大将の予想どおりになった日本の末路

近代戦の真相2
日米のGNP比較は語る 180
長期戦を予想できなかった日本軍指導部の戦略眼

近代戦の真相3
米国の自動車産業がもたらしたもの 182
〝戦場の機械化〟で日本軍を圧倒したアメリカのインフラ

近代戦の真相4
石油を米国に依存していた日本の誤算 184
ホワイトハウスの手玉に取られた日本の外交戦略

軍隊教育1
アメリカ式合理主義が勝因？ 186
将兵の生命を第一にしたアメリカの人道的合理性

軍隊教育2
日本軍が重視した「大和魂」の功罪 188
科学力には勝てなかった武士道精神

軍隊教育3
「日本海海戦」に学べなかった日本海軍 190
敵米将校から「兵隊は一流、指揮官は三流」と言われた日本軍

戦略・戦術1
日本軍に名戦略・戦術家はいたのか？ 192
大きな戦略がなかったからよい戦術も生まれなかった

戦略・戦術2
「大艦巨砲主義者」と「航空屋」の戦い 194
真珠湾攻撃で実証した「航空主兵」はなぜ生かされなかったのか

戦略・戦術3
最後まで艦隊決戦にこだわった日本海軍 196
かの山本五十六大将も大艦巨砲主義に逆戻りした？

戦略・戦術4
日本にはなぜ「空軍」がなかったのか？ 198
陸海軍統合の航空隊設立構想を葬った日本軍の内部事情

戦略・戦術5
パイロット養成を怠った日本軍のツケ 200
日米開戦三年前にスタートしたアメリカのパイロット大量養成

戦略・戦術6
戦艦建造に現われた日米の国民性 202
大量生産方式の米国と一艦完璧主義の日本

戦略・戦術7
シーレーン防衛を軽視した日本海軍 204
敵を甘く見、補充計画も甘く見た戦争計画のツケ

情報・謀略戦1
前線の情報戦争でも完敗した日本 206
オーストラリア軍とマッカーサーが張り巡らせた情報・諜報網

情報・謀略戦2
米兵たちを幻惑させた「東京ローズ」 208
戦争に運命を翻弄された対米謀略放送のマドンナ

情報・謀略戦3
ウソつきの代名詞となった「大本営発表」 210
日本国民を最後までだまし続けた戦果の中身

コラム④
ポツダム宣言受諾——二度の「聖断《せいだん》」が行なわれたわけ 212

第5章 日米の兵器比較にみる戦争哲学の違い

大空の攻防1
大空の主役に踊り出た零式艦上戦闘機 214
華やかなデビュー戦から太平洋戦争の主役に

大空の攻防2
零戦と主役を争ったグラマンＦ４Ｆ 216
華麗に米機を蹴散らした零戦の戦績

大空の攻防3
日本海軍はどうやって米本土を爆撃したか？ 218
米軍にはなかった画期的な潜水艦搭載機

大空の攻防4
不時着した零戦を徹底解剖せよ！ 220
米軍特別プロジェクトが手にした零戦の弱点

大空の攻防5
「一式ライター」陸攻の日本的事情 222
限りなく速く、身軽に、遠くへ飛ぶために犠牲にされたもの

日本の特殊兵器1
酸素魚雷は日本が開発した超兵器 224
ついに米英の追随を許さなかった必殺の魚雷

日本の特殊兵器2
機能だけを追求した日本軍の兵器思想 226
特殊潜航艇に代表される人命軽視の攻撃兵器

日本の特殊兵器3
人間爆弾・特攻兵器の悲しき奇抜さ 228
本土決戦用に作られた究極のロケット兵器

日本の特殊兵器4
風船爆弾はほんとうに使われたのか 230
アメリカ本土が受けた奇妙な爆弾の実被害は？

日本の特殊兵器5
日本海軍オリジナルの水陸両用戦車 232
いかにも日本軍らしい凝った構造になっていたが…

科学技術と戦争1
射撃用レーダーの開発に〝成功〟した陸軍 234
故障続出で信頼性の乏しかったイギリスのパクリ

科学技術と戦争2
肉眼では見えてもスクリーンに映らない!? 236
陸軍に遅れをとった海軍のレーダー開発

科学技術と戦争3
日本の核開発はどこまで進んでいたか 238
研究開発を阻害した陸海軍の〝いつもの〟非協力的な体制

科学技術と戦争4
潜水艦でドイツと技術協力した日本 240
ドイツの科学技術を輸入しようとした〝深海の使者たち〟

科学技術と戦争5
ロケット戦闘機「秋水」の試験飛行 242
敗勢のなかでも模索が続いた新鋭機開発

科学技術と戦争6
松ヤニとサツマイモで戦闘機を飛ばせ！ 244
全国で掘り起こした松根からもガソリンづくり

コラム⑤
日本の戦没者の内訳 246

第6章 戦後処理と日本の独立

連合軍の謀略1
ソ連の対日参戦と取り引きした米大統領 248
日ソ中立条約を破った軍事独裁者スターリン

連合軍の謀略2
日本の降伏を無視したソ連の対日侵略 250
スターリンが要求した「日露戦争の代償」とは?

連合国の謀略3
日本兵六〇余万を強制労働させたソ連の不法 252
ロシア国内では意外と知られていない日本兵抑留

日本占領1
なぜ日本はアメリカ軍が占領したのか 254
ドイツ管理と異なったアメリカ単独管理の真相

日本占領2
危うく四分割されそうになった日本 256
ソ連は「北海道の半分をよこせ」と強談判!

日本占領3
マッカーサー元帥が描いた新生日本像 258
ドイツは四十五歳、日本は十二歳、私は保護者

日本占領4
東京裁判は正義の裁判だったか 260
戦勝国が企画・制作・演出した世紀の政治裁判ショー

日本占領5
A級戦犯七名の遺骸はどう処分された? 262
関係者の機転でかろうじて保たれた遺灰

日本占領6
アメリカに利用された天皇制 264
東京裁判で昭和天皇の訴追を必死でかわしたアメリカ

日本の独立1
朝鮮戦争がもたらした日本の再軍備 266
経済復興と独立を一挙にはたした敗戦国日本

日本の独立2
アメリカが急いだ日本独立の真意は？ 268
ソ連抜きでも日本の独立を願ったアメリカの新戦略

コラム⑥
マッカーサーの日本評とは？ 270

日本軍の主要将官・人名事典 271

日中戦争〜太平洋戦争年表 281

カバー装丁／若林繁裕
本文DTP・図版／フレッシュ・アップ・スタジオ
写真／近現代フォトライブラリー

序章　太平洋戦争はなぜ起きたのか

◎太平洋戦争に至る四つの流れ

太平洋戦争は、日本がアメリカ・イギリス・オランダに対して先に戦いをしかけて始まった。機動部隊の航空隊がハワイにある真珠湾のアメリカ海軍基地を奇襲して、多くの戦艦を沈没させたり破壊したのだ。

それよりほんの少し前、マレー半島（イギリス植民地）北部のコタバルに日本陸軍部隊が上陸作戦を開始した。一九四一年（昭和十六）十二月八日だった。いまから（二〇〇〇年）五九年前のことである。

なぜ日本はアメリカやイギリスに戦争をしかけたのか、どうして最終的にはほとんど世界中の国（四九ヵ国）と戦うことになったのか。――大きな流れを四つ押さえておきたい。

◎日中戦争とナチス・ドイツの戦争

第一は、日本がアメリカ・イギリスに宣戦布告したとき、日本は八〇万近い兵力を中国全土（万里の長城以南。長城以北は内蒙古を除き一九三二年から日本の植民地「満州国」だった）に展開して、四年以上も攻略を続け、国土の半分以上を占領していたことだ。宣戦布告をしていなかったので日本は支那事変《しなじへん》と呼び、中国は抗日戦と呼んだ。

アメリカ・イギリス・フランス・ソ連は（ごく初期にはドイツも）、最初から中国に軍事援助を続けていた。だから、日本がアメリカとイギリスに宣戦布告した翌日、中国は日本に宣戦布告して、連合国の一員となったのである。

当時の日本は中国を支那と呼んでいた。正式の国名は中華民国で指導者は蒋介石だった。現在、その後継政府は台湾にある。

第二は、ヒトラー支配下のナチス・ドイツとムッソリーニ支配下のイタリアが、フランスなど西ヨーロッパ諸国や東欧諸国を占領しており、そのうえソ連を侵攻していたこと。

ドイツ・イタリアのヨーロッパ侵攻は（当初はソ連も加担）、一九三九年九月から始まっていたが、日本の対米英宣戦で戦争は文字どおり第二次世界大戦となったのである。

◎日独伊三国同盟がもたらしたもの

第三は、日本はそのドイツ・イタリアと軍事同盟を結んでいたこと。日独伊三国同盟という。

つまり日本は戦端を開く前から、ドイツ・イタリアと戦っているイギリス、そのイギリスを軍事援助していたアメリカをはっきりと敵側に追いやっていたわけである。

それまでアメリカは、イギリスがドイツとの戦争で負けるかもしれないという崖っぷちに立たされたときでも、ドイツに宣戦しなかった。ただ、武器弾薬や食糧などの援助を行なうにとどまっていたのである。アメリカのルーズベルト大統領の本心は、軍隊を送ってドイツと戦うべきだと考えていたが、アメリカの世論がドイツとの戦争には反対していたのだ。

しかし、日本が真珠湾を奇襲したことで、アメリカの世論は一夜にして日本、そしてドイツ・イタリアと戦端を開くことに同意した。いわゆる「リメンバー・パールハーバー（真珠湾を忘れるな）」である。

とはいえ、ルーズベルト大統領が自国の世論を参戦に導くためにさまざまな手段をつかって挑発し、日本に最初の一発を撃たせたというのが真実に近い。一九四一年八月一日の日本に対する石油輸出禁止はまさにそれだった。

開戦はそれから四ヵ月後。石油を止められた日本は、アメリカの読み筋どおりに蘭印《らんいん》の石油を求めて開戦した。蘭印とはオランダ領東インドで、現インドネシア。蘭印も米にならって対日石油禁輸をとっていた。

◎「大東亜共栄圏」という大義名分

第四は、日本が戦争の大義名分を大東亜共栄圏の建設という点においたこと。中国や東南アジアに日本を盟主とする経済・政治上の一大ブロックを建設し、各民族と共存共栄を図るという名目だ。だから、日本は支那事変も含めて大東亜戦争と名づけた。太平洋戦争はアメリカ側のパシフィック・ウォーの訳語である。

「大東亜共栄圏の建設」には、単に米英に対抗する経済的政治的ブロックの建設という以上に、特別な意味が与えられていた。

「日本を盟主として」は「天皇を盟主として」という意味であり、共栄圏の建設は「八紘一宇《はっこういちう》」の実現であるということだった。

八紘一宇は神武東征《じんむとうせい》神話に出てくる言葉で、「地の果てまで（八紘）一つの家（一宇）のようにまとめて天皇の統治下に置く」ということである。神武天皇が諸豪族をひれ伏させてヤマトを統一したように、昭和の御代《みよ》に大東亜を統一する、という思想だ。神武天皇の「肇国《ちょうこく》（建国）の精神」を受け継いで大東亜共栄圏を建設するのだということである。

東条首相も東郷外相も議会でこのような言葉をつかって、戦争の意義を説明しただけでなく、新聞紙上・学校・職場・軍隊などで繰り返し説かれたのだった。

◎連動したヨーロッパの戦争と日中戦争

石油を止められたことが戦争の直接原因となった、という点にウェイトをおくと、開戦の詔書《しょうしょ》でいう「自存自衛のため蹶然起《けつぜんた》って」開戦したことが当然のように思える。

日独伊三国同盟を結んだことで日米関係は引き返し不能な瀬戸際まで行き着いたと考えれば、外交の失敗である。

大東亜共栄圏の建設にウェイトをおけば、これはもう神話の再現をめざしたものにほかならない。戦場の大部分は米英蘭の植民地であり、白人勢力を追い払った日本軍を、一時的とはいえ積極的に歓迎したところ（ビルマ、インドネシアなど）もあったから、「御稜威《みいつ》（天皇の威光）光り輝く」疑似神話の世界を味わった部隊があったかもしれない。

しかし、冷静に事態の流れを観察すれば、太平洋戦争の原因は日中戦争そのものにあったという結論に行き着かざるをえない。日独伊三国同盟にしても、日中戦争三年目に結ばれたが、その動機は中国支援をいつまでも続けるアメリカに対する恫喝《どうかつ》だった。

当時のドイツはヨーロッパをほぼ制圧していた。その勢いにあやかって日本はドイツと組み、より大きな戦争、すなわち南進して英米蘭の植民地を侵《おか》す姿勢を示した。北部仏印進駐は直接的にはハイフォン港から陸揚げされる援蔣《えんしょう》物資（中国政府、すなわちの蔣介石を援助する物資）を遮断することだったが、日本軍の南進を示唆する行動でもあった。

◎「民主主義」対「ファシズム」の戦い

このように北部仏印進駐と日独伊三国同盟は、ヨーロッパの戦争と日中戦争を連動させ、アメリカを牽制《けんせい》する「奥の手」のつもりであった。中国支援から手を引かないとより大きな戦争で日中戦争を解決するぞ、というわけである。

しかし、米英はその脅しに屈しなかった。受けて起つ戦略を固めたのだ。ただちに、将来のアメリカ参戦を前提にした米英共同作戦の検討に入り、ルーズベルト米大統領は「四つの自由（言論と表現の自由・信教の自由・欠乏からの自由・恐怖からの自由）」を守るためにファシズム（ドイツ・イタリア・日本）と戦っているイギリス国民や中国国民への支持を訴えた（一九四一年一月）。

日独伊三国同盟の成立によって、ルーズベルトは洋の東西で繰り広げられている戦争を、「民主主義対ファシズムの戦い」という図式で、アメリカ国民にわかりやすく説明できる「根拠」を得たのである。

太平洋戦争の始まりは「四つの自由」演説から一一ヵ月目である。

第一章
日本軍の快進撃で始まった太平洋戦争

日本を戦争に突っ走らせたのは誰？

ナチス・ドイツの快進撃に惑わされた帝国陸軍

日本が米英との戦争を具体的に考え始めたのは昭和十五年（一九四〇）七月二十七日である。時の政府は第二次近衛文麿《このえふみまろ》内閣で、陸軍大臣が東条英機、外務大臣が松岡洋右《ようすけ》だった。具体的には現在のベトナム、カンボジア、ラオス三国にあたるフランス領インドシナ（仏印）、イギリスの支配地域・マレー半島とシンガポール、そして現在のインドネシアにあたるオランダ領東インド（蘭印）を攻略して石油やゴム、鉱物資源などを奪おうというものだ。そこに軍隊が行き着くまでに、フィリピンのアメリカ軍が黙って見過ごしてくれれば幸いだが、もし行く手を阻むようであれば、アメリカと戦争になっても仕方がないと決めた。

当時の日本は中国と戦争を始めて満三年、約七〇万の軍隊を大陸に送り込んでいたが、中国政府はまったく降伏のそぶりも見せていなかった。

第二次近衛内閣が発足する一ヵ月前、ナチス・ドイツ軍は軍事力を総動員してベルギー、オランダ、フランスをあっという間に制圧した。フランス支援のイギリス軍もけちらされ、ダンケルクからイギリス本国に逃げ帰った。このドイツ軍のすばやい戦闘は電撃作戦と呼ばれ、いまだに中国を屈服できない日本陸軍をうらやましがらせた。

日本の陸軍首脳は、すでにヨーロッパはドイツの支配下に入り、イギリスの命脈もこれまでと信じた。ならばドイツがヨーロッパでやったことを、日本は東亜（東アジア）でやるべきだと考えた。米英の援助が途絶えれば、中国も日本に屈服するしかない。そうだ！　戦争の名目を大東亜共栄圏の確立ということにしよう、そのためにドイツと手を組もう！　こうして日独伊三国協定を締結し（九月）、新たな戦争の準備を整えたのである。

1 日本軍の快進撃で始まった太平洋戦争

●フランスのセーヌ川まで進出したドイツ軍

ナチス・ドイツの膨張
アイスランド
第一次大戦後のドイツ
第二次大戦開戦前に併合、保護領化した地域
第二次大戦開戦後の1940年までの占領地
フィンランド
ノルウェー
スウェーデン
アイルランド
イギリス
東プロイセン
ポーランド
ドイツ
チェコスロバキア
ハンガリー
オーストリア
ルーマニア
フランス
スイス
ユーゴスラビア
ポルトガル
スペイン
イタリア

●第二次近衛内閣

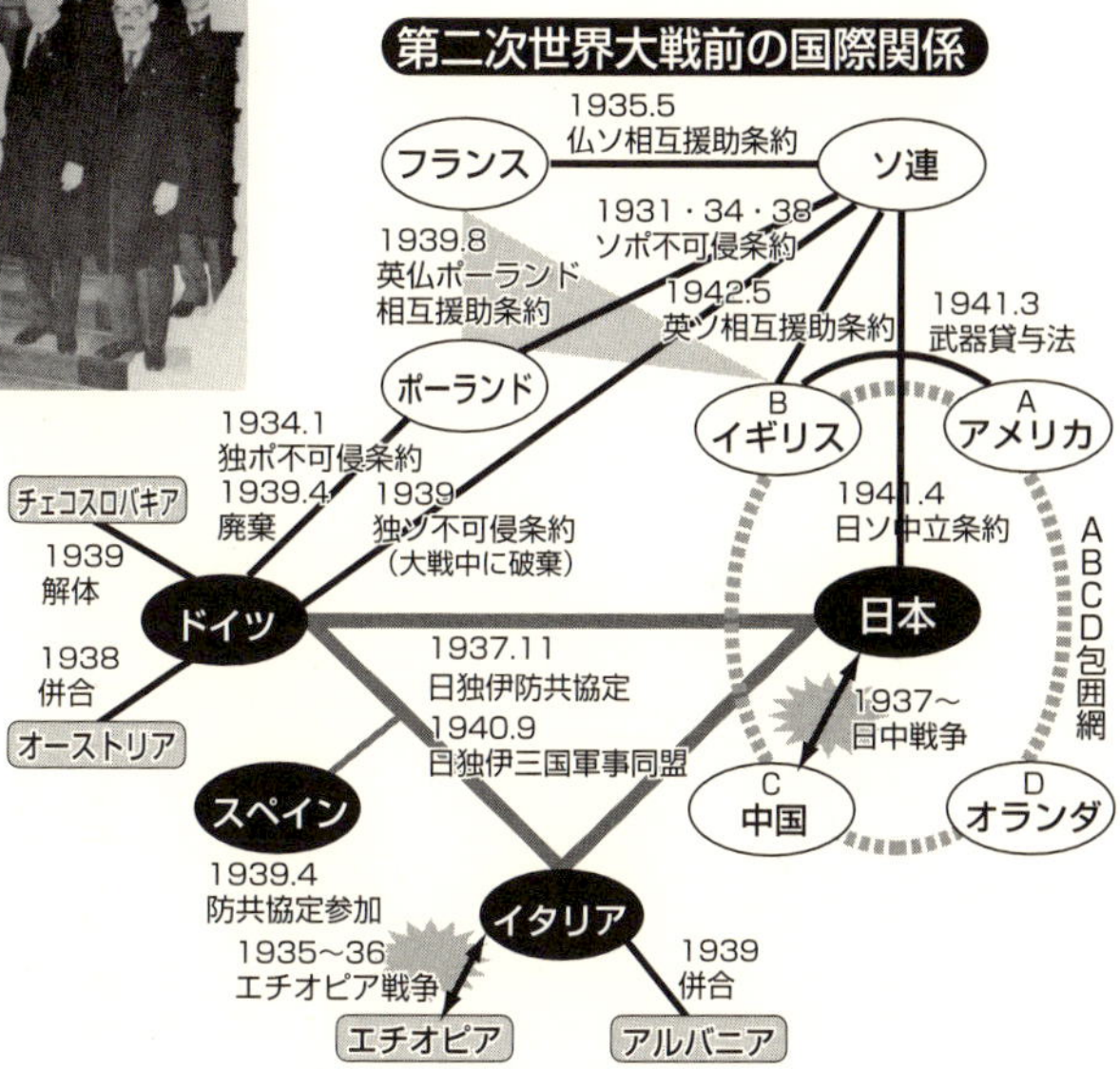
第二次世界大戦前の国際関係
1935.5
仏ソ相互援助条約
フランス
ソ連
1931・34・38
ソポ不可侵条約
1939.8
英仏ポーランド
相互援助条約
1942.5
英ソ相互援助条約
1941.3
武器貸与法
ポーランド
B
イギリス
A
アメリカ
1934.1
独ポ不可侵条約
1939.4
廃棄
チェコスロバキア
1939
独ソ不可侵条約
(大戦中に破棄)
1941.4
日ソ中立条約
ABCD包囲網
1939
解体
ドイツ
日本
1938
併合
1937.11
日独伊防共協定
1940.9
日独伊三国軍事同盟
1937〜
日中戦争
オーストリア
スペイン
C
中国
D
オランダ
1939.4
防共協定参加
イタリア
1935〜36
エチオピア戦争
1939
併合
エチオピア
アルバニア

真珠湾への道2

日本の国力はアメリカの一〇分の一だった

当時の為政者は日米戦争をどう計算していたか

開戦前、米英は日本よりはるかに大規模な海軍力をもっていた。加えて戦争をしながら軍艦も飛行機も必要なだけ生産できる潜在能力があった。特にアメリカは鉄鉱もアルミも石油も自給できた。それに対して日本が自給できる資源は石炭くらいで、重要資源の大部分はアメリカから輸入していた。石油の七八パーセント、鉄類の七〇パーセント、工作機械や部品の六六パーセント、というぐあいである。鉄がなければ軍艦が、アルミがなければ飛行機が作れない。そして石油がなければ軍艦も飛行機も動かせない。

産業のコメといわれた鉄鋼の生産を比較すると、戦争の始まる三年前（昭和十三年＝一九三八年）、アメリカの三二〇〇万トンに対し、日本は四八九万トンで、六倍半もの開きがあった。さらに戦争が始まった年、アメリカは八三〇〇万トン、日本は四一八万トン、その差は二〇倍になっていた。

日本が最も心配したのは石油だった。備蓄量が八四〇万トンあったが、戦争だけで年間三五〇万トン使う計算では二年しかもたない。しかし蘭印を占領してスマトラ島やボルネオ島（現カリマンタン）の油田を奪い、原油を日本に運べば備蓄タンクが空になることはないと計算したのだ。

三年も頑張れば、ドイツがイギリスやソ連にも勝つだろう。イギリスが降伏するとき、アメリカも一緒にドイツや日本に降伏するようにしむける。アメリカが降伏せず、イギリス一国だけの降伏は認めないことにした。このようにアメリカとの戦争はドイツがヨーロッパで完全勝利者になることを前提として始められた。以上のようなことが「対米英蘭蔣戦争終末促進に関する腹案」（一九四一年十一月十五日作成）に書いてある。

国家予算に占める軍事費の割合

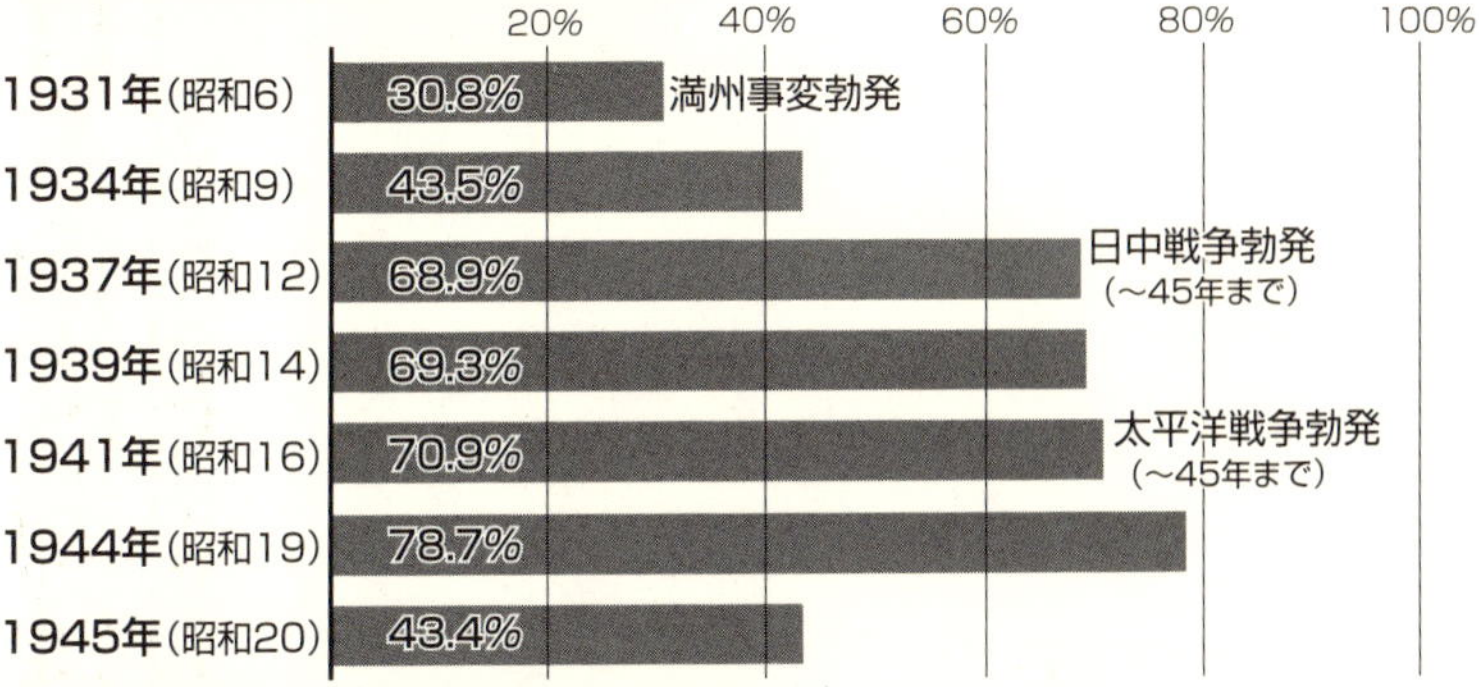
20%
40%
60%
80%
100%
1931年(昭和6) 30.8% 満州事変勃発
1934年(昭和9) 43.5%
1937年(昭和12) 68.9% 日中戦争勃発
(～45年まで)
1939年(昭和14) 69.3%
1941年(昭和16) 70.9% 太平洋戦争勃発
(～45年まで)
1944年(昭和19) 78.7%
1945年(昭和20) 43.4%

●豊後水道を通過する艦隊
海軍の規模はアメリカより小さいが、軍部は十分に戦えるはずと思っていたようだ

1942年の南方資源の内地輸送達成率

所収：朝日百科「日本の歴史」

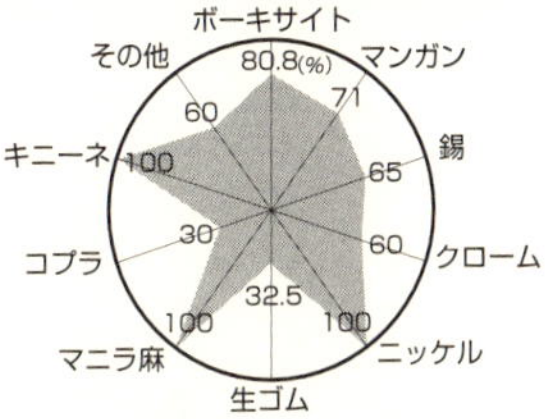
ボーキサイト
80.8(%)
マンガン
71
錫
65
クローム
60
ニッケル
100
生ゴム
32.5
マニラ麻
100
コプラ
30
キニーネ
100
その他
60

軍需物資のアメリカへの依存度

1940(昭和15)年の輸入割合

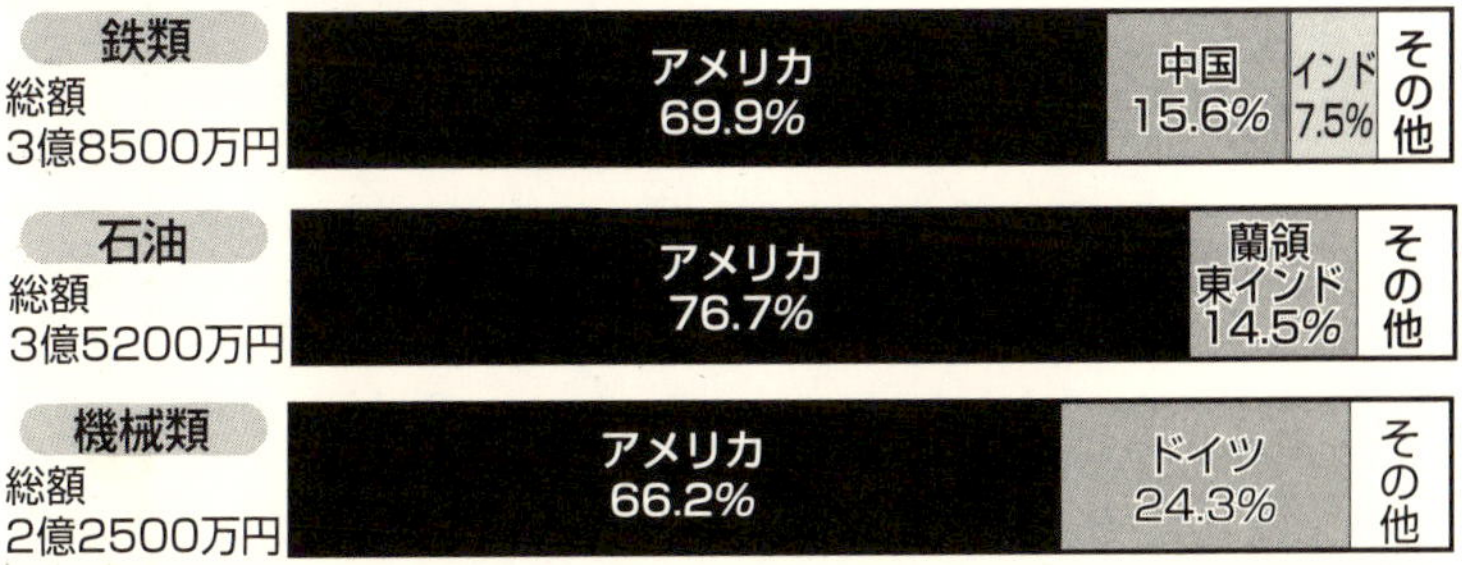
鉄類
総額
3億8500万円
アメリカ
69.9%
中国
15.6%
インド
7.5%
その他
石油
総額
3億5200万円
アメリカ
76.7%
蘭領
東インド
14.5%
その他
機械類
総額
2億2500万円
アメリカ
66.2%
ドイツ
24.3%
その他

日本は軍需産業資材のほとんどをアメリカに依存していた。1940年1月、アメリカは日米通商航海条約を破棄し、中国における日本の軍事行動を厳しく牽制した

日本軍はアメリカに勝てると思ったのか

「半年か一年なら十分に暴れてご覧にいれる」

米英と戦争するといっても、日本軍がアメリカやイギリスの本土を攻略しようというものではなかった。米英蘭が支配する東アジア地域（東亜）を攻略し、そこの米英蘭軍を追い出す作戦だった。

日本から軍隊を派遣し、攻略し、奪った資源を日本に運ぶためには、強力な海軍が必要である。支配地域を奪われた米英は、海軍力にモノをいわせて必ずや日本海軍を攻撃し、海上の輸送ルートを切断し、日本軍の補給路を断つために必死になることが予想された。ドイツとの戦争に忙しかったイギリスはともかく、アメリカはその潜在生産力をフル回転させて軍艦や飛行機を大増産し、反撃してくるに違いなかった。はたして日本海軍は守りきることができるか？　これが陸軍・政府首脳の最大の関心事だった。

時の連合艦隊司令長官は山本五十六《いそろく》大将である。もともとアメリカとの戦争に反対だった山本は、近衛首相に見通しを聞かれてこう答えた。

「それは是非やれと言われれば初めの半年や一年の間はずいぶん暴れてご覧にいれる。しかしながら二年、三年となればまったく確信はもてぬ」

海軍首脳の多くは日米戦争に反対だった。勝てないとわかっていたからだ。開戦二年半ぐらい前にも、海軍大臣・米内光政《よないみつまさ》大将は政府首脳から「米英に勝つ見込みがあるか」とたずねられたとき、「勝てる見込みはありません。だいたい日本の海軍は米英を向こうにまわして戦争するようにはつくられてはおりません」と断言している。

だから陸軍から日独伊三国同盟案が提出されたとき米内海相、山本海軍次官、井上成美《しげよし》軍務局長は、職を賭《と》して反対し続けた。その同盟がいずれは米英との軍事衝突につながると予想した。

1 日本軍の快進撃で始まった太平洋戦争

●海軍三羽烏（右から山本五十六、米内光政、井上成美）

日本とアメリカの航空機数

年次	日本	アメリカ
1941.12	2,625	1,692
1943.1	3,200	3,537
1944.1	4,050	11,442
1945.1	4,600	17,975
1945.7	4,100（終戦時）	21,908

日本とアメリカの航空母艦数

年次	日本	アメリカ
1941.12	8（459）	6（490）
1942.12	6（291）	3（250）
1943.12	7（321）	18（1066）
1944.12	4（186）	24（1673）
1945.7	3（129）	27（1946）

（カッコ内は艦載機数）

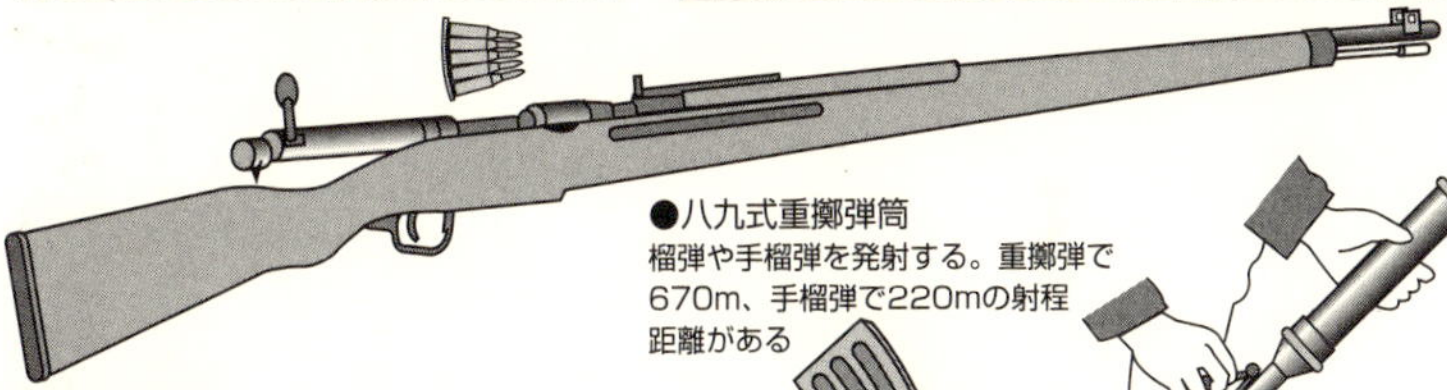

●三八式歩兵銃
明治38年に制定されたボルトアクション式5連発銃。命中率は高いが、当時の世界水準からも、あまりにも旧式であった。
口径6.5mm　最大射程距離3000m

●八九式重擲弾筒
榴弾や手榴弾を発射する。重擲弾で670m、手榴弾で220mの射程距離がある

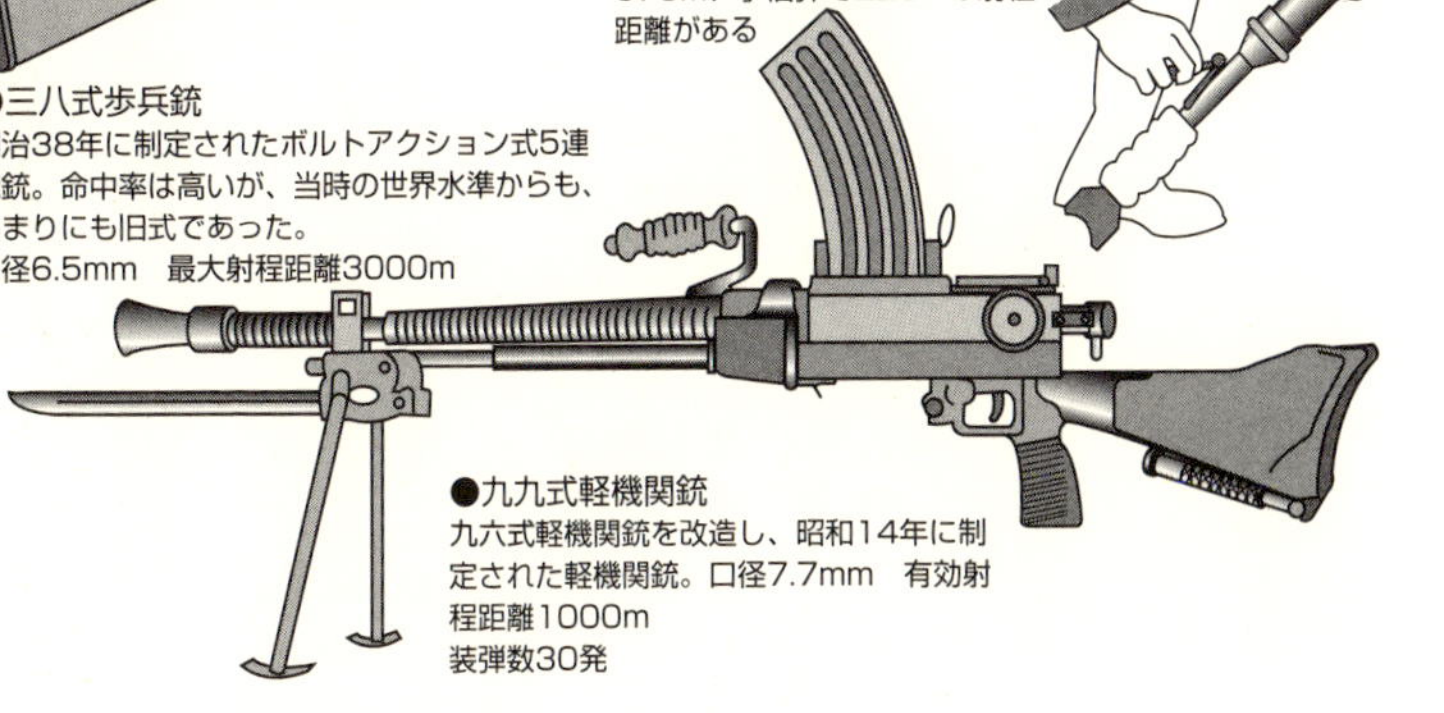

●九九式軽機関銃
九六式軽機関銃を改造し、昭和14年に制定された軽機関銃。口径7.7mm　有効射程距離1000m
装弾数30発

アメリカの最後通牒「ハル・ノート」

日米開戦を決定づけた米国務長官の〝国交断絶通告書〟

日本はアメリカとの戦争を覚悟したものの、一方で和平への道も模索し、アメリカとの交渉を開始した。政府は野村吉三郎《きちさぶろう》海軍大将（予備役）を駐米大使に任命して交渉にあたらせた。交渉相手は米国務長官コーデル・ハルだった。

日本の要求はアメリカとの正常な貿易の復活である。日本の中国侵略に反対し、中国を援助していたアメリカは、対等な貿易の手続きを定めた日米通商航海条約を破棄して（一九四〇年＝昭和十五年一月）経済制裁を日本に加えていた。日米貿易が全面ストップしたわけではないが、日本の軍需産業に影響が出るように品目を指定して輸出を禁止したり、量を制限していたのだ。

しかし、交渉中に日本が仏印南部のサイゴン（現ホーチミン）に陸軍部隊を進駐させたとたん（一九四一年七月二十八日）、アメリカは日本への石油輸出を禁止した。すでにドイツ、イタリアと軍事同盟を結んでいた日本に対して、アメリカはいささかも譲歩する気はなかったが、戦争の準備をする時間が必要だった。交渉に応じたのはその時間かせぎにすぎなかったのである。

これを端的に示したのが、一九四一年十一月二十六日、ハルから野村に手渡された「ハル・ノート」である。これはサイゴンなどからの日本軍の撤退など、日本がほんの少し譲歩する案に対する回答だった。「ハル・ノート」は仏印や中国からの軍隊撤退を要求し、中国政府として蔣介石《しょうかいせき》の国民党政府（日本がそのとき戦争している相手政府）以外は認めてはならない、というものだった。つまり、中国を満州事変以前の状態に戻すことを求めたものだ。日本はこれをアメリカの最後通牒《つうちょう》と受けとめ、ついに開戦を決定したのである。

日本の主張（暫定案）

満州国
その後の交渉
によって撤退
中国
（占領地域）
南京
（汪兆銘政府）
重慶
（蔣介石政府）
フランス領
インドシナ
撤退
ドイツ
三国同盟
日本
イタリア

●コーデル・ハル

アメリカの主張

承認せず
満州国
撤退せよ
中国
（占領地域）
南京
（汪兆銘政府）
承認せず
重慶
（蔣介石政府）
フランス領
インドシナ
撤退せよ
ドイツ
三国同盟
日本
イタリア
事実上の空文化へ

●右から来栖、コーデル・ハル、野村

真珠湾への道5

筒抜けだった日本の外交暗号

開戦前から暗号解読戦争で敗れていた日本

「ハル・ノート」に至るまで、日本はなんとかアメリカとの貿易復活をめざし、しかも中国大陸における軍事行動の正当性を認めさせ、アメリカとの戦争を避けようと交渉を続けた。日本の外務省からはワシントンの野村大使に、毎日のように交渉戦術を指示する暗号電報が打たれ、大使館からも交渉の結果を暗号電報で外務省に報告した。

ところが、これら暗号のすべてが解読されていたのである。それも意外に早い時期で、アメリカは一九四〇年八月には「パープル」と名づけた暗号自動解読機まで作成していた。そんなこととはつゆ知らず、外務省は同じ暗号を使い続けていたが、一九四一年五月、ドイツ外務省が日本大使の大島浩に警告した。大島はすぐ外務省に報告したが、外務省は「その心配はない」と回答していた。

実はその二十年ほど前にも、日本はアメリカに外交暗号を解読されていたことがあった。一九二一年に、ワシントン海軍軍縮会議という重要な国際会議が開かれていた頃である。

そのことがわかったのは、解読者のハーバード・O・ヤードレーが、解読の過程を詳しく書いた本『ブラック・チェンバー』を出版したからである。日本でもすぐ翻訳されてベストセラーになった。当時アメリカでは、新任のスチムソン国務長官が「外交電報を盗むのはフェアでない」という理由から、ヤードレーが築いた暗号解読部を閉鎖してしまった。これに怒ったヤードレーは暴露戦術に出たのである。

その後、日本外務省の暗号は何度も変えられたが、やはり解読されていた。アメリカは野村大使がハル国務長官に「最後通牒」を届ける前にその電報を解読し、事前に知っていたのである。

開戦時の政府主要ポスト

総理大臣 東条英機（陸軍大将）
内務大臣
陸軍大臣
拓務大臣兼務

- 海軍大臣 嶋田繁太郎（海軍大将）
  - 海軍次官 沢本頼雄（中将）
- 外務大臣 東郷茂徳
  - 駐米大使 野村吉三郎
  - 駐独大使 大島 浩
- 大蔵大臣 賀屋興宣
- 陸軍次官 木村兵太郎（中将）
- 航空本部長 土肥原賢二（大将）

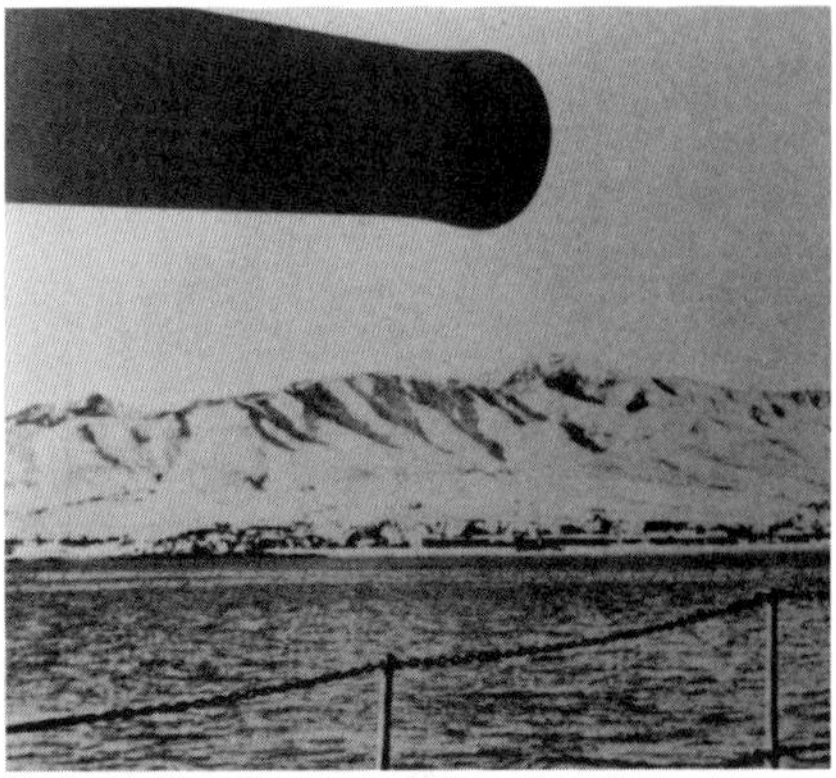

●単冠湾に集結した連合艦隊
そのこともアメリカは知っていた？

陸軍

- 関東軍総司令官 梅津美治郎大将
- 支那派遣軍総司令官 畑 俊六大将
- 南方軍総司令官 寺内寿一大将
  - 第十四軍（フィリピン攻略）本間雅晴中将
  - 第十五軍（ビルマ攻略）飯田祥二郎中将
  - 第十六軍（蘭印攻略）今村 均中将
  - 第二五軍（マレー・シンガポール攻略）山下奉文中将

海軍

軍令部総長 永野修身大将

- 連合艦隊司令長官 山本五十六大将
  - 参謀長 宇垣 纏少将
  - 第一艦隊高須四郎中将
  - 第二艦隊近藤信竹中将
  - 第三艦隊高橋伊望中将
  - 第四艦隊井上成美中将
  - 第五艦隊細萱戊子郎中将
  - 第六艦隊清水光美中将
  - 南遣艦隊小沢治三郎中将
  - 第一航空艦隊南雲忠一中将
  - 第十一航空艦隊塚原二四三中将
- 支那方面艦隊司令長官 古賀峯一中将

●右からハルと野村

真珠湾への道6

米大統領は真珠湾攻撃を知っていた?

米政府はなぜ日本の暗号情報をハワイに知らせなかったのか

アメリカは開戦前に日本の外交暗号だけではなく、日本海軍の「D暗号」の解読にも成功していた。では、アメリカは日本海軍の真珠湾奇襲計画も事前にキャッチしていたのか? はっきりしているのは、大統領と国務長官は日本との戦争を確信し、真珠湾の米陸海軍指揮官たちは夢想だにしていなかった、ということだけである。

ところでアメリカは、日本の外交暗号を解読する解読機「パープル」を、日米開戦時に八台完成させていたという。情報では一号機はワシントンに置かれ、二、三号機はイギリス派遣使節団に託され、四号機はワシントンの海軍管轄下に置かれ、五号機はフィリピンの米軍情報班に、六、七号機は予備としてワシントンに置かれ、八号機は一九四一年の初秋にロンドンへ送られた。しかし米軍にとっては最前線の重要基地ハワイには一台も送られていなかった。なぜか?

一九九九年十二月、ロバート・B・スティネットというアメリカ人が出版した『DAY OF DECEIT(欺瞞の日)』は、一七年間かけて集めた資料、千人におよぶ関係者へのインタビューをもとに、ルーズベルト大統領は真珠湾攻撃を知っていながら、ハワイのキンメル司令長官に知らせなかったと結論づけている。

もし、ルーズベルトが日本軍の奇襲を許したとすれば、理由は一つしかない。対独戦に参戦することを拒むアメリカの世論を日本の不意打ちで逆転させ、まず日本と戦端を開く。日独伊三国同盟に従いドイツはアメリカへ宣戦するだろうから、アメリカも対独戦に参加できる……。実際そのとおりになったが、それがルーズベルトの思うつぼだったとするには、まだ決定的証拠はない。

1 日本軍の快進撃で始まった太平洋戦争

●1941年8月の米英会談で大西洋憲章を発表するルーズベルトとチャーチル

●1941年8月当時のパールハーバー

アメリカが配置した日本の暗号解読機

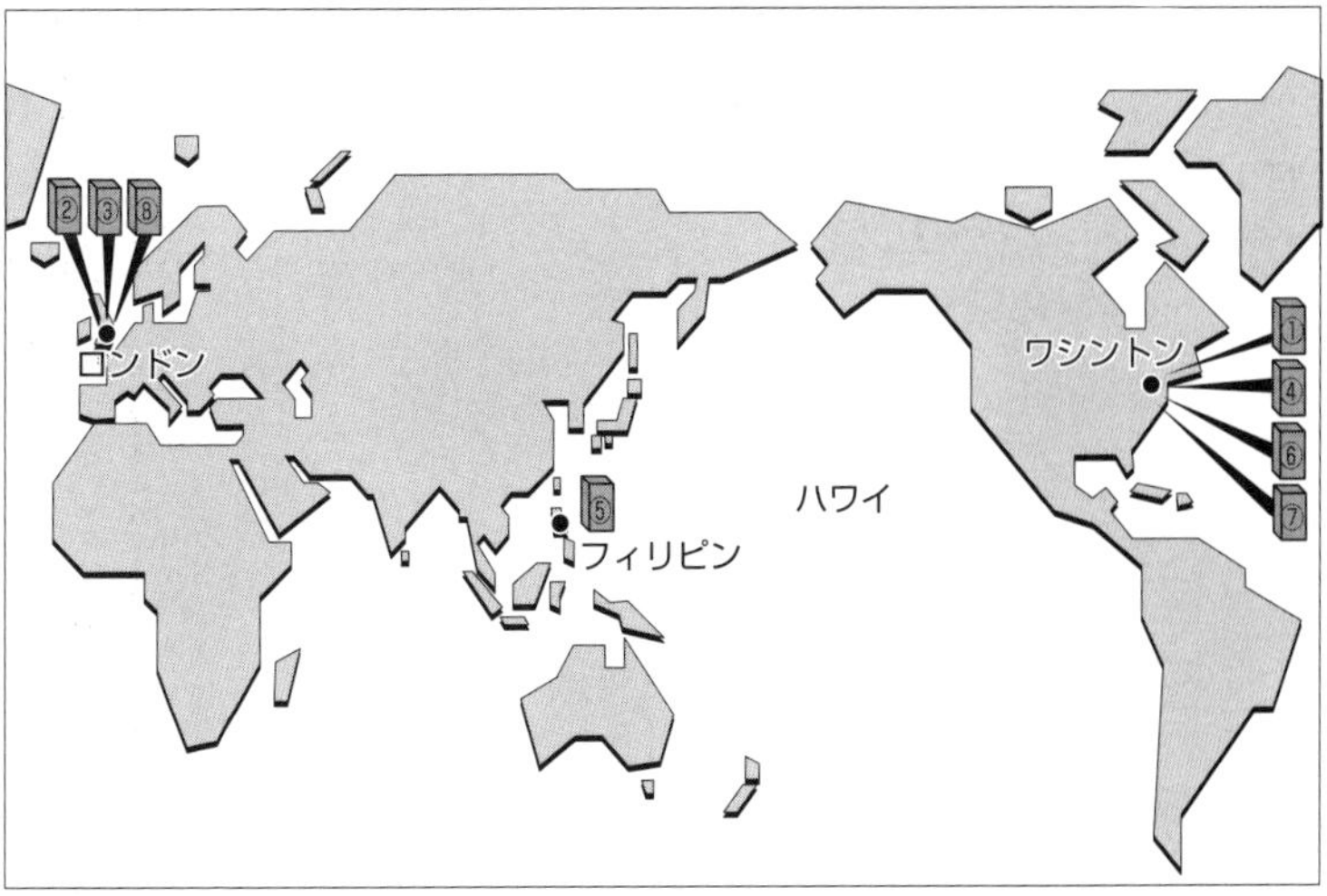

日本に汚名を着せた在米日本大使館の怠慢

「リメンバー・パールハーバー」を生んだ日本大使館の送別パーティー

ワシントンとハワイは時差が五時間半ある。一九四一年（昭和十六）十二月七日、日曜日のワシントンで、日本の対米最後通牒が野村大使からハル国務長官に手渡されたのが午後二時二〇分だった。ハワイ時間では午前八時五〇分。

ハワイで午前八時五〇分といえば、日本海軍航空隊の真珠湾奇襲が始まってすでに五〇分がたっていた。野村大使が最後通牒を手渡したとき、ハル国務長官は当然ながら真珠湾が攻撃されているとの報告を受けていた。ハルは文書を受け取り、こう告げた。「こんな恥知らずの外交文書を受け取ったのは初めてだ」

野村大使は真珠湾奇襲のことは知らされていなかった。午後一時三〇分に（まで、ではない）手渡せと外務大臣から厳命されていただけだった。真珠湾攻撃開始の三〇分前である。

暗号電報は前日の午後三時までに大部分が大使館に届いていたが、その夜館員たちは同僚の転勤歓送会をやっており、日曜日に出勤して書記官が解読された文書をタイプし始めた。タイピストに任せず、大使館員が清書するように指示されていたからだ。慣れないタイプは時間を食った。結局、手渡しは真珠湾攻撃中になってしまったのだ。

日本大使館の大チョンボは、米大統領には幸運だった。騙《だま》し討《う》ちに怒った世論が対日戦争を是とし、対独戦争にもたちまち賛成したからだ。もっとも日本海軍は、陸軍とともに最後通牒なしの開戦を強く主張していた。開戦に関するハーグ条約は自衛戦争には開戦通告は不要と宣言しており、日本は自衛戦争のつもりだったからだ。それを外務省が押しきったのだ。戦後、旧海軍関係者が「外務省のミス」を非難するのはお門違《かどちが》いである。

1 日本軍の快進撃で始まった太平洋戦争

●米国のルーズベルト大統領

●ホワイトハウスに入る野村大使

最後通牒の手交時間と攻撃開始時間

ワシントン時間	
6日午後2時	東郷外相はアメリカの日本大使館へ、前もって重要文書の提出準備を指示
7日午前10時	アメリカ大統領は、日本側の最後通牒全文の報告を受ける
7日午後1時	日本政府はこの時間に最後通牒を渡せと命じた
7日午後1時25分	真珠湾攻撃開始
7日午後2時5分	ハル国務長官は日本軍のハワイ攻撃を知る
同時刻	野村、来栖両大使がハル国務長官を訪れる
7日午後2時20分	野村、来栖両大使がハル国務長官に最後通牒を手渡す

開戦直前でのアジア・太平洋の軍と艦隊の配備状況

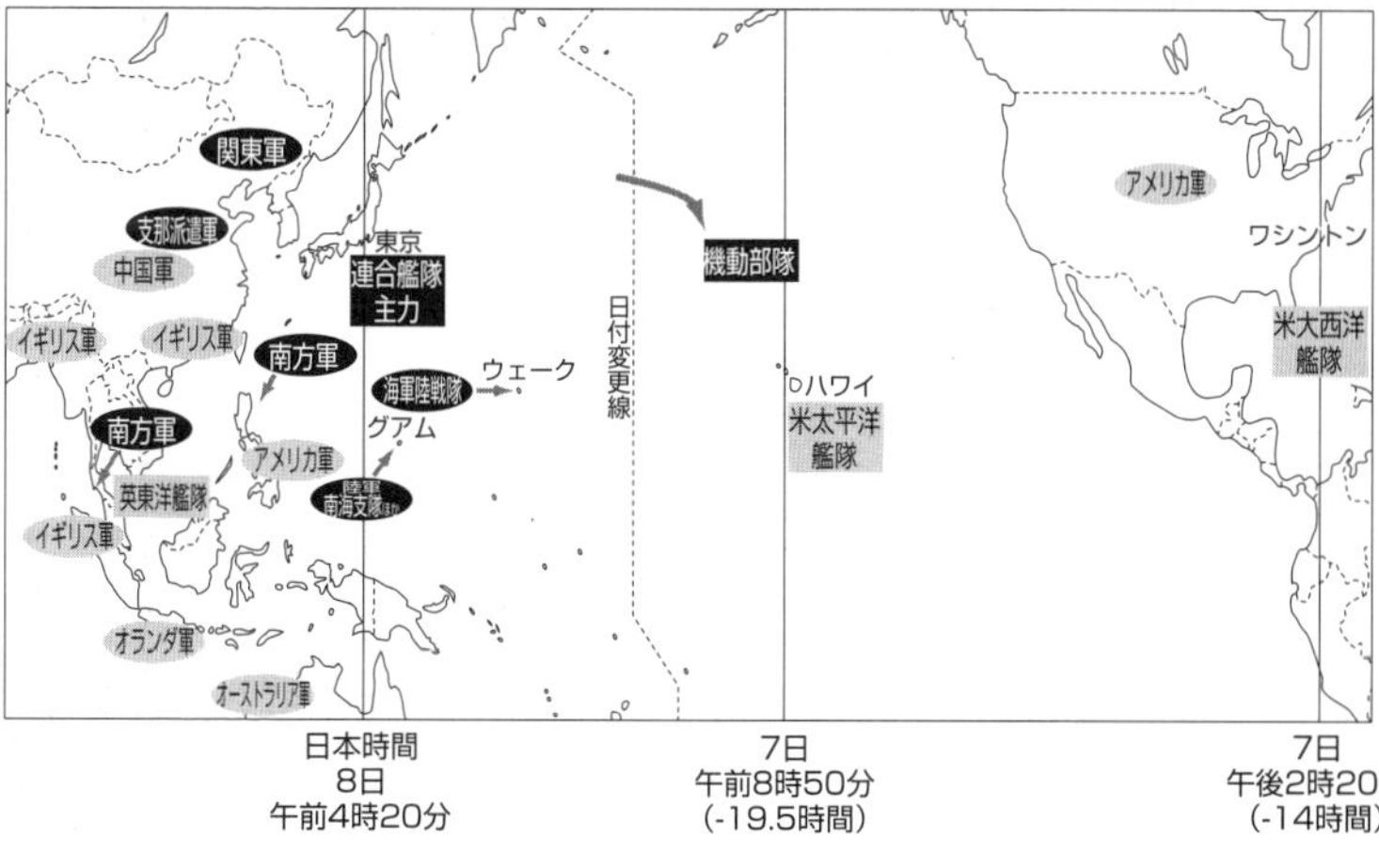
関東軍
支那派遣軍
中国軍
イギリス軍
イギリス軍
南方軍
南方軍
英東洋艦隊
イギリス軍
アメリカ軍
オランダ軍
オーストラリア軍
東京
連合艦隊主力
海軍陸戦隊
ウェーク
グアム
陸軍南海支隊
日付変更線
機動部隊
ハワイ
米太平洋艦隊
アメリカ軍
ワシントン
米大西洋艦隊
日本時間
8日
午前4時20分
7日
午前8時50分
(-19.5時間)
7日
午後2時20分
(-14時間)

山本大将の執念で決定した真珠湾攻撃

山本長官はなぜ真珠湾攻撃に固執したのか

時の連合艦隊司令長官は山本五十六大将だった。真珠湾攻撃はひとえに山本長官の信念に基づいた作戦だった。海軍首脳で真珠湾攻撃を心から支持した者は一人もいなかった。

どこを攻撃するかは軍令部作戦部長が決め、総長の名で連合艦隊司令長官に命令される。しかし、真珠湾攻撃のような大作戦の場合は、天皇じきじきの命令を軍令部総長が取り次ぐという形式を踏んだ。ところが、真珠湾攻撃には作戦部長も総長も反対だったのだ。山本の部下である空母部隊の長官や参謀長もこぞって反対した。

ハワイは遠すぎるので発見される可能性が高いこと、真珠湾は水深が浅いので航空魚雷（飛行機から落とす魚雷）が使えないこと、万一発見されて航空戦になったなら、日本の空母も何割かは被害を受けるだろうから、そのあとの戦争がやりにくくなること、などだった。

しかし、山本長官は信念を貫くため、作戦が容れられなければ辞職すると脅した。日米開戦は数ヵ月後に想定されていたので、いまさら連合艦隊司令長官を替えるわけにはいかなかった。

山本はなぜ真珠湾攻撃に固執したのか。

軍令部では、まず石油など重要資源を産する蘭印を押さえて長期不敗態勢を確立しようとした。しかし山本はこう考えた。戦争が長引けばアメリカの軍備は充実するから、短期決戦で戦意をくじく。そのためには真珠湾を奇襲して太平洋艦隊を一挙に壊滅させるしかない。第一、南方作戦にうつつをぬかしているうちに、真珠湾の米艦隊が日本本土を攻撃したら防ぐことができない。山本は短期の積極攻勢で生まれるかもしれないわずかな勝機に賭けるしかない、と考えたのである。

●真珠湾のアメリカ海軍基地

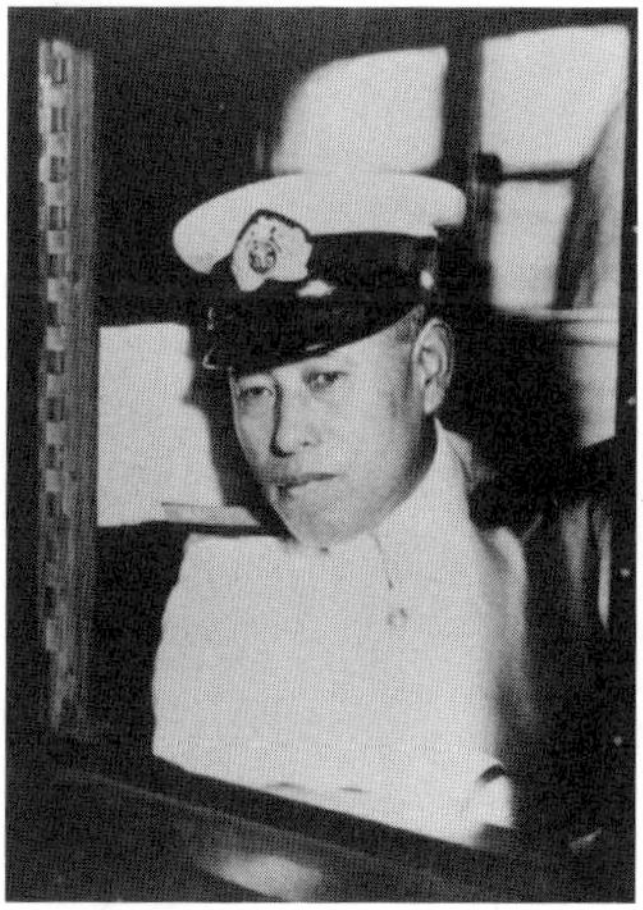

●山本連合艦隊司令長官

●作戦中の山本連合艦隊司令長官

錦江湾で行なわれた真珠湾奇襲訓練

アイデアと技術開発が支えた攻撃成功のシナリオ

真珠湾奇襲は一九四一年（昭和十六）十二月八日日曜日の朝、行なわれた。日曜に最も多くの軍艦が入港しているという情報に基づいて決定された（詳しくは46頁を参照）。

飛行機で軍艦を攻撃するには、高いところを水平に飛びながら爆弾を落とす方法と、急角度で降下しながら爆弾を落とす方法、それに魚雷を軍艦の横っ腹に命中させる方法がある。爆弾を落とす訓練は通常の訓練でよかった。問題は航空魚雷だった。魚雷は標的の一〇〇〇メートル手前で、高度五〇から一五〇メートルで落とす。すると魚雷は海中六〇メートルまで沈むが、やがて浮き上がり、標的めざして走りだす。しかし真珠湾は水深が一二メートルしかない。普通に落としては魚雷は海底に突き刺さってしまう。そこで海面すれすれまで高度を下げ、標的に五〇〇メートルまで近づき魚雷を落とす訓練が始まった。真珠湾に似ているというので、鹿児島の錦江湾《きんこうわん》が訓練地に選ばれた。

訓練は昭和十六年九月から十一月上旬まで続けられた。鴨池《かもいけ》飛行場を飛び立って市街の後背にある城山《しろやま》に向かい、山腹から滑るようにして市街を突っ切り海岸に出る。遊郭のある沖の村あたりでは妓楼《ぎろう》の軒先をかすめて飛んだ。

しかし、魚雷を深く潜らせないように落とすことは非常に難しかった。最後は海面六メートルでそっと置くように発射すれば、八割以上の成功率が得られた。危険が高かったが、「どうせ命を投げ出している」との信念で、その方法が決まったという。訓練は成功裏に終わった。ふつうに落としても深く潜らない魚雷が開発され、母艦に積まれたのは、単冠湾《ヒトカップ》出撃直前だった。

真珠湾攻撃機の訓練基地

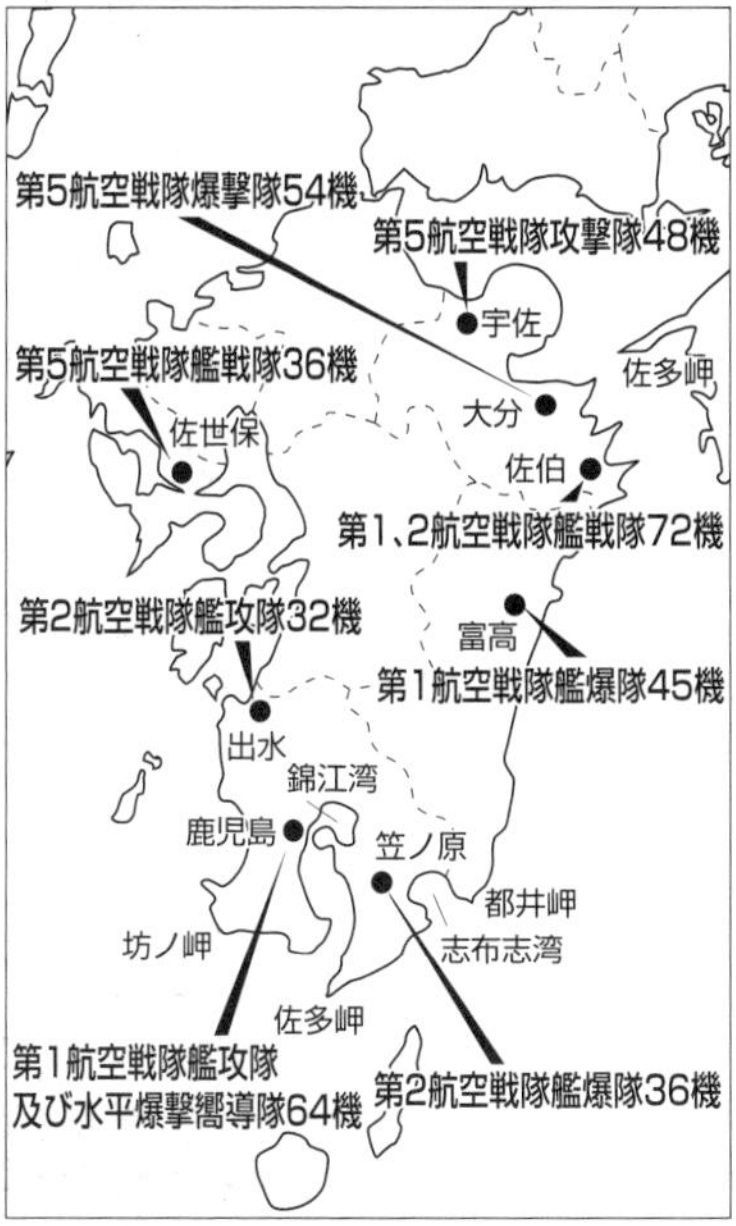
第5航空戦隊爆撃隊54機
第5航空戦隊攻撃隊48機
宇佐
佐多岬
第5航空戦隊艦戦隊36機
大分
佐世保
佐伯
第1、2航空戦隊艦戦隊72機
第2航空戦隊艦攻隊32機
富高
第1航空戦隊艦爆隊45機
出水
錦江湾
鹿児島
笠ノ原
都井岬
坊ノ岬
志布志湾
佐多岬
第1航空戦隊艦攻隊
及び水平爆撃嚮導隊64機
第2航空戦隊艦爆隊36機

●真珠湾に似ているといわれる鹿児島の錦江湾

●当時の鹿児島市街

浅深度魚雷の構造

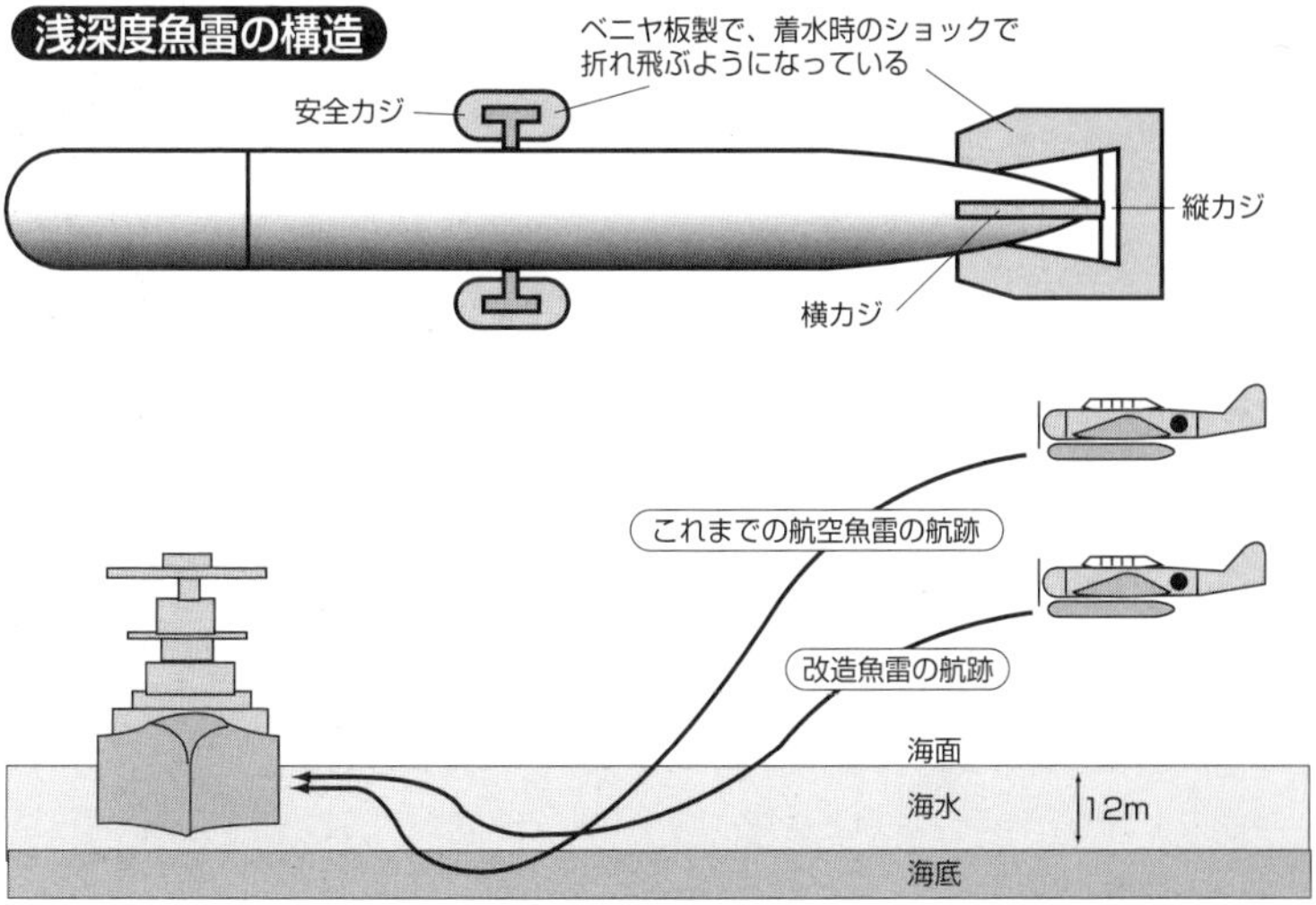
ベニヤ板製で、着水時のショックで
折れ飛ぶようになっている
安全カジ
縦カジ
横カジ
これまでの航空魚雷の航跡
改造魚雷の航跡
海面
海水
12m
海底

真珠湾奇襲攻撃4

「ニイタカヤマノボレ一二〇八」の真実

新高山はどこにある？ 陸軍の開戦隠語は「ヒノデハヤマガタトス」

南雲忠一《なぐもちゅういち》中将に率いられた機動部隊が、択捉島《エトロフ》単冠湾を出撃し、一路ハワイに向けて進撃を開始したのは一九四一年（昭和十六）十一月二十六日だった。開戦日は十二月八日と内定していたが、正式決定ではなかった。

ハワイ近くまで行くのに一〇日以上かかる。十二月一日午前零時まではアメリカと外交交渉を続け、それでもダメだったら開戦やむなしと決めていた。交渉がまとまり開戦しないと決定されたら、南雲機動部隊は引き返すことになっていた。

「いったん出撃して引き返すなどということはできない」と渋った南雲中将に、山本大将は「引き返せないというなら、いますぐ辞表を出せ」とどなりつけたという。

連合艦隊が単冠湾を出撃したその日、ハル国務長官からの新提案が届けられた。いわゆるハル・ノートである（26頁参照）。これを受けて、御前《ごぜん》会議（天皇臨席の政府と軍部の最高会議）は十二月一日、予定どおり八日の開戦を決定した。

以後は手続きである。海軍では軍令部総長が天皇の意をうけて、連合艦隊司令長官に英米と戦えと命じた。連合艦隊司令長官はハワイに向けて航行中の南雲機動部隊に開戦を伝えた。そのときの電文が「ニイタカヤマノボレ一二〇八《ヒトフタマルハチ》」で、十二月八日に開戦決定という隠語であった。

新高山《にいたかやま》は日本領土だった台湾の最高峰・玉山《ユイ》で、富士山より高く三九五〇メートル。機動部隊の草《くさ》鹿《か》龍之介参謀長はこの電報に接し「青天に白日を望むような気持ちになった」という。

陸軍の南方軍に対しては「ヒノデハヤマガタトス」が発信された。ヒノデは開戦日、ヤマガタは八の隠語だった。

●母艦から出撃するハワイ奇襲部隊

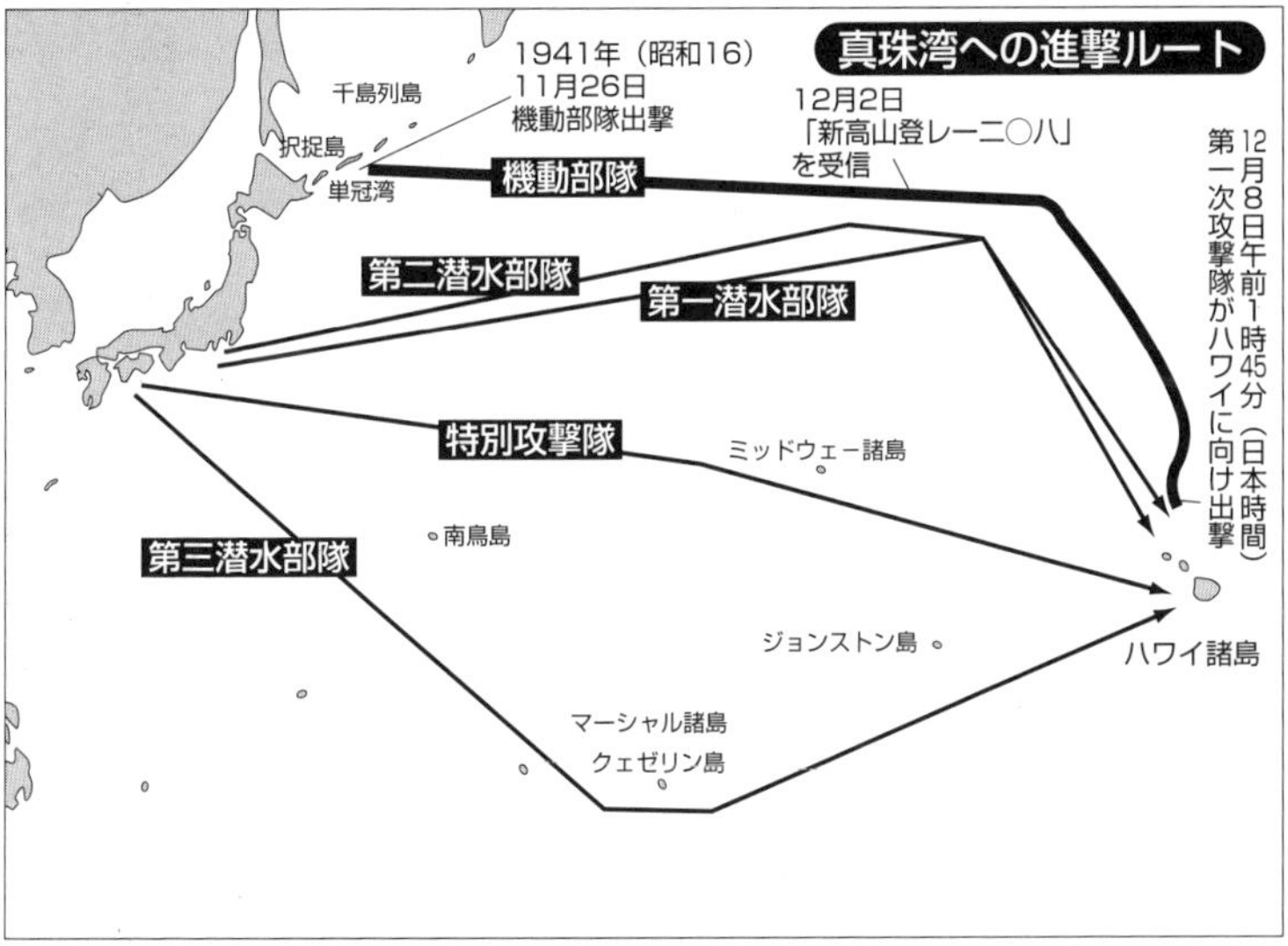
真珠湾への進撃ルート
1941年（昭和16）
11月26日
機動部隊出撃
12月2日
「新高山登レ一二〇八」
を受信
千島列島
択捉島
単冠湾
機動部隊
第二潜水部隊
第一潜水部隊
特別攻撃隊
第三潜水部隊
ミッドウェー諸島
南鳥島
ジョンストン島
ハワイ諸島
マーシャル諸島
クェゼリン島
12月8日午前1時45分（日本時間）
第一次攻撃隊がハワイに向け出撃

真珠湾奇襲攻撃5

世界を驚愕させた真珠湾奇襲攻撃

画期的だった世界初の機動部隊の編制

海軍航空隊の不意打ちを食らった真珠湾の米太平洋艦隊は、その戦艦部隊を失った。アメリカの衝撃は大きかったが、最大のショックは、日本が空母中心の機動部隊を編制し、航空攻撃で戦艦を沈めたことだった。

空母に飛行機を積んで、攻撃目標地点の三、四〇〇キロ手前まで進出し、飛行機を飛ばして戦艦や空母をたたくという戦法は、それまで世界の海軍には見られないやり方だった。海軍の主要な兵器は軍艦であり、空母の飛行機は敵の飛行機と戦う、というのが常識だった。航空攻撃では戦艦も空母も沈まず、それを沈めるのはやはり戦艦の大砲であるという強い先入観があった。

日本でも機動部隊に対して大きな期待が寄せられていたわけではない。空母中心の機動部隊編制は真珠湾攻撃の八ヵ月前であり、軍令部作戦部長（軍令部は陸軍の参謀本部に相当し、海軍全体の作戦中枢）の福留《ふくどめ》繁少将は、真珠湾攻撃に成功したら全員二階級特進だ、と冗談めかして冷笑していた。言った相手は真珠湾攻撃に行く機動部隊の参謀長だったから、いかに航空攻撃を信用していなかったかがわかる。飛行機ではなく戦艦こそ攻撃の中心であるという考え方を大艦巨砲主義と呼ぶ。

米英とも第一次大戦が終わった頃から、一部で今後の戦いを制するのは航空兵力であるという主張がされた。だから空母は盛んに建造されたし、航空機開発も日進月歩だったが、その運用に「空母中心の機動部隊」という考えは生まれなかった。

日本海軍の真珠湾攻撃は、空母はこういうふうに使うものかという大きなヒントを与えた。しかし、戦艦も空母の護衛にまわすという大胆な運用法をすぐに実行したのはアメリカ海軍だった。

1 日本軍の快進撃で始まった太平洋戦争

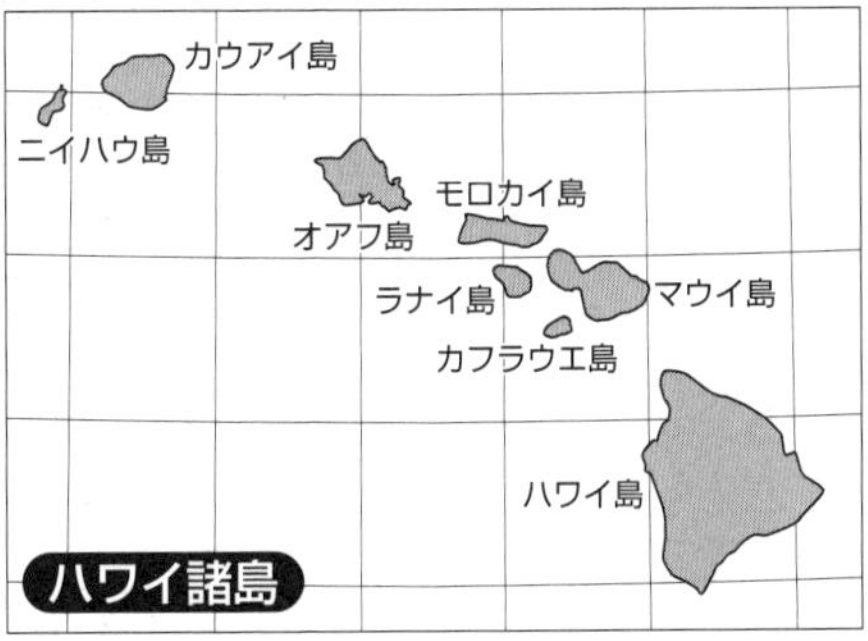
カウアイ島
ニイハウ島
オアフ島
モロカイ島
ラナイ島
マウイ島
カフラウエ島
ハワイ島
ハワイ諸島

●大爆発を起こして傾く、アメリカの戦艦アリゾナ

●日本機に攻撃されるパールハーバー

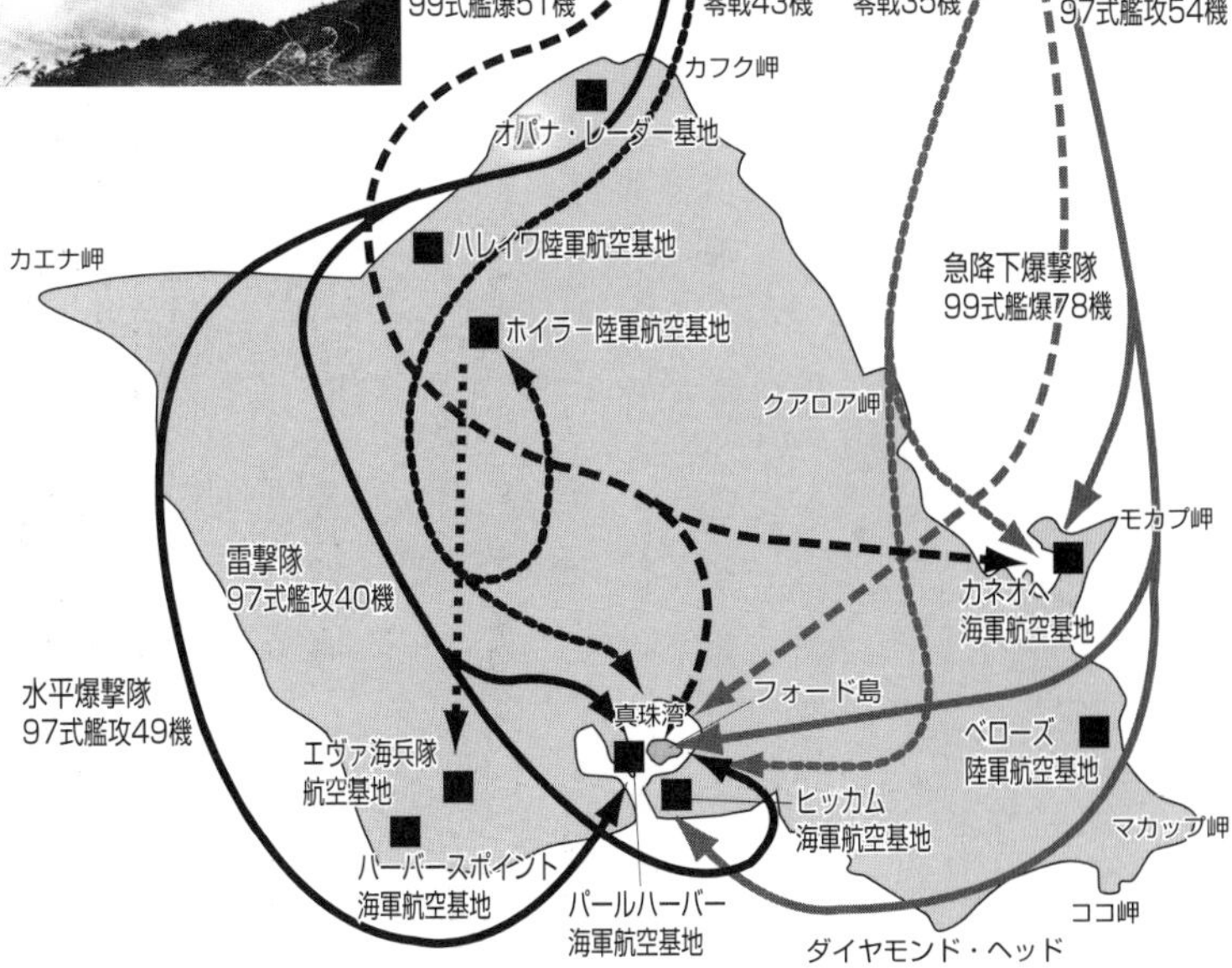
ハワイ・オアフ島航空攻撃進入路
第一次攻撃隊
第二次攻撃隊
急降下爆撃隊
99式艦爆51機
制空隊
零戦43機
制空隊
零戦35機
水平爆撃隊
97式艦攻54機
カフク岬
オパナ・レーダー基地
カエナ岬
ハレイワ陸軍航空基地
ホイラー陸軍航空基地
急降下爆撃隊
99式艦爆78機
クアロア岬
モカプ岬
カネオヘ
海軍航空基地
雷撃隊
97式艦攻40機
水平爆撃隊
97式艦攻49機
真珠湾
フォード島
エヴァ海兵隊
航空基地
ベローズ
陸軍航空基地
ヒッカム
海軍航空基地
バーバースポイント
海軍航空基地
パールハーバー
海軍航空基地
マカップ岬
ココ岬
ダイヤモンド・ヘッド

最初の一弾はなぜ飛行場に落ちたのか？

「トラトラトラ」の陰にあった小さな錯誤

真珠湾攻撃の最初の一弾は、湾内の軍艦ではなくヒッカム飛行場に投弾された。なぜ？　これは急降下爆撃隊が奇襲を強襲と間違えたからだった。奇襲とは、敵が気づく前に攻撃すること、強襲とは直前であれ敵が気づき、反撃してきても攻撃することである。予定では奇襲であった。

最初の攻撃隊一八三機が淵田美津雄中佐に率いられて、真珠湾上空間近に達したとき、敵戦闘機は現われなかった。淵田は奇襲でいけると判断し、信号弾を機外に向けて一発放った。奇襲の合図だった。成功を確信した淵田は「トラトラトラ……」を発信した。「我、奇襲ニ成功セリ」である。

奇襲攻撃では、まず戦闘機隊が上空で敵戦闘機の来襲に備えるなか、雷撃隊が攻撃、次いで水平爆撃隊が爆弾を落とす。水平爆撃とともに急降下爆撃隊と戦闘機隊が飛行基地を攻撃する。

強襲では、まず急降下爆撃隊と水平爆撃隊が飛行場を攻撃して、軍艦の大砲をそこに引きつけ、その間に戦闘機隊に護衛されながら雷撃隊が海面すれすれまで降りて、魚雷をぶっぱなす。

ところが、空母「蒼龍《そうりゅう》」の戦闘機隊だけが奇襲体勢に入らなかった。断雲に視界がきかなかったのだ。それを見て淵田《ふちだ》はもう一発、信号弾を発射した。ところがこんどは急降下爆撃隊長が、二発だから強襲……と判断した。こうして軍艦ではなく飛行場攻撃を急いだのだった。

戦場に錯誤はつきものだ。ほぼ同時に陸軍はマレー半島に上陸したが、タイ駐在の日本大使館付武官は、開戦は翌九日とばかり思い込み、上陸部隊に対する準備をしていなかったという。しかし、小さな錯誤は大勢に影響はない。真珠湾攻撃のこの錯覚も、攻撃そのものには何の影響もなかった。

●炎上するヒッカム飛行場

●フォード島の海軍飛行基地も炎上する

真珠湾攻撃概略図
1941年12月7日（日本時間12月8日）
0805
第一次
水平爆撃隊
0800
第一次
雷撃隊
真珠湾市
タンジール
カーチス
ユタ
ローリー
デトロイト
ショー
格納庫
米海軍工廠
ダウンズ
カシン
ペンシルバニア
カリフォルニア
フォード島基地
オグララ
ヘレナ
第一次
水平爆撃隊
0805
セントルイス
ホノルル
ネオショー
メリーランド
ソレース
ヒッカム
飛行場
テネシー
オクラホマ
アリゾナ
ネバダ
海軍補給隊本部
ウエスト・バージニア
ベスタル
第二次
急降下爆撃隊
0900
潜水艦基地
艦艇泊地
油槽タンク地帯
0900
第二次
雷撃隊
艦艇指揮所
0755
第一次
急降下爆撃隊
米太平洋軍司令部

真珠湾攻撃は大成功だったか?

なぜ南雲司令部は第二次攻撃をしなかったのか

　真珠湾攻撃は午前七時五五分から始まり、同九時四五分に終わった。二波に分かれた約二時間たらずの攻撃だったが、碇泊していた戦艦八隻のうち四隻を撃沈し、三隻を大破させた。なかでも戦艦「アリゾナ」は八〇〇キロ爆弾が火薬庫で爆発、さらに燃料貯蔵庫を誘爆させた。艦は真っ二つに折れて沈み、艦長以下一千名以上が戦死した。

　真珠湾周辺には米海軍と陸軍の飛行場が計六ヵ所あったが、三五五機のうち二三一機が破壊された。一般市民六八名を含む二四〇二名が死亡し、同じく市民三五名を含む一三八二名が負傷した。

　こうした数字は戦後になって判明したことだが、米太平洋艦隊に属する全戦艦をほぼ壊滅させ、航空機の大半を破壊したということは戦闘直後に判明していた。日本の被害は出撃した三五〇機のうち二九機、搭乗員五四名が未帰還となった。

　南雲司令部は、二隻の空母が見当たらず、撃ちもらしたことを残念がったが、戦艦と航空機をほぼ全滅させたことに満足し、ただちに帰途についた。所在のわからない敵空母からの反撃を恐れたのだ。南雲は、空母六隻を無傷のまま連れて帰ってきてくれと上層部から暗に言われており、深追いをせずに早く日本に帰る道を選んだ。

　航空隊総指揮官の淵田や「飛龍《ひりゅう》」「蒼龍」の指揮官山口多聞《たもん》少将などは、第二次攻撃を行ない、基地周辺の石油タンクなどを破壊すべきだと主張したが、容れられなかった。瀬戸内海にあった戦艦「長門《ながと》」の連合艦隊司令部でも、第二次攻撃命令を出すべきではないかという意見も出たが、「南雲はやるまい。泥棒でも帰りは怖いものだ」という山本長官の発言もあり、命令は出されなかった。真珠湾攻撃の戦果は少し悔いを残した…。

●燃える真珠湾と97艦攻

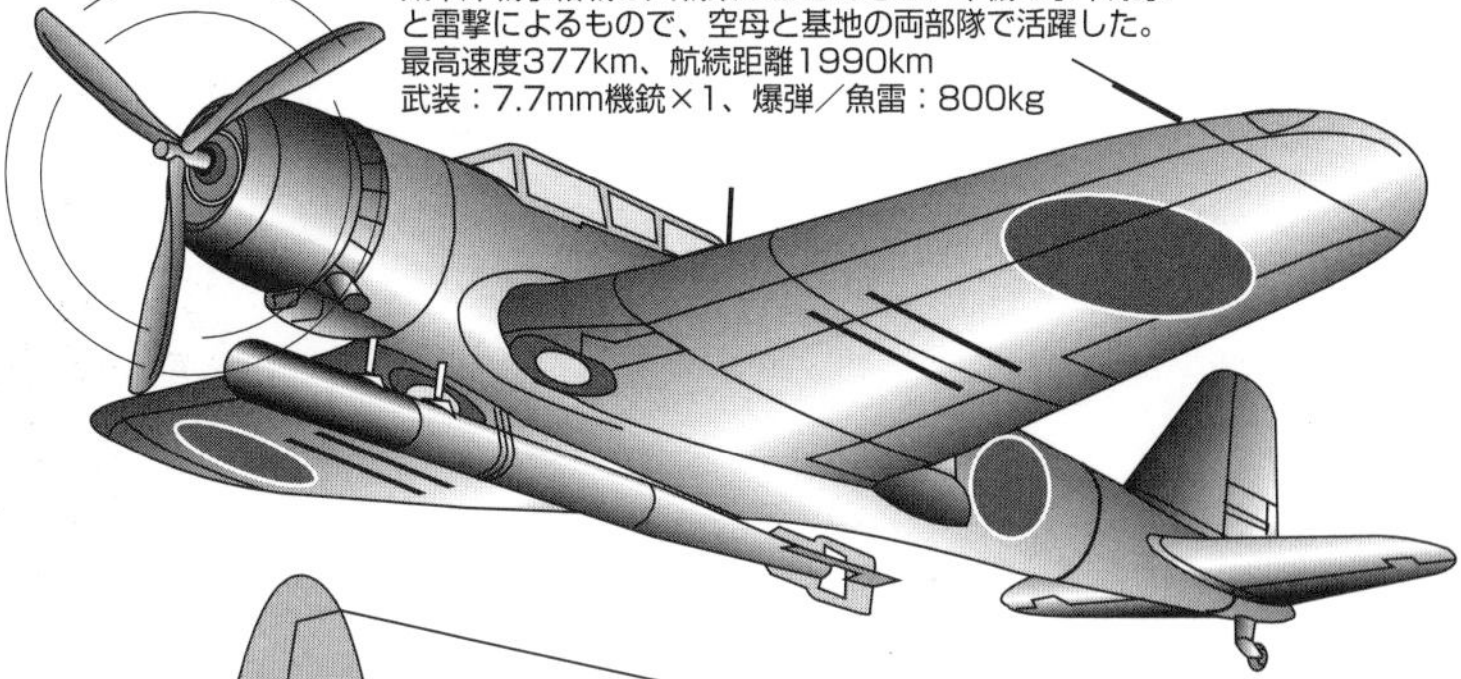

九七式艦上攻撃機

昭和12年に制式採用され、総生産数1250機に達した。太平洋戦争緒戦の大戦果のほとんどは、本機の水平爆撃と雷撃によるもので、空母と基地の両部隊で活躍した。
最高速度377km、航続距離1990km
武装：7.7mm機銃×1、爆弾／魚雷：800kg

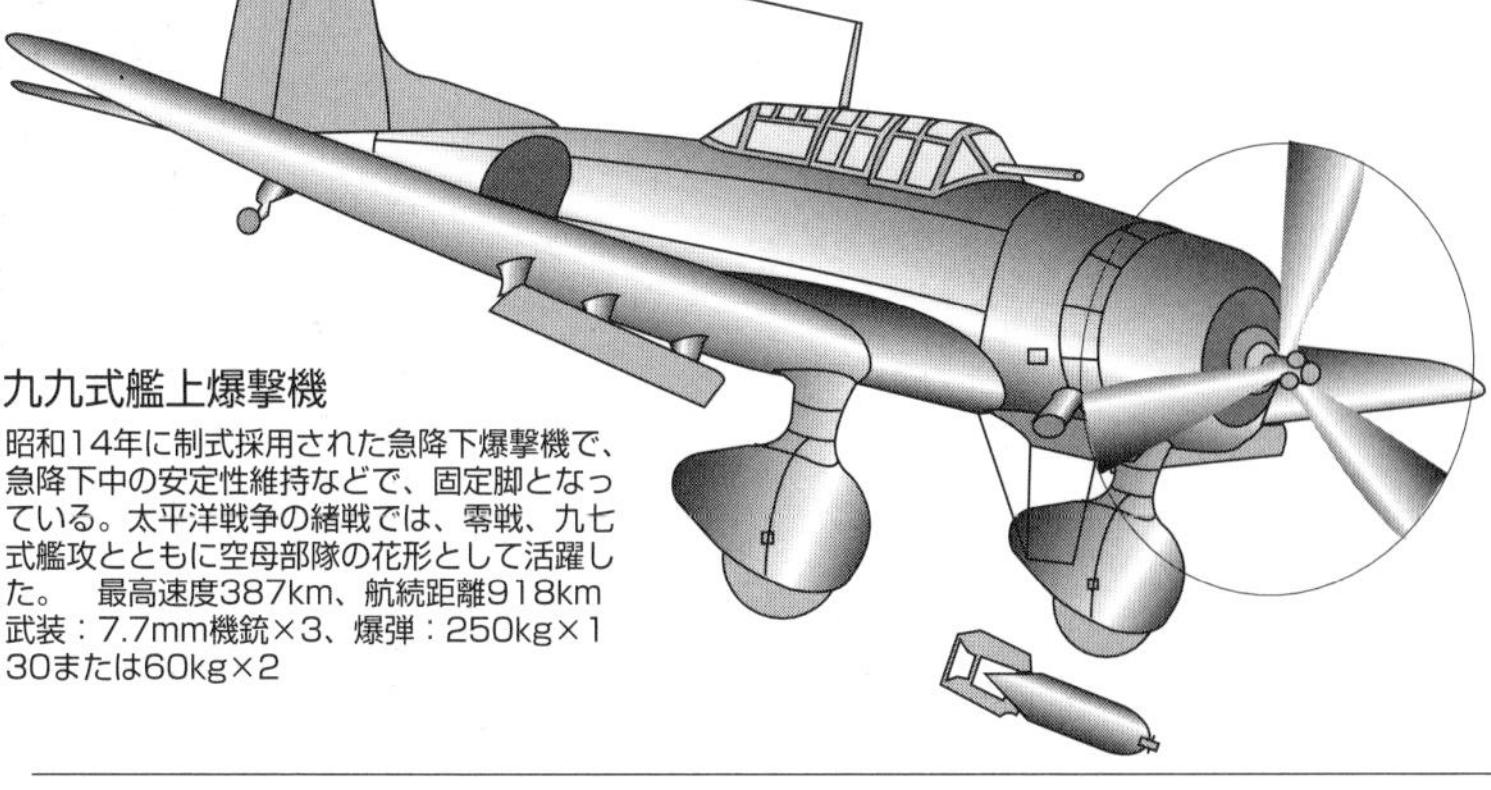

九九式艦上爆撃機

昭和14年に制式採用された急降下爆撃機で、急降下中の安定性維持などで、固定脚となっている。太平洋戦争の緒戦では、零戦、九七式艦攻とともに空母部隊の花形として活躍した。　最高速度387km、航続距離918km
武装：7.7mm機銃×3、爆弾：250kg×1 30または60kg×2

奇襲攻撃を陰で支えた日本人スパイ

海軍がハワイに潜入させた二セ領事館員の活躍

真珠湾奇襲を成功させた陰には、一人の日本人スパイがいた。森村正、本名吉川猛夫がその人である。海軍兵学校出身の少尉だったが、病気で予備役になったあと軍令部嘱託として働いていた。海軍での最初の勤務が巡洋艦「由良《ゆら》」の暗号士だったから、情報将校としての訓練は受けていた。

森村がハワイ総領事館に外務省書記生として赴任したのは一九四一年三月、最初の報告を発信したのが五月十二日だった。以後、十二月六日までの二一〇日間に一七六通の真珠湾情報を送り続けた。総領事館のあるホノルルから真珠湾まで西に一〇キロ。真珠湾の周囲一六〇キロ。森村はタクシーを拾って足繁く真珠湾まででかけ、周囲を観光(偵察)してまわった。運転手のなかには軍艦の名前や施設に詳しい者もいて、無邪気にたずねると得意になって教えてくれた。

ヌアヌ街を上がったアレワ高地には日本料亭・春潮楼《しゅんちょうろう》があり、その二階からは軍港が一望できた。なんと客へのサービス用に望遠鏡が備えてあった。森村が春潮楼に入りびたったのはもちろん、座敷に呼んだ芸者さんたちを誘ってはピクニックや遊覧飛行にでかけた。空からも真珠湾を偵察できたのだった。

森村が軍令部の要望に応えて「日曜日に最も多くの艦が入港している」と報告したのは十月末である。そして十二月六日付の報告が最後になった。

「五日夕刻入港せる空母二隻、重巡一〇隻は六日午後全部出港せり。六日夕刻の真珠湾在泊艦船は、戦艦九隻(注・標的艦ユタを算入)、軽巡三隻(四隻入渠《にゅうきょ》中)、駆逐艦一七隻(二隻入渠中)、潜水母艦三隻、其の他多数。艦隊航空兵力では航空偵察を実施していないようである」

●喜多長雄ホノルル総領事

●吉川猛夫

●パールハーバーが見える当時の春潮楼

●現在の春潮楼から眺めたパールハーバー

特殊潜航艇（甲標的）断面図

（次頁参照）

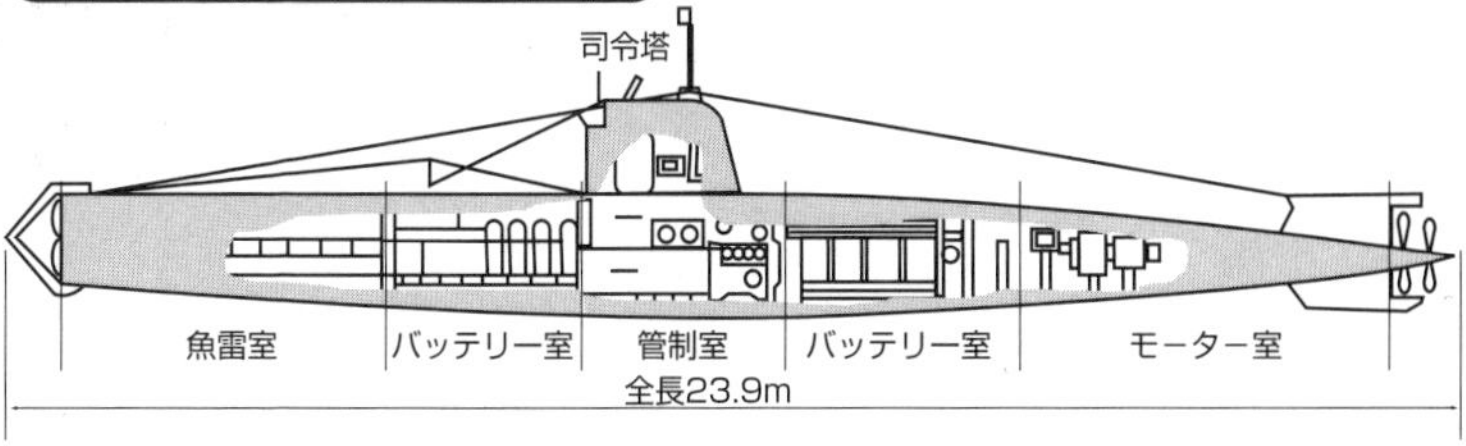
司令塔
魚雷室
バッテリー室
管制室
バッテリー室
モーター室
全長23.9m

交通筒
母潜

大型潜水艦に搭載した特殊潜航艇

九軍神と日本人捕虜第一号

特殊潜航艇乗組員一〇名の運命を変えた「十二月八日」

真珠湾攻撃には特殊潜航艇五隻も加わった。全長二四メートル、二人乗り、二発の魚雷を抱いたこの特潜は、真珠湾口外一〇〜二〇キロに迫った親潜水艦五隻から発進し、二隻は湾内に潜入して攻撃に成功したと信じられている。乗組員一〇人のうち九名は戦死したが、一名は捕虜第一号となった。九名は軍神として讃《たた》えられた。

特潜は艦隊決戦用として考案された。一九二二年（大正十一）と一九三〇年（昭和五）の国際軍縮条約で、大型艦のトン数が制限されたことに対する、海軍の危機感と焦りが生んだものだった。

日米開戦か？　という険悪な状況下で、開戦直後に特潜を単独で真珠湾に潜入させる作戦が再三提案されたが、山本連合艦隊司令長官は生還の見込みなき作戦は不可として、そのたびに却下した。提案した潜水艦部隊は、まだ真珠湾奇襲計画があるということは知らなかった。

潜水艦部隊はあきらめずに提案を続け、十月半ば、ついに山本長官の了承をとりつけた。しかし、航空奇襲攻撃を確実にするため、飛行機隊の第一撃のあとに攻撃を開始することになった。

実際には湾内に潜入しようとした特潜二隻が発見され、うち一隻は侵入に成功、一隻は午前六時半、駆逐艦により撃沈された。航空部隊の奇襲が始まる約一時間半前のことである。さらにもう一隻が七時二〇分（航空奇襲前）に撃沈された。

航空奇襲前のこの戦闘で真珠湾全体が戦闘態勢をとらなかったのは、報告を中継する将校が怠慢だったからにすぎない。

五隻の特潜のうち三隻は引き揚げられ、うち一隻は現在、江田島の自衛隊幹部学校内庭に展示してある。戦後、アメリカが返還したものだ。

●大々的に公表された九軍神

●特殊潜航艇
機密保持のために甲標的と呼ばれた

アメリカ軍航空基地の損害
カフク岬
オパナ・レーダー基地
カエナ岬
ハレイワ陸軍航空基地
ホイラー陸軍航空基地
戦闘機88機
クアロア岬
哨戒機33機
モカプ岬
カネオヘ
海軍航空基地
戦闘機ほか43機
哨戒機27機
フォード島
真珠湾
偵察機6機
エヴァ海兵隊
航空基地
ベローズ
陸軍航空基地
ヒッカム
海軍航空基地
マカップ岬
バーバースポイント
海軍航空基地
爆撃機36機
パールハーバー
海軍航空基地
ココ岬
ダイヤモンド・ヘッド

米国の世論を沸騰させた真珠湾攻撃

図に当たったルーズベルト大統領の参戦への思惑

一九四一年十二月八日午後零時二九分、議員の拍手のなか、ルーズベルト米大統領は上下両院本会議場に入り、演壇に登った。

「昨日、一九四一年十二月七日は、屈辱の日として長く記憶されるべきでありましょう。アメリカ合衆国は、日本帝国により突如、計画的に襲撃されたのであります」

さらにルーズベルトは、そのドスのきいた声で議会に日本・ドイツ・イタリアに対する宣戦布告を要請した。議会は圧倒的多数でそれを承認した。

ルーズベルト大統領は一九四〇年十一月に三選されたが、その最大の公約は戦場に若者を派遣しないというものだった。すでにドイツはポーランドに侵攻し、英仏とは戦争状態にあった。日本の真珠湾攻撃の頃、西ヨーロッパ各国はドイツの軍門に下り、ソ連は激しく攻撃されていた。

民主主義陣営でドイツの攻勢をひとり支えていたのはイギリスだった。三選後のルーズベルトは、あらゆる手段を使ってイギリスとソ連に武器弾薬の提供を続ける一方、国民には「アメリカは民主主義国家の兵器廠《しょう》（工場）になる」と説き続けた。しかし、それが限度だった。

陸海軍の首脳は大統領に対独宣戦を迫ったが、選挙公約があるかぎりそれはできない。そこで彼らは裏口から参戦すべく画策したのだ。それを明瞭に証明しているのが「問題は、われわれ自身が重大な危険に陥ることなしに、いかにしてかれら（日本）に最初の一発を撃たせるかである」とまで書いた陸軍長官スチムソンの日記である。

日本の真珠湾奇襲攻撃は、いささかアメリカの犠牲が大きすぎたとはいえ、大統領の思惑どおりに参戦実現に決定的に貢献したのである。

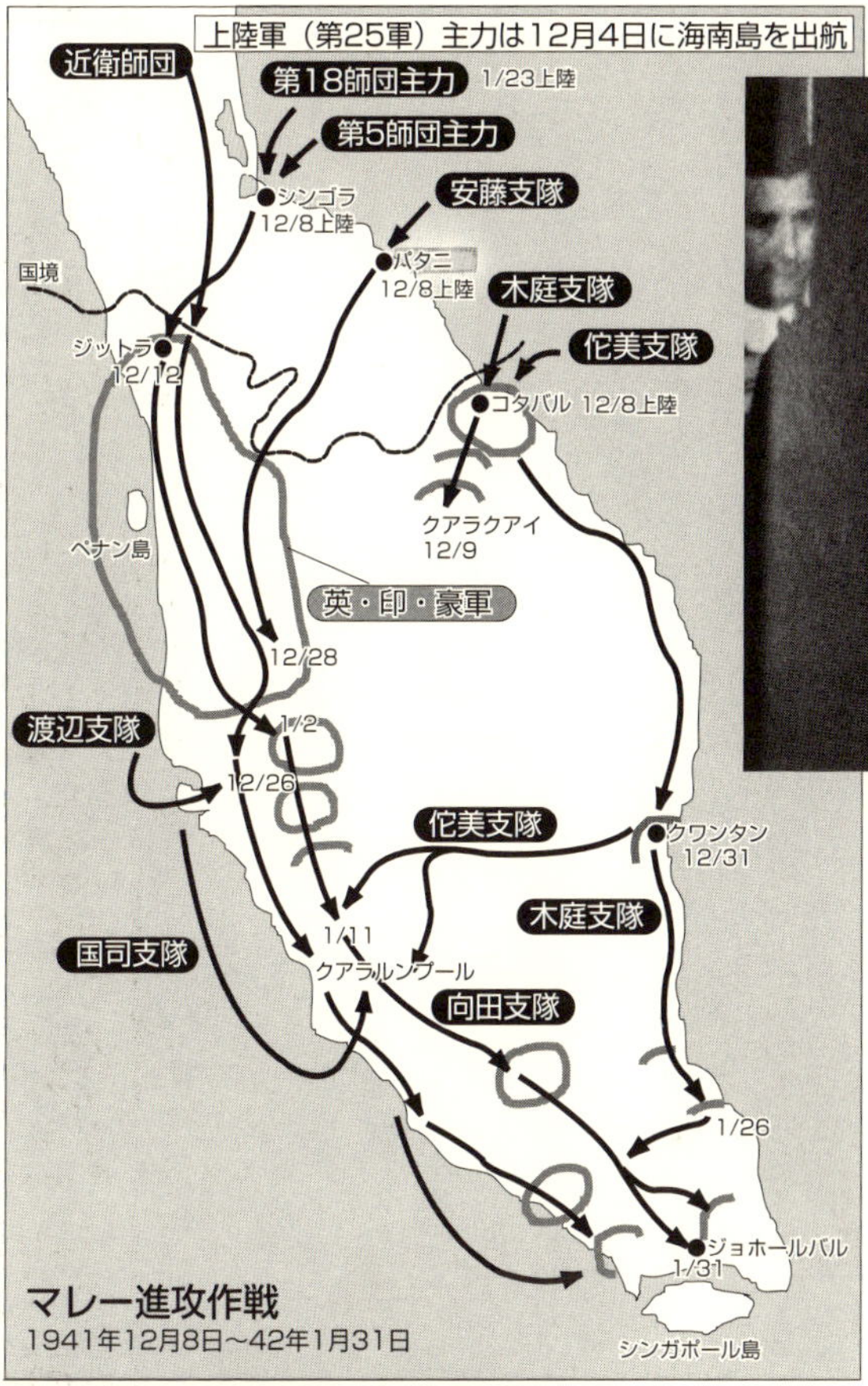
上陸軍（第25軍）主力は12月4日に海南島を出航
近衛師団
第18師団主力
1/23上陸
第5師団主力
シンゴラ
12/8上陸
安藤支隊
パタニ
12/8上陸
国境
木庭支隊
佗美支隊
ジットラ
12/12
コタバル 12/8上陸
クアラクアイ
12/9
ペナン島
英・印・豪軍
12/28
1/2
渡辺支隊
12/26
佗美支隊
クワンタン
12/31
木庭支隊
1/11
国司支隊
クアラルンプール
向田支隊
1/26
ジョホールバル
1/31
シンガポール島
マレー進攻作戦
1941年12月8日～42年1月31日

（次頁参照）

CB

●議会に開戦の要請を行なうルーズベルト大統領

●日本軍の奇襲を許したとして罷免・降格された真珠湾のアメリカ太平洋艦隊司令長官キンメル海軍大将

真珠湾より早かったマレー上陸作戦

深夜のコタバル上陸は真珠湾奇襲の一時間前だった

真珠湾奇襲に先立つ一時間五〇分前（日本時間十二月八日午前一時三〇分）、イギリスの植民地マレー半島東岸コタバルで、日本軍とイギリス軍の戦闘が始まった。日本陸軍はマレー半島の付け根に上陸し、半島を南下し、シンガポールを攻略しようとしたのである。

コタバルに上陸したのは兵力約五三〇〇名の佗《たく》美《み》支隊（佗美浩少将指揮。久留米の第一八師団第五六連隊基幹）。コタバルには英空軍基地があり、そこを制圧しなければ上陸作戦も南下作戦も難しいとの判断からだった。はたして上陸軍は十二月八日の日中いっぱいは海岸に釘付けされた。しかし、日没とともに前進を始め、九日午前九時には飛行場を制圧、昼過ぎにはコタバル市を占領した。

上陸地点はコタバルのほかタイ国領土のパタニとシンゴラだった。日本は上陸後にタイ国に対し軍隊通過協定を強要し、日本軍への一方的な協力を約束させ、日本は事実上タイを占領した。

上陸部隊は海南島（中国領土。一九三九年に日本が占領）から輸送船団でやってきた。一部の部隊は、開戦前に進駐していたサイゴン（現ホーチミン）付近からタイ国を通り、マレーに入った。

マレー半島は中央にいくつかの山脈が走り、西海岸をシンゴラからシンガポールまで鉄道が走っていた。日本軍の大部分はその鉄道沿いに南下した。ところどころにインド兵主体の英軍や豪州（オーストラリア）軍が陣地を築き、激しく抵抗した。しかし、おおむね頃合いを見て撤退し、首都クアラルンプールは無血占領だった。

日本軍は五五日で、約一一〇〇キロを突破、シンガポールを望むジョホールバルに達した。この間、九五回の戦闘を行ない、英軍を追いつめた。

●マレー上空で敵戦闘機を撃墜した
陸軍戦闘機「隼」

●マレーを南下する部隊

マレー・シンガポール作戦2

日本海軍航空隊に粉砕されたイギリス戦艦

チャーチル首相に大ショックを与えた相次ぐ悲報

シンガポールは東アジアにおける英海軍最大の根拠地である。開戦当時の主力艦は戦艦「プリンス・オブ・ウェールズ」と「レパルス」で、これに対抗するには「長門」「陸奥《むつ》」クラスの主力艦を当てなければ勝てないと考えられた。しかし、この方面に出動したのは重巡部隊で、その艦隊も英戦艦二隻を捕捉《ほそく》・攻撃できなかった。実際に発見し、攻撃したのは海軍の基地航空部隊である。

開戦前、基地航空部隊はサイゴン付近に進出した。十二月十日午前一〇時過ぎ、サイゴン発進の索敵《さくてき》機がクワンタン沖で「ウェールズ」と「レパルス」を発見し、一時間のちに元山《げんざん》・美幌《びほろ》・鹿屋《かのや》航空部隊の陸攻（陸上攻撃機）約一〇〇機が、三波に分かれて英戦艦に爆弾を落とし、魚雷を放った。

英艦隊には護衛の戦闘機はついていず、対空砲火で応戦したが、二時過ぎに「レパルス」が沈み、三時まえには「ウェールズ」も沈没した。「レパルス」には爆弾一発、魚雷一四本、「ウェールズ」には爆弾二発、魚雷七本が命中したといわれる。これに対し日本軍機の損害はわずか三機にとどまった。この戦いをマレー沖海戦という。

二日前の真珠湾攻撃では碇泊している戦艦群に大打撃を加えたが、今度は戦闘態勢にある航行中の戦艦を飛行機だけで撃沈したのである。世界最初の〝快挙〟といってよかった。

「あらゆる戦争で、私はこれほど直接のショックを受けたことはなかった」と、当時のチャーチル英首相も回想している。

イギリスはこの海戦のあとまもなく、シンガポールを日本軍に占領されたが、相次ぐ悲報は北アフリカにおけるドイツとの戦い（エジプトの英軍はロンメル軍団に攻められていた）に微妙に影響した。

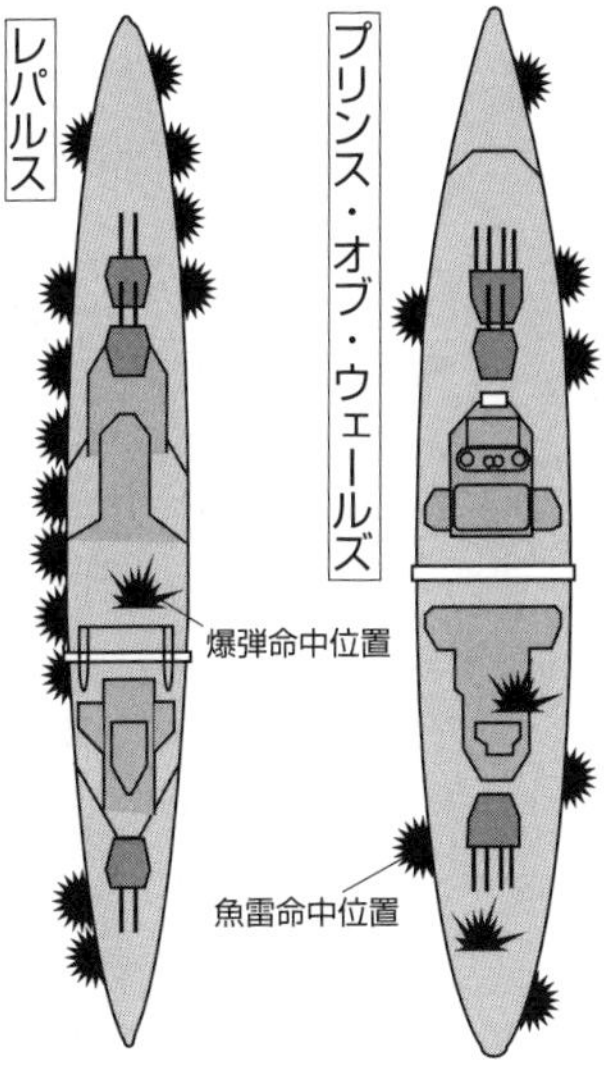
レパルス
プリンス・オブ・ウェールズ
爆弾命中位置
魚雷命中位置

●マレー沖海戦で沈む「レパルス」と「プリンス・オブ・ウェールズ」

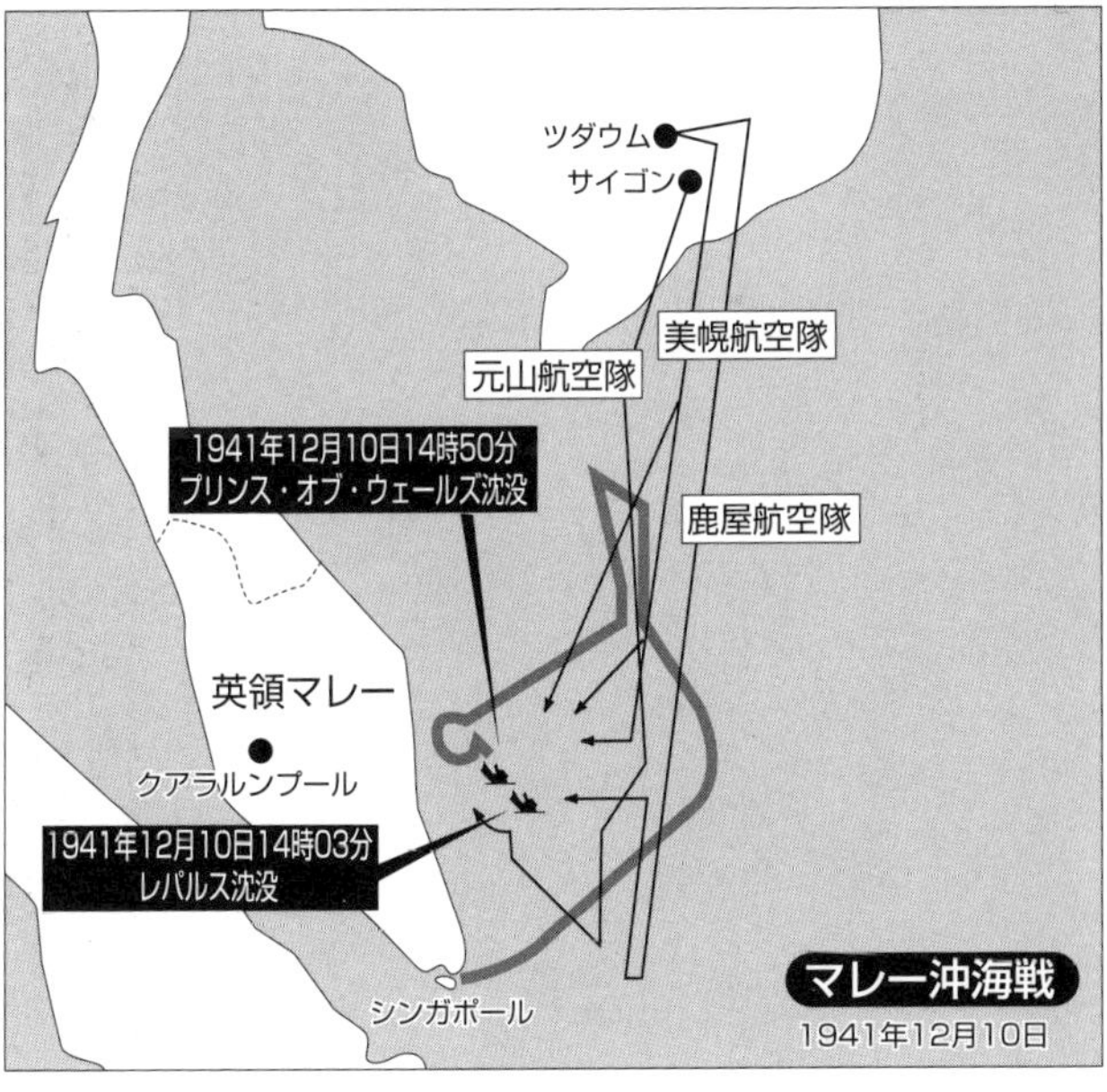
ツダウム
サイゴン
美幌航空隊
元山航空隊
1941年12月10日14時50分
プリンス・オブ・ウェールズ沈没
鹿屋航空隊
英領マレー
クアラルンプール
1941年12月10日14時03分
レパルス沈没
シンガポール
マレー沖海戦
1941年12月10日

マレー・シンガポール作戦3

「イエスかノーか」——日英降伏交渉

山下奉文軍司令官は、ほんとうに怒鳴り飛ばしたのか?

マレー半島を南下してジョホールバルに達した日本軍約六万は、一九四二年二月九日、対岸のシンガポール島に上陸した。守る連合軍(インド兵主体のイギリス軍中心。他にオーストラリア軍)は約一三万。戦いの中心はシンガポールの西側で、最大の激戦地は最大標高一九〇メートルのブキテマ高地だった。ブキテマ高地の戦いは二月十一日から始まり、一進一退を繰り返したが、日本軍の砲弾も底をつき始めた頃、突然、連合軍が白旗を掲げた。二月十五日である。

山下奉文《ともゆき》軍司令官とパーシバル総司令官との降伏会見がフォード自動車工場で行なわれた。パーシバルは停戦を申し込み、シンガポールの治安を任せてほしいと主張したのに対し、山下は条件は後回しだ、降伏するのかしないのか、と迫った。日本軍は降伏の意思表示がないかぎり夜襲を決行するつもりだった。いらだった山下は「条件は後回しだ、降伏するのかしないのか、イエスかノーか聞いてくれ」と通訳に命じた。パーシバル中将はやむなく「イエス」と回答したのだった。

日本では「イエスかノーか」という言葉だけが伝えられ、テーブルをドンとたたいて降伏を迫る強圧的な姿勢を想像し(実際そんな絵が描かれた)、快哉《かいさい》を叫んだ。しかし、いかに「鬼畜米英をやっつける」として戦端を開いた日本ではあるが、降伏交渉とはいえ、れっきとした将軍同士の会見で粗野な振る舞いを演じたとは想像しにくい。山下も「イエスかノーか」だけが一人歩きしていることを気にして、たびたび弁解していたという。

ともあれ連合軍は降伏した。マレー・シンガポール作戦における日本軍の戦死者は約三五〇〇名、連合軍の捕虜は七万とも一〇万ともいわれる。

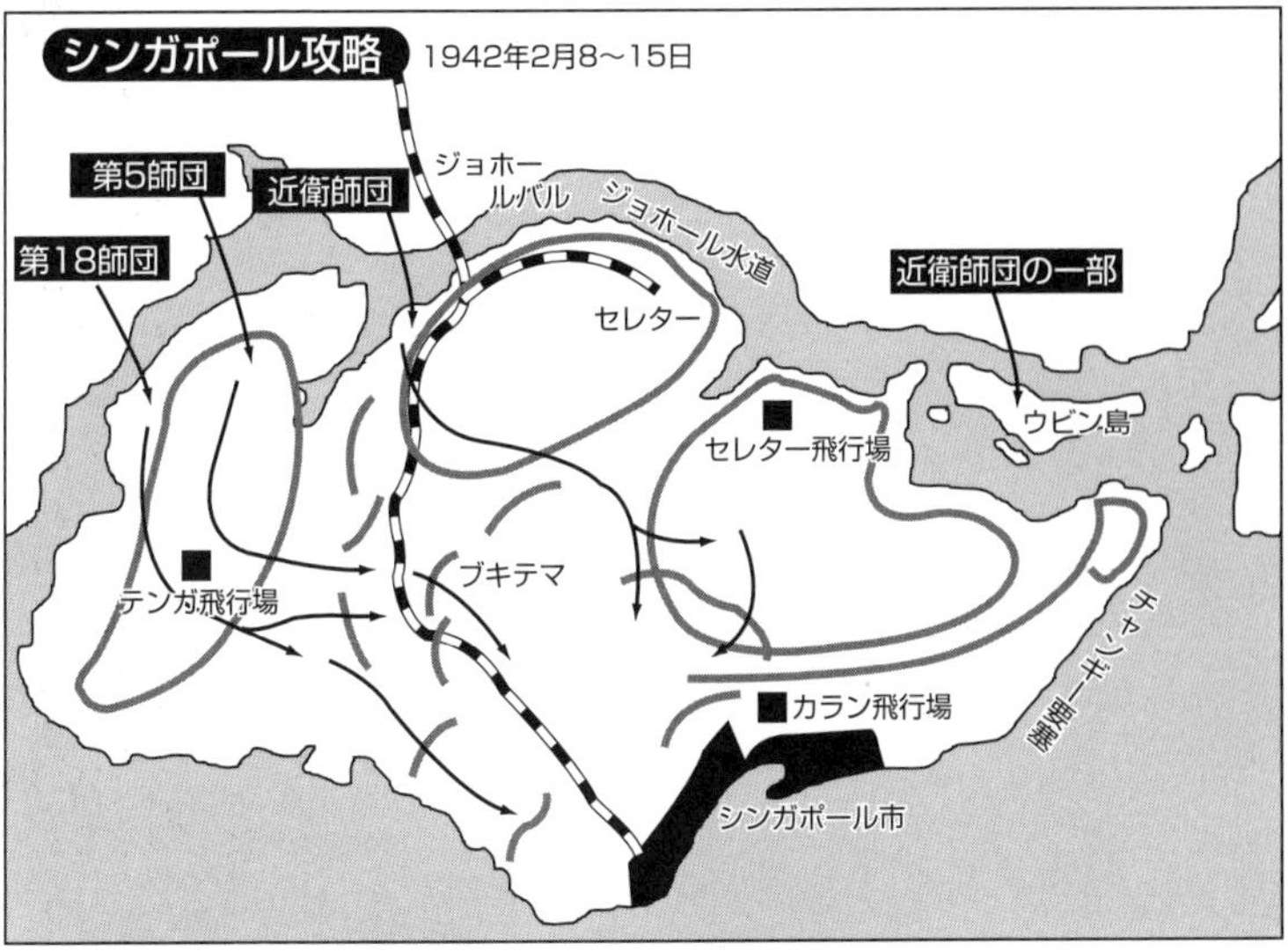
シンガポール攻略
1942年2月8〜15日
第5師団
近衛師団
第18師団
ジョホールバル
ジョホール水道
近衛師団の一部
セレター
ウビン島
セレター飛行場
ブキテマ
テンガ飛行場
チャンギー要塞
カラン飛行場
シンガポール市

●ブキテマのフォード工場で降伏会見をする山下とパーシバル

●シンガポール市、リアルススクェアを行軍する日本軍

フィリピン進攻作戦1

「死の行進」を日本軍は知らなかった

マッカーサーに見捨てられたバターン半島の米比軍

フィリピンを攻略したのは本間雅晴中将を軍司令官とする第一四軍である。ルソン島リンガエン湾に上陸したのが一九四一年十二月二十三日、マニラ占領が翌年一月二日である。マニラは無防備都市宣言がなされ、ダグラス・マッカーサー大将に率いられた米比軍（米軍約三万、フィリピン軍約七万）は撤退し、日本軍は無血占領した。

米比軍はマニラ湾の西に突き出たバターン半島に立てこもった。幅約二〇キロ、長さ約五〇キロの半島は大部分が深いジャングルで、日本軍の攻撃は予想に反して困難をきわめた。

日本軍が戦死四一三〇名、戦傷六八〇八名を出して米比軍を降伏させたのは四月九日だった。その間、マッカーサーはオーストラリアに脱出した。理由はともあれ最高指揮官が部下を見捨てたわけだ。気が引けたのかマッカーサーは「アイ・シャル・リターン」というセリフを残したが……。

ジャングルから出てきた米比軍は約八万。日本軍はその数に驚き、サンフェルナンドに収容所を造り、そこまでの六〇〜七〇キロを護衛付きで歩かせた。しかし、食糧の用意が十分ではなく、加えて炎天下の行進で、捕虜はバタバタと倒れた。そのようすが、隙を見て逃亡し、オーストラリアにたどり着いた米兵によって報告された。

アメリカはその後「デスマーチ・オブ・バターン」を日本軍の残虐行為の典型として繰り返し喧《けん》伝《でん》したが、日本で放送を傍受した軍関係者は、その意味がわからなかったという。

戦後、本間司令官がその罪でマニラの軍事法廷に召喚されたとき、本間自身もまったく事情がのみ込めなかった。「死の行進」で約一万七二〇〇名が死亡したとして本間は銃殺刑となった。

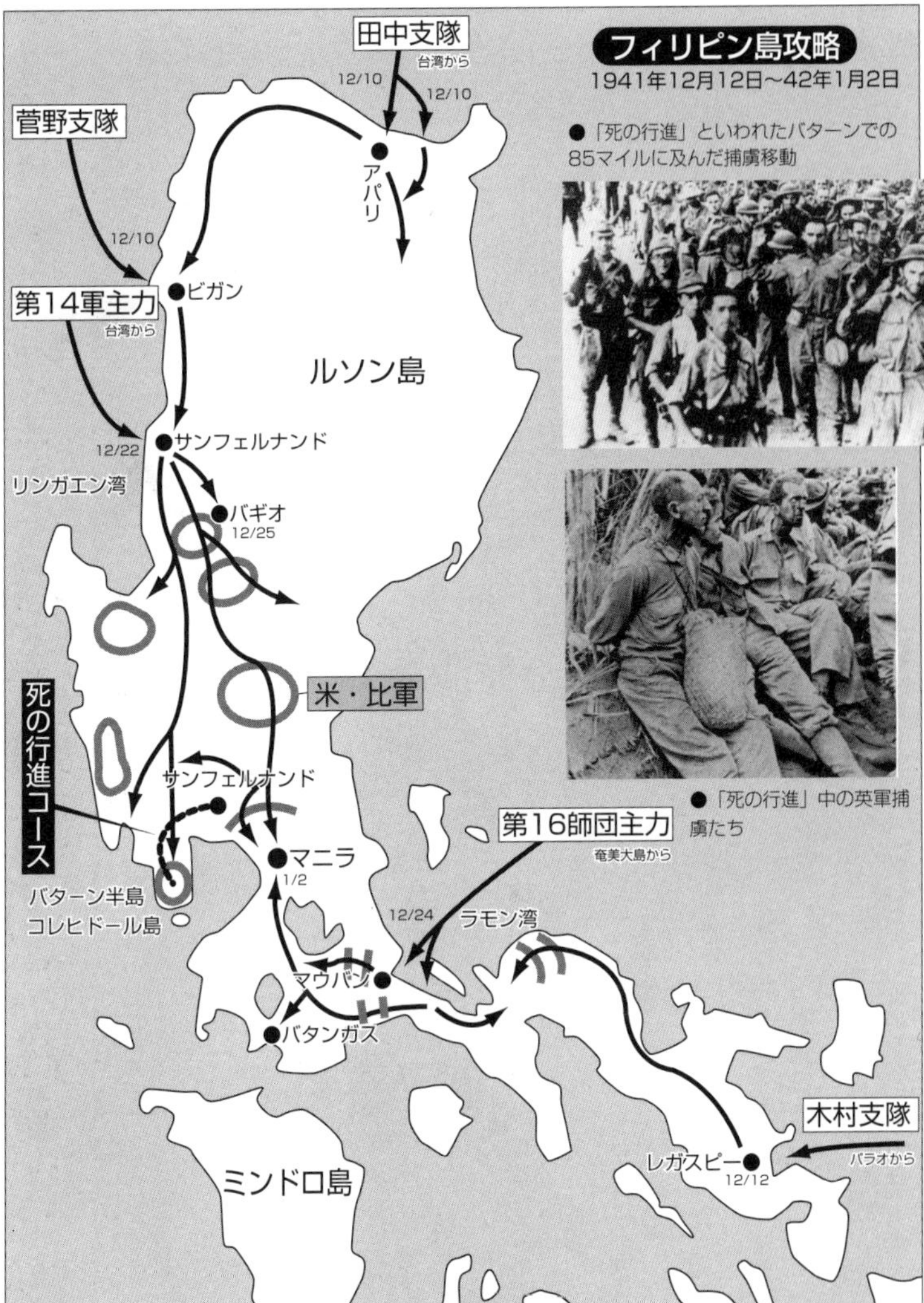
フィリピン島攻略
1941年12月12日～42年1月2日
田中支隊
台湾から
12/10
12/10
菅野支隊
12/10
アパリ
ビガン
第14軍主力
台湾から
ルソン島
12/22
サンフェルナンド
リンガエン湾
バギオ
12/25
米・比軍
死の行進コース
サンフェルナンド
マニラ
1/2
バターン半島
コレヒドール島
第16師団主力
奄美大島から
12/24
ラモン湾
マウバン
バタンガス
木村支隊
パラオから
レガスピー
12/12
ミンドロ島

●「死の行進」といわれたバターンでの85マイルに及んだ捕虜移動

●「死の行進」中の英軍捕虜たち

フィリピン進攻作戦2

部下の将兵を見捨てたマッカーサー

幕僚とともに前線を脱出してオーストラリアへ

米比軍総司令官マッカーサー大将は、一九四二年二月二十三日、ルーズベルト大統領からフィリピンを脱出してオーストラリアに行き、西南太平洋連合軍司令官に就任するよう命令を受けた。米比軍が追いつめられているときの人事であった。

とはいえ、当時のバターン半島における日本軍の攻撃は頓挫《とんざ》しているときで、第一四軍司令部の上級機関である南方軍（司令部はサイゴン、現ホーチミン）は、第一四軍参謀長前田正実中将を更迭《こうてつ》し、攻撃続行を命じるという状況だった。米比軍内部には「本間中将は攻撃失敗の責任をとり自殺した」から「総反撃に転じるべきだ」という声があがるほどだった。シンガポール失陥直後だけに、アメリカのラジオは「バターン半島は落ちず、コレヒドール島も健在なり」と繰り返し放送していた。

マッカーサーはそのコレヒドール島（バターン半島先端にある岩島）の要塞にいたのだ。

マッカーサーが妻子や幕僚を連れてコレヒドール島を脱出したのは三月十二日である。一行約三〇名が魚雷艇四隻に分乗、ミンダナオ島に脱出し、パイナップル畑内の秘密飛行場からB17爆撃機二機で飛び立った。そして三月十七日、ダーウィンに降りたマッカーサーは「私がオーストラリアに送られたのは、攻勢のため新たな部隊を編成するためであり、その主要目的はフィリピンの解放である。私は必ず帰る（アイ・シャル・リターン）」と述べた。「アイ・シャル・リターン」は、米比軍内でも流行語となり、「便所に行ってくるぞ、アイ・シャル・リターン」などと使用されたが、そこには部下を見捨てた総大将への皮肉もあった。

マッカーサーが再びフィリピンに上陸したのは二年七ヵ月後である。

1 日本軍の快進撃で始まった太平洋戦争

●戦後にコレヒドール島の脱出組が、東京・帝国ホテルで開いた記念パーティー

●占領したコレヒドール島の要塞砲

日本の勢力範囲と支配計画地域
1932年当時の日本支配地域
1931〜1941年に拡大した支配地域
シベリア
カムチャッカ半島
アッツ島
キスカ島
千島列島
樺太
満州
蒙古
ウラジオストク
太平洋
中国
朝鮮
日本
東京
上海
硫黄島
沖縄
琉球列島
台湾
日本が計画した支配地域
ビルマ
海南島
ウェーキ島
タイ
ルソン
マニラ
マリアナ諸島
グアム島
インドシナ
南シナ海
ミンダナオ
マレー半島
シンガポール
カロリン諸島
マーシャル諸島
ギルバート諸島
ボルネオ
スマトラ
ニューブリテン島
ラバウル
オランダ領東インド諸島
ニューギニア
ソロモン諸島
ジャワ
ポートモレスビー
インド洋
オーストラリア
珊瑚海

蘭印攻略作戦

日本軍を助けた現地民の「救世主伝説」

日本軍の進駐を容易にしたオランダの植民地政策

蘭印はオランダ領東インドの略である。現在のインドネシアにほぼ匹敵する。オランダがここに東インド会社を設立したのが一六〇二年で、ポルトガルやイギリスも同時に勢力を伸ばしたものの、最も勢いが強かったのがオランダだった。

日本はその蘭印を攻略した。年産約八〇〇万トンの石油獲得が第一目的で、それは当時の需要量五〇〇万トンを大きく上回っていた。その他にもゴム、ボーキサイト、錫《すず》、キニーネなど重要資源を産出するが、対米英戦争とは煎《せん》じ詰めれば、蘭印の石油を獲得するために踏み切ったものだ。その石油資本はほとんどアメリカとイギリスが握っており、その点からも蘭印攻略は米英との戦争を覚悟しなければならなかったのである。

石油が出るのは主にスマトラ島とボルネオ島（カリマンタン島）で、日本軍はまずここを押さえた。作戦中、マレーやフィリピンと違ったのは、現地住民の協力だった。蘭印には永年「天から白い衣をまとった神が舞い降り、我々を解放してくれる」とか、「北方から黄色い人々がやってきて、我々を解放してくれる」という伝説が語り継がれていた。日本は開戦前からそうした伝説を利用して、東京からインドネシア人の民族主義者ユスフ・ハッサンを通じてインドネシア向け放送を繰り返していた。実際、スマトラのパレンバンやボルネオのメナドでは、日本軍の白い落下傘部隊が降下したし、日本人は黄色い肌をしていた。

蘭印の中心であるジャワ島の攻略は一九四二年三月一日から始まったが、オランダ軍が降伏したのはわずか一週間後の三月八日である。

もちろん、蘭印の解放がそのままインドネシアの独立につながらなかったのはいうまでもない。

●バタビア市内を進軍する自転車部隊。バタビアは現ジャカルタ

●バタビアとバンドンの中間にある要衝、ボインテゾルゲの記念碑の前でバンザイする日本軍兵士

高雄
香港
東方支隊
第38師団
タイ
仏印
マニラ
第48師団
カムラン湾
第16軍主力
（第2師団）
サイゴン
川口支隊
ダバオ
浜口支隊
サンダカン
ミリ
英領マレー
英領ボルネオ
メナド
シンガポール
クチン
ポンチャナク
落下傘部隊降下
バリクパパン
スマトラ
蘭領ボルネオ
パレンバン
ケンダリー
アンボン
落下傘部隊降下
バタビア沖海戦
バタビア
ジャワ
スラバヤ
クーパン
日本軍の蘭印方面への行動

ビルマ独立運動家と日本の謀略機関

祖国の解放を日本軍に託した若きビルマ戦士たち

日本軍は南方作戦の一つとして、インド兵主体の英印軍を駆逐してビルマ(現ミャンマー)全土を占領した(一九四二年五月)。この日本軍とともに戦ったのがビルマ独立義勇軍だった。

その指揮官三〇名は、南機関という謀略機関が開戦前に海南島(中国領土。日本軍が一九三九年二月占領)で訓練した。ミャンマーの民主化活動家スーティー女史は、義勇軍の指揮官だったオン・サンの娘であり、引退したとはいえ実力者であるネ・ウィンもその一人だった。

日本軍がビルマの独立運動家と関係をもったのは一九四〇年である。変装した鈴木敬司大佐がビルマに派遣され、イギリスやアメリカの蔣介石総統率いる中国に対する援助ルート(援蔣ルート)破壊の方策を探っているうちに、強力な独立運動組織と接触、ビルマ人自身の独立への願望が大きいことを知った。鈴木は参謀本部にビルマ独立運動を支援することでビルマからイギリスを駆逐し、結果として援蔣ルートを遮断する奇策を提案した。

鈴木は国境を越えて活動家を脱出させ、一九四一年初めから訓練を開始した。日本軍は彼らを訓練したあと、再びビルマに送り返し、国内で一斉蜂起させるつもりだった。ところが開戦となり、日本軍のビルマ進攻が決定されたため、ビルマ独立義勇軍約三〇〇名は日本軍とともにビルマに進撃することになった。タイとの国境を越えると、志願の義勇兵が続々と加わり、「ドウバーマー(ビルマ万歳)」を叫びつつ進軍、ラングーン到着の頃には一万二〇〇〇名にふくれ上がっていた。

こうしたビルマ独立義勇軍はのちにビルマ防衛軍の母体となったが、その後の独立(一九四三年八月)は名目上のことにすぎなかった。

●義勇軍の指揮官だったオン・サン将軍

●昭和18年3月、靖国神社に参拝したバーモ博士。バーモ博士はビルマ独立運動の中心的存在だった

●日本は昭和18年、ビルマの代表者4人に叙勲した

●東条首相の官邸を表敬訪問したバーモ博士一行

●天皇に謁見後のバーモ博士の記者会見

●バーモ国家代表によるビルマの独立宣言

ビルマ攻略作戦2

空の軍神・加藤隼戦闘機隊長の最期

知られざるビルマ攻略航空戦

昭和十六年（一九四一）八月、陸軍の飛行第六四戦隊の主力機が新鋭の一式戦闘機一型「隼《はやぶさ》」となった。隊長は加藤建夫中佐。同戦隊は、飛行第五連隊第二大隊と独立飛行第九中隊とを合わせて発足したが（昭和十三年八月）、加藤はすでに日中戦争初期の第二大隊第一中隊長時代、二回にわたる華華しい空中戦で四三機を撃墜、勇名を馳《は》せていた。

太平洋戦争が始まり、加藤率いる六四戦隊はマレー作戦、蘭印作戦で縦横の活躍を見せ、続くビルマ攻略作戦では英空軍や米義勇飛行隊「フライング・タイガース」と戦い、日本軍のビルマ制圧後は南西ビルマのアキャブ基地に進出、巻き返しを狙う英空軍と激しい戦闘を重ねていた。

一九四二年五月二十二日、前日のチタゴン基地（インド）攻撃のあと、墜落した部下の捜索結果を待っていたが、そこへ突然ブレンハイム中型爆撃機一機が進入してきた。加藤は部下四人と共にただちに離陸、敵機を追った。途中二機が被弾して追跡をあきらめたが、加藤は海面スレスレに逃げる敵機に銃撃を浴びせた。敵機は海面に真っ逆さまに激突したが、加藤機の翼も炎に包まれていた。

「（同行の）近藤、伊藤両曹長は息を呑んで見つめていた。部隊長（加藤中佐）がちらりと後ろをふり向いたようだった。二人は部隊長の意図がすぐわかった。二〇〇メートルの高度で、中佐機はいきなりくるりと反転した。機首が下になった。そのまま真逆様の姿勢で海中に突っ込んだ。水柱が立った。あっという間の出来事だった……。低空の反転操作自爆は、部隊長が我々に日常よく話していたことだった」（被弾で引き返した安田義人曹長、のち准尉の『ビルマ隼戦記』による）。

加藤中佐は少将に特進、空の軍神と称せられた。

●軍神となった加藤建夫少将

●機上の加藤隊長

●出撃する一式戦闘機「隼」

●昭和17年5月22日、死の直前の加藤隊長（アキャブ飛行場）

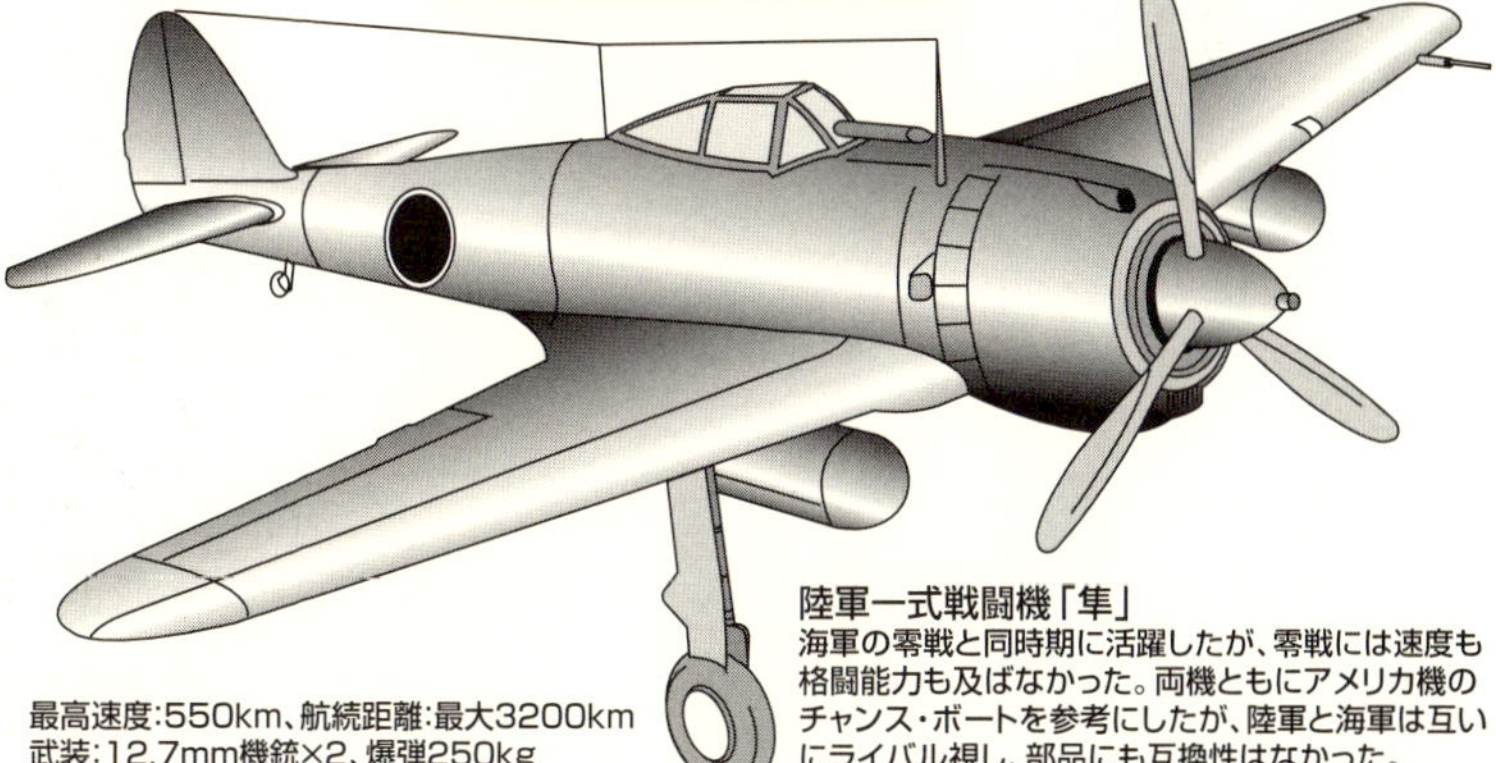

陸軍一式戦闘機「隼」

海軍の零戦と同時期に活躍したが、零戦には速度も格闘能力も及ばなかった。両機ともにアメリカ機のチャンス・ボートを参考にしたが、陸軍と海軍は互いにライバル視し、部品にも互換性はなかった。

最高速度:550km、航続距離:最大3200km
武装:12.7mm機銃×2、爆弾250kg

インド洋作戦

英東洋艦隊を壊滅した南雲機動部隊

航空主兵のダメを押した連合艦隊

シンガポールを失った英東洋艦隊は根拠地をセイロン島(現スリランカ)やモルジブ諸島アッズ環礁に移した。その兵力は空母三(搭載機数合計一三五)、戦艦五、重巡五などで、サー・ジェイムズ・ソマービル大将に率いられていた。

真珠湾攻撃のあと、南雲忠一中将率いる機動部隊はウェーキ島、ラバウル、ポートダーウィン(オーストラリア)、チラチャップ(ジャワ島)などの陸上基地攻撃に従事し、一九四二年四月初めインド洋に進出した。英東洋艦隊撃滅のためである。

英軍は暗号解読でそれ(四月一日セイロン攻撃)を察知、セイロン島南東海域で待ち伏せしていたが、南雲機動部隊の出撃準備が遅れ、攻撃は五日となった。英機動部隊は引き揚げた。

四月五日早朝、セイロン島南東約三七〇キロから一二九機が出撃、コロンボ港を空爆した。英軍は暗号解読や索敵で察知し、主力艦船を避難させていた。そのなかの二隻が重巡「ドーセットシャー」「コーンウォール」で、その日の午後に発見された。これを急降下爆撃機五三機が攻撃、命中率八八パーセント、わずか一七分で撃沈した。

四月九日早朝、南雲機動部隊の一二一機がセイロン島北端のツリンコマリ港を空襲した。コロンボ同様、来襲を察知されていたので、主要艦船はいなかったが、終了後、ツリンコマリ北東海上を航行中の小型空母「ハーミス」を発見。艦爆機八五機と零戦九機が発進、八二パーセントという命中率で攻撃開始一五分後に撃沈した。

このあと南雲長官は英東洋艦隊の本隊を追跡しなかったが、ソマービル長官もその後は戦意を失い、積極的に反撃することはなかった。インド洋はこうして日本軍の制圧下に入ったのである。

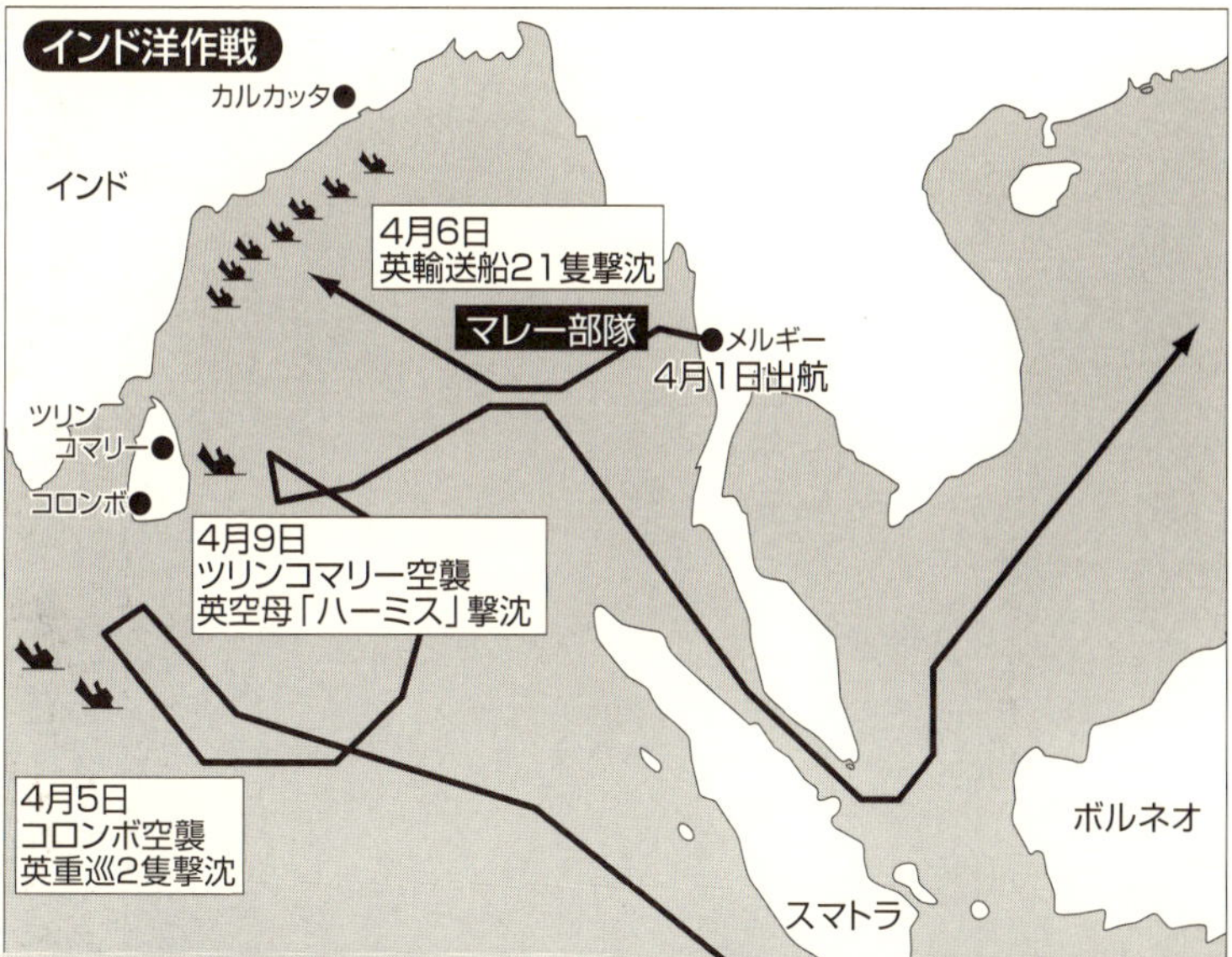

インド洋作戦
カルカッタ
インド
4月6日
英輸送船21隻撃沈
マレー部隊
メルギー
4月1日出航
ツリンコマリー
コロンボ
4月9日
ツリンコマリー空襲
英空母「ハーミス」撃沈
4月5日
コロンボ空襲
英重巡2隻撃沈
ボルネオ
スマトラ
ジャワ
機動部隊
3月26日ケンダリーを出航

●炎上するイギリス重巡「ドーセットシャー」

●日本の攻撃機の猛爆に喘ぐイギリス重巡「コーンウォール」

●イギリス空母「ハーミス」の最期

インド国民軍結成に奔走した秘密機関

ボースのインド独立運動に手を貸した日本の謀略工作

開戦前の昭和十六年（一九四一）年九月十八日、藤原機関（通称F機関）が発足した。藤原岩市少佐を長とする対インド人工作の謀略秘密機関である。その目的は、マレー作戦で英印軍のインド将兵に働きかけ、寝返らせることである。名目は、日本軍がインド独立に手を貸そうと申し出ることだった。

当時タイにはインド独立連盟（IIL）が活発な活動を続けていたが、藤原は彼らと盟約を結ぶことに成功した。F機関で働く日本人は一四、五名ですべて民間人。F機関員とIILメンバーはマレー作戦の進捗とともに、ときには最前線で、ときには後方でインド兵の説得にあたった。寝返り工作は順調に進み、ペラク州の首都タイピンでインド国民軍（INA）が結成された（十二月三十一日）。兵力四〇〇〇名ほどという。司令官はモハンシン大尉。

INAはシンガポール占領後には約五万となったが、INAが希望する日本軍との対等な軍事同盟など、そのときの日本軍には眼中になかった。それが一変したのは、過激な独立運動家チャンドラ・ボースがインドを脱出、ドイツ経由（最初はヒトラーの援助を求めた）で日本に亡命（一九四三年五月）してからである。

強烈なカリスマ性をもったボースは、東条首相以下の日本軍・政府要人をとりこにした。インド自由仮政府の創設、大東亜会議へのボース招聘《しょうへい》と「対等」な処遇がなされ、インパール作戦（インパールはインド領）にも祖国解放をめざして参戦した。結局、インド国民軍は日本とともに敗れたが、終戦直後に事故死したボースへのインド国民の敬愛の念は現在も高いという。ボースの遺骨は東京・蓮光寺にある。

●インド国民軍を前に訓示するチャンドラ・ボース

●正式に発足したインド国民軍を閲兵するF機関員

●インドの独立運動家チャンドラ・ボース

●モハンシン大尉と藤原少佐

●F機関の藤原岩市少佐

南方進攻作戦

なんと次期作戦計画がなかった日本軍

第二段作戦計画作成でもめる陸海軍

大本営はシンガポールを占領したあたりから南方作戦の第二段を検討し始めた。米太平洋艦隊を撃滅したし、マニラもシンガポールも陥落させた。おそらくビルマ攻略も蘭印攻略も成功間違いないという時期である。ところが第二段作戦はなかなか決まらなかった。

陸軍は、開戦当初の占領予定地がほぼ手に入ったので、これ以上の積極進攻はしないという立場だった。海軍はさらに戦果を拡大してアメリカの戦争意欲を挫折させるという考えから、オーストラリアの占領を提案した。アメリカに反攻基地をつくらせない狙いである。

陸軍は、オーストラリアは遠すぎるし、第一そんな兵力はなく（一〇個師団約三〇万が必要と計算した）、あっても輸送する船舶（二〇〇万トン）がないと反対した。

この議論は続き、出された結論は折衷案だった。オーストラリア攻略の代わりに南太平洋のフィジー、サモア、東部ニューギニア南岸のポートモレスビーを占領することであった。フィジー、サモア以外は連合軍の基地があり、モレスビーからは日本海軍が早々に占領したラエ、サラモア（東部ニューギニア北岸）やラバウル（ニューブリテン島北岸）への航空爆撃がすでに実施されていた。

一方、連合艦隊は軍令部にハワイ攻略を提案、反対されるとその手前のミッドウェー攻略を持ち出し、認めさせた。陸軍は最初、派兵を断ったが、ならば海軍だけで占領すると開き直られ、しぶしぶ攻略部隊を編成した。

海軍は、山本連合艦隊司令長官の「短期決戦でアメリカの戦意を喪失させる」という考え方に引きずられていたのだ。

第2段作戦と連合艦隊、軍令部、参謀本部の態度

作戦案	連合艦隊	軍令部	参謀本部
セイロン島攻略	提案 イギリス艦隊を誘い出して撃滅	消極的賛成 機動部隊による攻撃のみ実施	反対 攻略しても確保することは困難である
ミッドウェー攻略	提案 米空母撃滅　本土空襲防止　ハワイ攻略準備	反対 危険性大きく、攻略後の確保が困難	消極的賛成 本土空襲防止で作戦の必要性はある
ハワイ攻略	提案 アメリカの戦意喪失に効果的	反対 兵力・船舶の関係から不可能	参謀本部にまで提案されず
米豪遮断FS作戦	反対 米機動部隊健在なら危険大、米豪遮断に疑問	提案 オーストラリアの反攻基地化阻止、米艦隊撃滅	消極的賛成 海軍に自信があれば協力する
オーストラリア作戦	賛成 反攻基地壊滅の必要性あり	提案 反攻基地壊滅、英国の戦線離脱促進	反対 日本の国力の限界を超えている

インド洋作戦は機動部隊での攻撃のみを実施。ミッドウェー攻略はFS作戦の前提として認められた。FS作戦の準備として、ポートモレスビー攻略作戦はすでに発令され、進行していた。

●シンガポール陥落の祝賀会で万歳をする東条首相。しかし、次の作戦の計画が立っていなかった

●皇居前でシンガポール陥落を祝う国民

MO作戦1

世界初、空母同士が対決した珊瑚海海戦

アメリカ機動部隊は初陣を飾れたか?

MO作戦とはポートモレスビー攻略のことである。現在はパプアニューギニアの首都で、当時はオーストラリア領だった。そのMO作戦が始まったのは一九四二年五月三日。輸送船で南海支隊（兵力約五〇〇〇名）をモレスビーまで運び、敵前上陸させようとしたのだ。

輸送船団には小型空母の「祥鳳《しょうほう》」を護衛につけ、それとは別に「翔鶴《しょうかく》」「瑞鶴《ずいかく》」の大型空母が出動した。空母部隊は輸送船団とは別行動をとり、まずソロモン諸島ガダルカナル島の対岸にある小さなツラギ島を占領した。オーストラリア軍の水上基地があり、ソロモン統治の中心地である。

暗号解読でMO作戦の全容を知った米太平洋艦隊は、大型空母「ヨークタウン」「レキシントン」を珊瑚海《さんごかい》南東海上に待機させ、ツラギが攻撃されると北上を開始、ツラギ占領の日本軍を爆撃した。

日米の空母部隊は互いに敵を探し求めた。米空母部隊はまずMO攻略部隊を乗せた輸送船団を発見、護衛の「祥鳳」を撃沈した。輸送船団はUターンした。五月八日早朝、日本の索敵機が米空母部隊を発見、ただちに六九機が発艦した。約二時間半後に米空母上空に達し、爆弾と魚雷で攻撃した。「レキシントン」は沈没し、「ヨークタウン」は航行不能となった（日本は撃沈と判断）。

一方、母艦を発進した米航空部隊も日本の空母を発見して攻撃した。「翔鶴」は甲板をやられたが、「瑞鶴」はスコールの中に逃れた。

これが世界初の空母対空母の海戦だった。互いに敵空母の姿は見ることなく、空母を発進した航空部隊が攻撃するという新しいタイプの海戦で、それは戦艦同士が大砲を撃ち合って雌雄を決する海戦の終わりを告げるものでもあった。

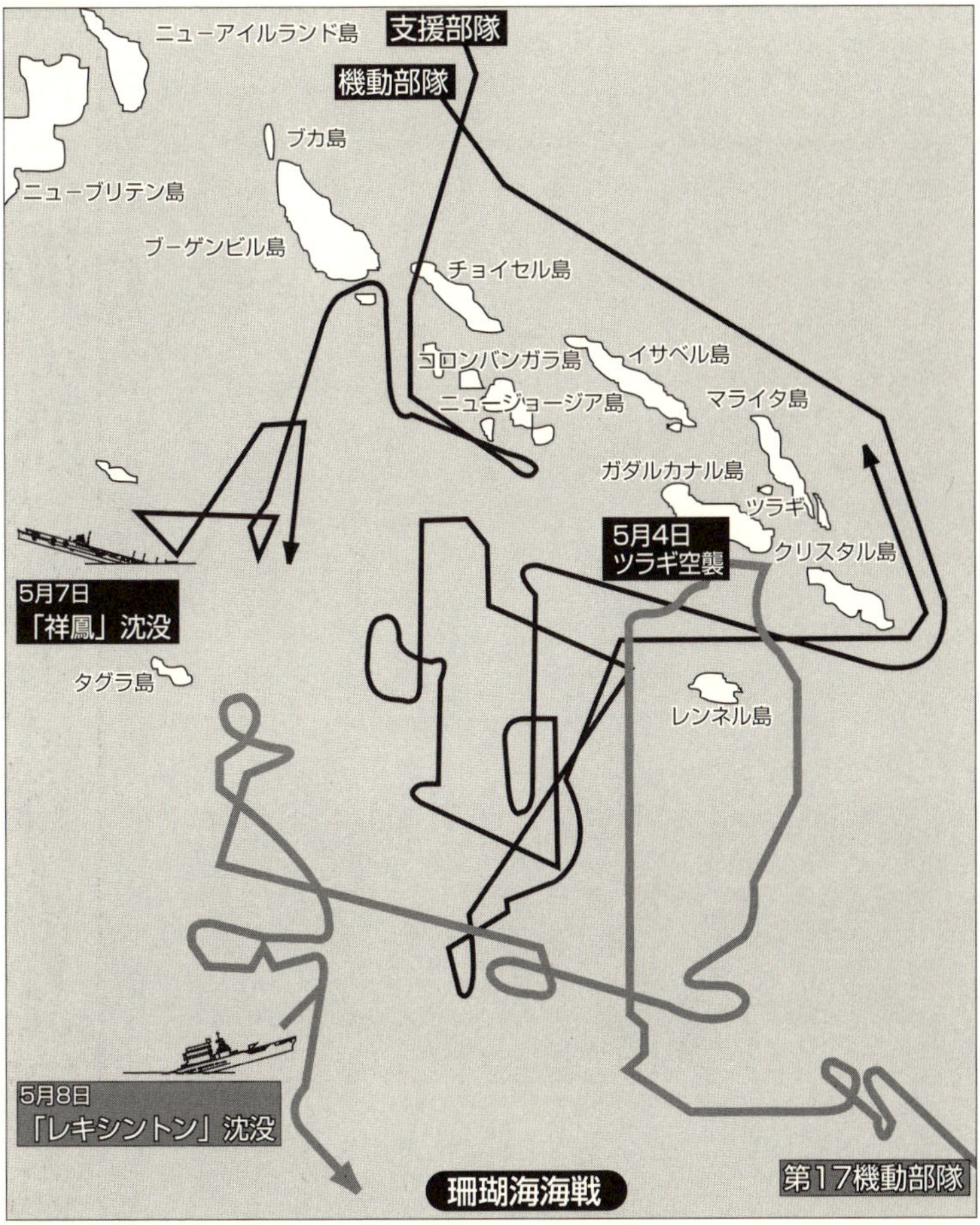

ニューアイルランド島
支援部隊
機動部隊
ブカ島
ニューブリテン島
ブーゲンビル島
チョイセル島
コロンバンガラ島
イサベル島
ニュージョージア島
マライタ島
ガダルカナル島
ツラギ
5月4日
ツラギ空襲
クリスタル島
5月7日
「祥鳳」沈没
タグラ島
レンネル島
5月8日
「レキシントン」沈没
珊瑚海海戦
第17機動部隊

●爆発炎上した米空母「レキシントン」

●総員退去直前の米空母「レキシントン」

MO作戦2

珊瑚海で勝ったのは日本？ アメリカ？

「戦略的勝利」とニンマリしたニミッツ大将

「戦術的に見るならば、珊瑚海海戦は日本側にわずかに勝利の分があった。日本側は米側より相当多数の飛行機を失い、人員の喪失は米側の二倍であったが、三万トンの空母『レキシントン』の沈没は、一万二〇〇〇トンの軽空母「祥鳳」の喪失よりはるかに犠牲が大きく、そして日本側がツラギで失った駆逐艦と小艦艇は、米側の給油艦『ネオショー』と駆逐艦『シムス』の損失と、ほぼ匹敵するものであった。しかし、これを戦略的に見れば、米側は勝利を収めた。開戦以来、日本の膨張は初めて抑えられた。ポートモレスビー攻略部隊は、目的地に到着しないで引き揚げなければならなかった」

米太平洋艦隊司令長官チェスター・W・ニミッツ大将（のち元帥）はこう回想している（『ニミッツの太平洋海戦史』、実松譲・冨永謙吾訳）。

大型空母一隻は失ったが、敵の上陸部隊を引き返させたのだから、戦略的には「アメリカの勝ち」と判断したのである。日本は「瑞鶴」「翔鶴」の艦上機約一八〇機のうち一〇〇機以上が失われたし、搭乗員は約三分の一が戦死した。飛行機生産だけでも回復には三ヵ月を要する損害だったのだ。

「瑞鶴」「翔鶴」は第五航空戦隊を編成しており、「赤城《あかぎ》」「加賀《かが》」の第一航空戦隊、「蒼龍」「飛龍」の第二航空戦隊（以上の六隻で主力空母のすべてだった）より搭乗員は技量不足と見られていた。

その五航戦が米正規空母二隻を撃沈したというので、連合艦隊には〝米海軍弱し〟との驕慢《きょうまん》な雰囲気が一段と広まった。MO作戦の本来の目的である上陸作戦断念という事実は忘れ去られ、上陸作戦断念は、そう命じた指揮官が弱腰だったからだ、ということにされたのである。

●アメリカ雷撃機に攻撃され沈没する空母「祥鳳」

瑞鶴
25,675トン、全長257.5m、全幅26m、速力34.2ノット

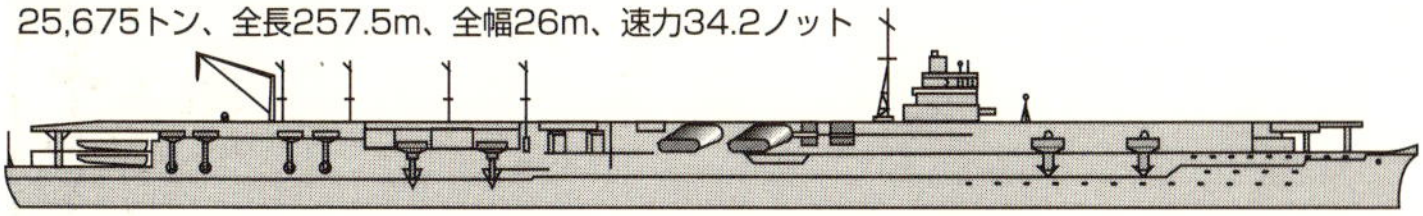

レキシントン
「サラトガ」とともに米軍初の本格空母
全長270.8m、全幅39.7m、搭載機90機

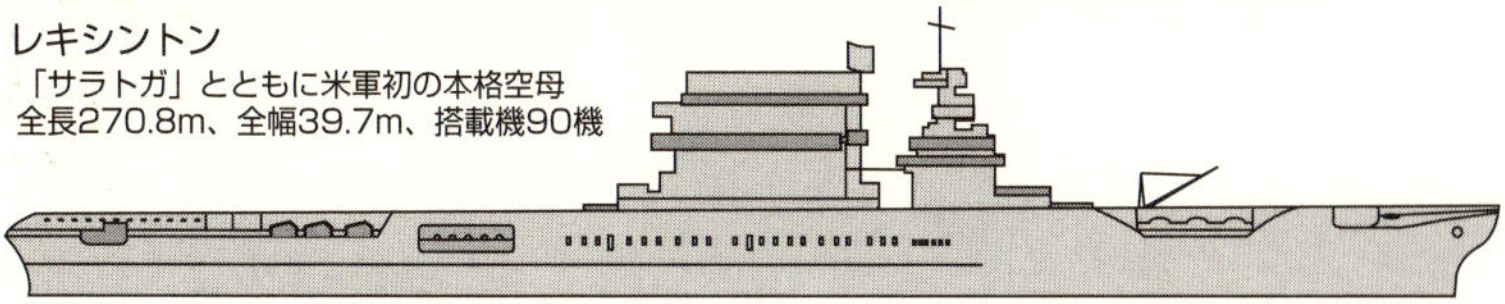

●空母「祥鳳」

MO作戦3

海戦後に左遷された日本海軍指揮官

井上成美中将はほんとうに戦下手（いくさべた）だったのか？

MO作戦の指揮官は第四艦隊司令長官井上成美《しげよし》中将だった。井上は日華事変の初期、海軍省の軍務局長（海軍次官に次ぐポスト）時代、陸軍が提案した日独伊三国同盟案に対して、ヒトラーの危険性を説き、同盟がアメリカとの戦争につながりかねないとして、米内光政海相、山本五十六海軍次官とともに、絶対反対に徹した人物だ。

井上はラバウルで軽巡「鹿島《かしま》」から指揮をとり、珊瑚海海戦で米空母二隻を撃沈したとの報告を受けて「総追撃」命令を出した。五月九日午後零時三〇分という。五分後、命令宛先の第五航空戦隊から「ワレ北上ス（追撃せず、戦場を離れたの意味）」との電報が届いた。発信されてから一五分たっている。発信したばかりの「総追撃」命令は約一五分後に届く。井上は、その頃には第五航空戦隊の戦意は消えていようと判断、「総追撃」命令を取り消し、「北上」を改めて命令した。

空母部隊を伴わないポートモレスビー敵前上陸は危険である。井上は午後三時頃、MO攻略部隊に対しラバウルへ引き返すよう、命令した。

井上長官の処置は連合艦隊内部で評判が悪かった。第四艦隊は開戦早々、ウェーキ島攻略に手こずったということもあり、井上は戦争下手《べた》だというこことになった。嶋田繁太郎海軍大臣は「戦機見るに敏ならず」兵学校長、鎮（鎮守府《ちんじゅふ》）長官か。大将は見る目なし。ダメ」というメモを人事局長に渡し、宇垣纏《うがきまとめ》連合艦隊参謀長は「第四艦隊は『祥鳳』一艦の損失により全く敗戦思想に陥れり」と日記に書いた。井上は五ヵ月後、海軍兵学校長に「左遷」された。

その井上は、嶋田がダメといった海軍次官に昭和十九年四月に就任、大将にもなったが、戦後、戦下手《いくさ》との評判を強くは否定しなかったという。

●日本軍の猛攻に、大爆破を起こして沈没した米艦

急降下爆撃の方法

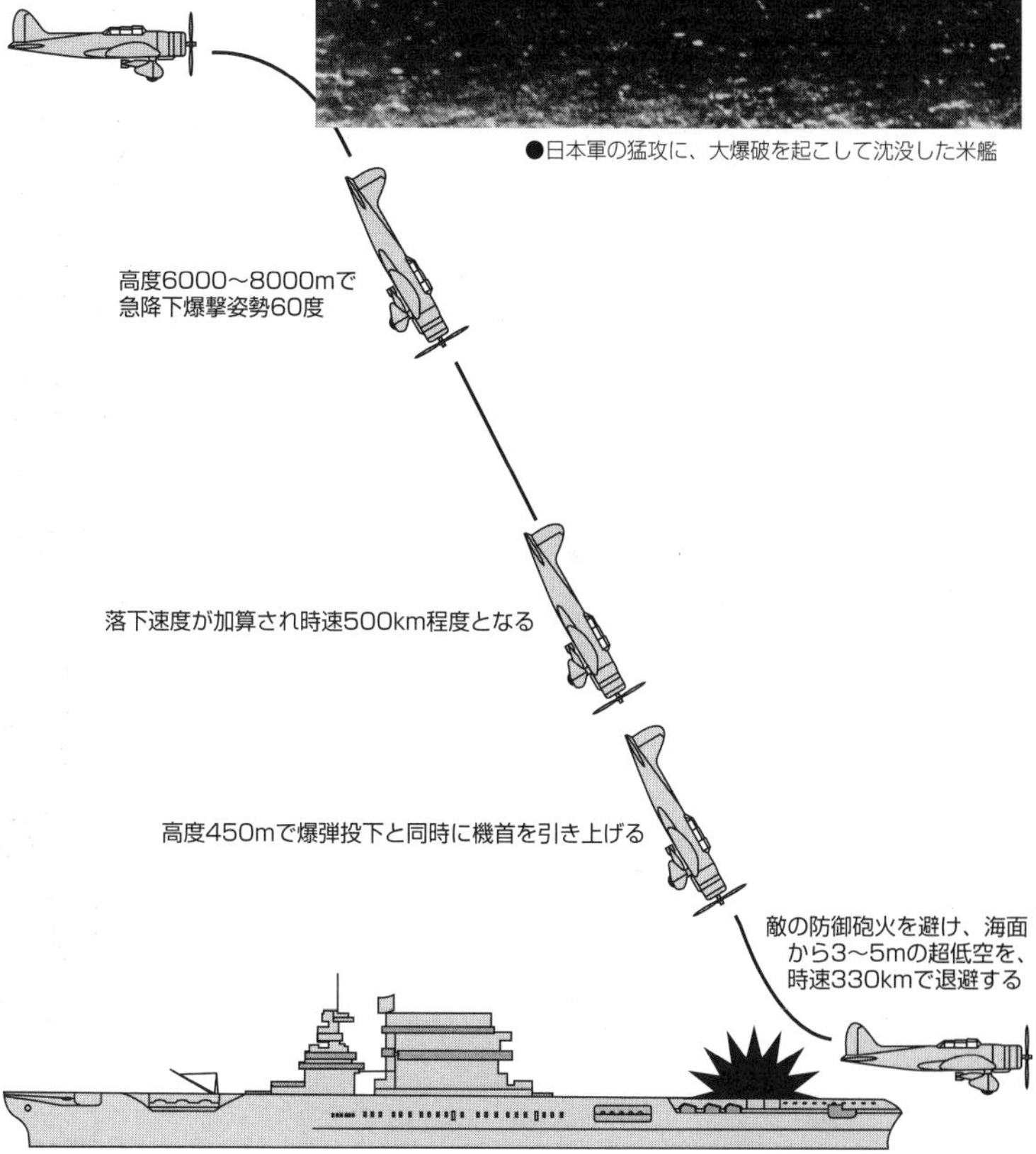
高度6000～8000mで
急降下爆撃姿勢60度
落下速度が加算され時速500km程度となる
高度450mで爆弾投下と同時に機首を引き上げる
敵の防御砲火を避け、海面
から3～5mの超低空を、
時速330kmで退避する

MO作戦4

ジャングルに見捨てられた南海支隊

海軍の要請に引きずられた無戦略のニューギニア戦

MO作戦は中止されたが、大本営はポートモレスビー占領をあきらめなかった。珊瑚海海戦から三ヵ月後の一九四二年八月十八日、南海支隊はパサブアに上陸した。海がダメなら陸路をと、三〇〇〇メートル級の山々が連なるオーエンスタンレー山脈を越えて約三六〇キロ、背後からポートモレスビーを攻略するためである。

約五五〇〇名の将兵の戦意は盛んだったが、問題は補給の見通しが全然たたなかったことだった。そこで各自、二週間分の食糧（基本は米一日分五合）を背負って出陣した。すでにガダルカナル島が奪われ、その奪還をめざす戦いも始まっていた。

連合軍（主としてオーストラリア軍）がところどころに待ち伏せしていたが、彼らは適当に戦っては退却した。繰り返される戦闘と奥深いジャングルでの進撃で、南海支隊はしだいに消耗した。それでもモレスビーが望見できるイオリバイワに到達したが、すでに出発から一ヵ月が過ぎ、食糧は尽き果て、兵隊は腹をすかしきっていた。

結局、南海支隊はモレスビーを眼下に見ながら命令により退却した（九月二十五日）。退却するよりモレスビーを攻略して食糧をぶんどり、腹一杯食べたほうがよいと思った兵隊が多かった。

食糧もなく、病人を担いでの退却は悲惨をきわめた。南海支隊は敵と飢えと闘い、戦力を減らしつつ出発地点をめざした。しかしそこ（バサブア、ギルナ、ブナ）にはすでに連合軍が上陸し（十一月十八日）、日本軍と死闘を繰り返していたのだ。

この地区の戦闘が止《や》んだのは一九四三年一月、多くの部隊が全滅し、南海支隊も約五四〇〇名が戦死した。しかしこの悲劇は、凄惨《せいさん》なニューギニア戦の幕開けにすぎなかったのである。

1 日本軍の快進撃で始まった太平洋戦争

●ニューギニアで進攻する日本軍

●ブナの戦いで倒れた兵士の死体がつらなる

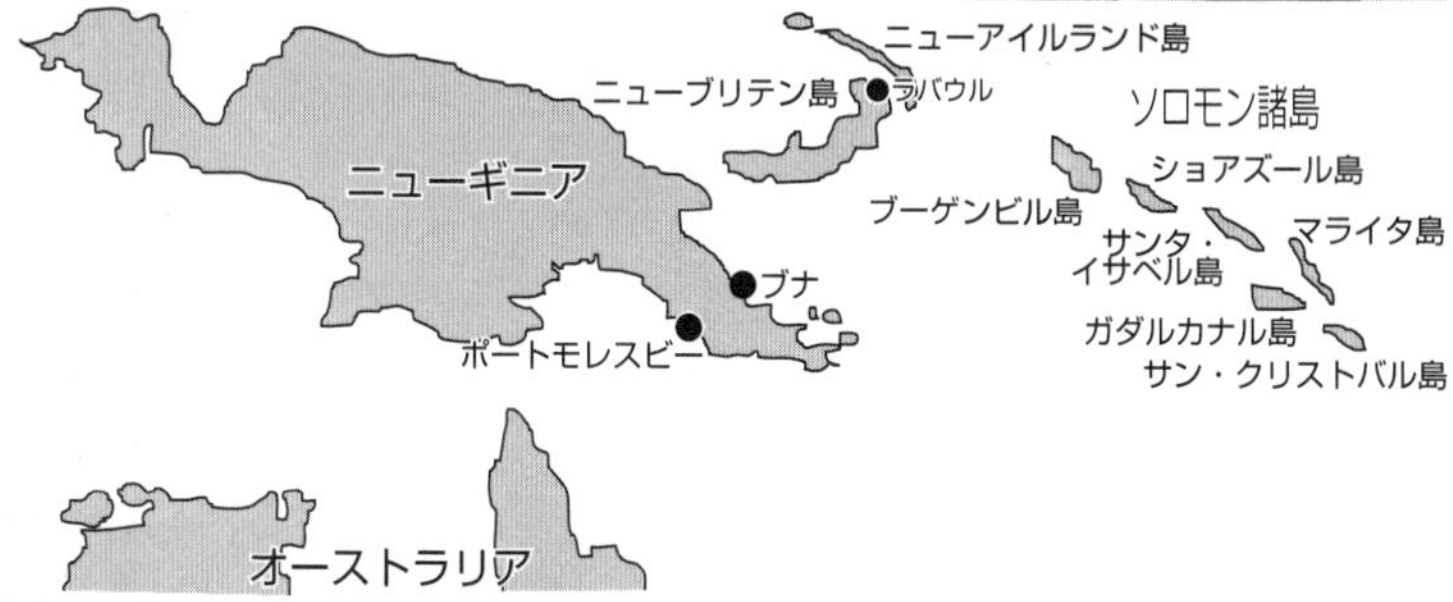

ニューアイルランド島
ニューブリテン島
ラバウル
ソロモン諸島
ショアズール島
ブーゲンビル島
マライタ島
サンタ・イサベル島
ニューギニア
ブナ
ポートモレスビー
ガダルカナル島
サン・クリストバル島
オーストラリア

ポートモレスビー攻略経路
クムシ川
マンバレー川
ゴナ
バサヴァ
ブナ
ポポンテタ
サンボ
▲4100
ヴィクトリア山
ココダ
イリモ
オイビ
イスラバ
カギ
エフォギ
バナパ川
▲3100
ナウロ
ブラウン川
イオリバイワ
ポートモレスビー

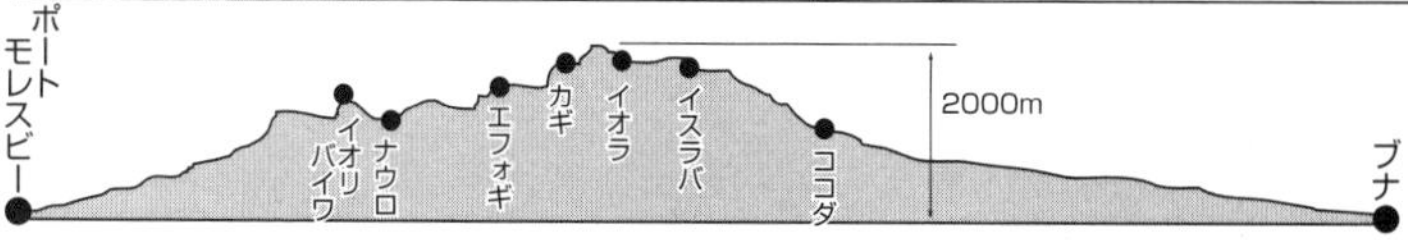

ポートモレスビー
イオリバイワ
ナウロ
エフォギ
カギ
イオラ
イスラバ
ココダ
2000m
ブナ

「作戦参謀」は作戦の神さまだった？

陸海軍省と大本営は別組織なのか？

南海支隊が補給の見通しがまったくつかないいま、山越えでポートモレスビー攻略に出発したのは、大本営陸軍部の作戦参謀辻政信中佐が現地部隊（南海支隊の上級部隊である第一七軍）をけしかけたからだった。当初は「リ号作戦」という名の「できるかどうか研究する作戦」だった。

それが辻参謀が出張してきて「すでに研究ではなく実行あるのみ」と、あたかも大本営決定事項のように告げたのだ。大本営もこの「作戦参謀の指導」を追認した。

大本営とは陸軍の参謀本部と海軍の軍令部が組織上一緒になって、部隊を動かす中枢機関である。陸軍省や海軍省が属する政府とは別組織で、参謀総長・軍令部総長が天皇の統帥権《とうすいけん》を補佐するための、戦時における大がかりな陣営だった。一介の中佐参謀の言葉とはいえ示唆らしき片言隻語《へんげんせきご》でも、天皇の意思と受け取られた。ましてや辻参謀が「モレスビー攻略は陛下のご軫念《しんねん》（気になさっていること）も格別である」とわざわざ天皇を持ち出したので、第一七軍は何がなんでもやらねばならないと決心したのだ。

辻はマレー作戦やフィリピン攻略でも現地で無謀な作戦指導をやったが、あとで述べるガダルカナル攻防戦でも無茶な指導をやっている。

政府機関である陸軍省や海軍省は、大本営には何も言えなかった。大本営も現状を説明する義務はない。政府も大本営も天皇に直属してはいたが、天皇は聞いて承認するだけだ。天皇は最高指揮官だったが、自ら命令し、調整する指揮官ではなかった。戦争するのは国民の軍隊ではなく天皇の軍隊である。参謀総長や軍令部総長が「こんな現状だ」と言えばそのまま信じるしかなかったのだ。

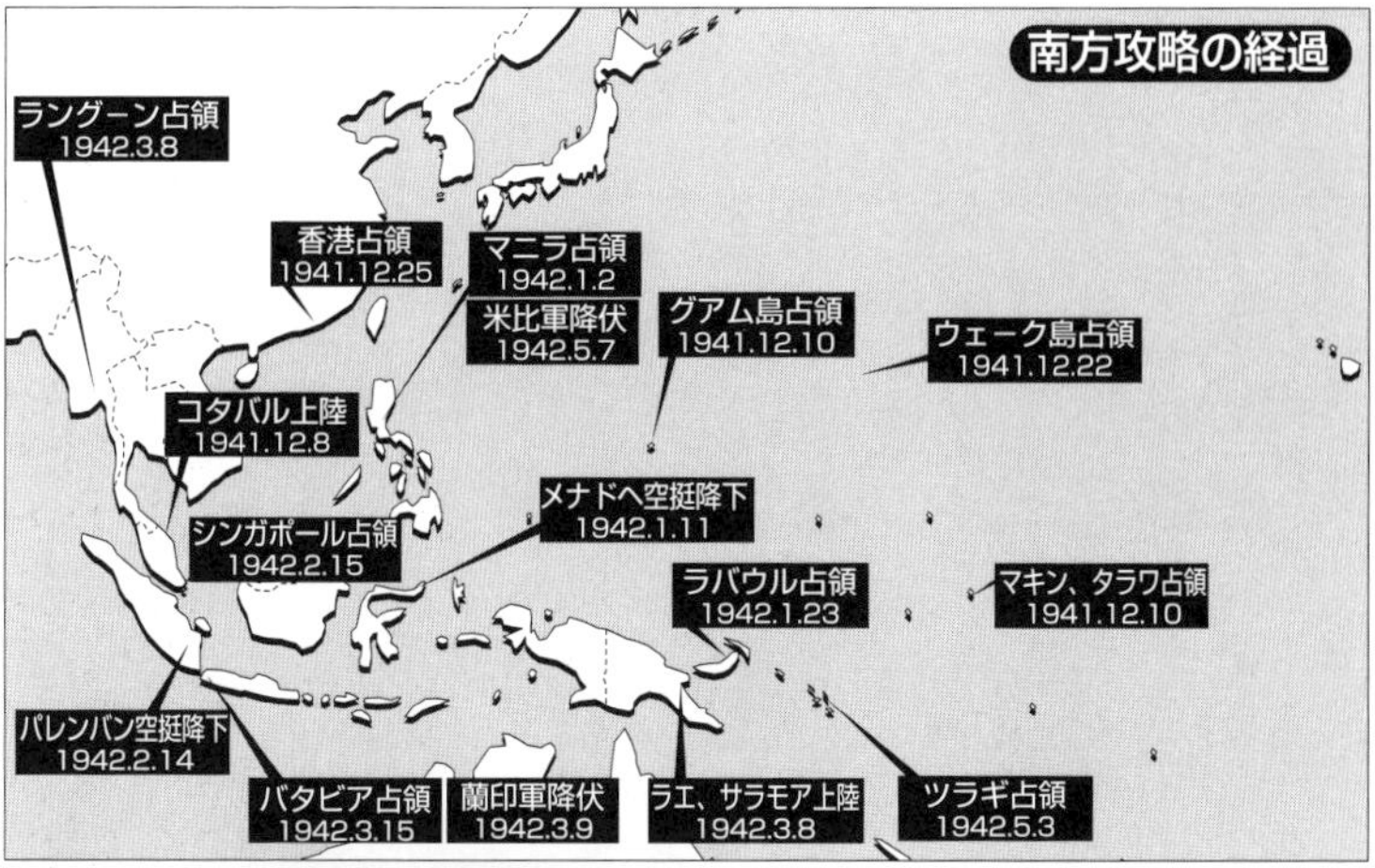
南方攻略の経過
ラングーン占領 1942.3.8
香港占領 1941.12.25
マニラ占領 1942.1.2
米比軍降伏 1942.5.7
グアム島占領 1941.12.10
ウェーク島占領 1941.12.22
コタバル上陸 1941.12.8
メナドへ空挺降下 1942.1.11
シンガポール占領 1942.2.15
ラバウル占領 1942.1.23
マキン、タラワ占領 1941.12.10
パレンバン空挺降下 1942.2.14
バタビア占領 1942.3.15
蘭印軍降伏 1942.3.9
ラエ、サラモア上陸 1942.3.8
ツラギ占領 1942.5.3

大本営海軍部

●大本営海軍部
大本営は昭和12年(1937)11月に設置された。蘆溝橋事件から4ヵ月後のことで、そのまま4年後に太平洋戦争の開戦を迎えた。

大本営陸軍部

●大本営陸軍部の看板を掲げる

1

連合艦隊とは何か？

開戦当時、日本海軍は連合艦隊と支那方面艦隊を持ち、それぞれ軍令部総長に直属していた。連合艦隊は日本海軍の主要な艦艇を統括したもので、八個の艦隊を集めたものである。

●第一艦隊　全戦艦一二隻を集め、他に数隻の重巡、三〇隻あまりの駆逐艦が編入されていた。

●第二艦隊　全重巡一八隻のうち一三隻を集めた艦隊。他に全駆逐艦の七割を編入していた。

●第三艦隊　軽巡二隻と駆逐艦八隻、潜水艦四隻で編成した小型の艦隊。

●第四艦隊　軽巡三隻、駆逐艦八隻の小型艦隊。

●第五艦隊　軽巡二隻を中心とした小型の艦隊。

●第六艦隊　潜水艦二九隻を編成した艦隊。

●第一航空艦隊　大型空母全六隻を集めた艦隊。

●第一一航空艦隊　基地航空隊を束ねた艦隊。

その実力は海軍の総艦船三九一隻・一四三万トンのうち九〇パーセントと一三五〇機の航空機を併せ持つ大部隊であった。■

▼太平洋戦争が始まる直前、一堂に会した連合艦隊首脳。前列中央に山本五十六司令長官、その左右に各艦隊の司令長官が座っている

第二章 悪化する戦局と南海の死闘

日本本土初空襲

山本大将も虚をつかれたドゥリットル空襲

計算が図に当たった米陸海軍の奇想天外作戦

昭和十七年（一九四二）四月十八日正午過ぎ、東京を中心に川崎、横須賀、名古屋、四日市、神戸が米軍の空襲を受けた。指揮官の名をとってドゥリットル空襲と呼ぶ。まったくの不意打ちで、しかも低空から進入したから高射砲部隊も撃墜できなかった。この空襲で計三六三名が死亡したが、国中が勝ち戦《いくさ》に浮かれていた最中《さなか》にいきなり首都を空襲され、政府も軍部もショックが大きかった。

山本連合艦隊司令長官も虚をつかれたが、二週間ほど前に渋々と軍令部が認めたミッドウェー作戦の正当性（米機動部隊を誘い出して撃滅する作戦）をかえって立証するかたちになった。

東京の約五〇〇マイル東から飛行機を飛ばし、空襲後さらに一五〇〇マイル飛び続けて中国東部の飛行場に着陸するためには、当時の米軍には陸軍の爆撃機しかなかった。選ばれたのはB25一六機。彼らは地上に空母の飛行甲板と同じサイズの線を引き、離着陸の訓練を行なった。

B25を積んだ空母「ホーネット」に、途中から空母「エンタープライズ」と重巡四、駆逐艦八が護衛についた。総指揮官はハルゼー中将だった。攻撃隊は予定より早く日本海軍の哨戒線にひっかかり、やむなく東京から六六〇マイルほどの距離から発進した。風が強く空母が大揺れの荒天に一機のミスもなく「初発艦」を終えた。

空襲後、一機はウラジオストクへ、一五機は浙《せっ》江《こう》省麗水飛行場に向かった。麗水では連絡不十分で日本軍機と間違われて攻撃され、落下傘で脱出し日本軍に捕まり処刑されたパイロットもいた。

真珠湾以来、敗報相次ぐアメリカは、この東京空襲の壮挙に沸いた。日本に対して心理的ショックを与えるという狙いは十分に果たしたのである。

●空襲による犠牲者には小学生もいた

●出撃準備をするドゥリットル爆撃隊

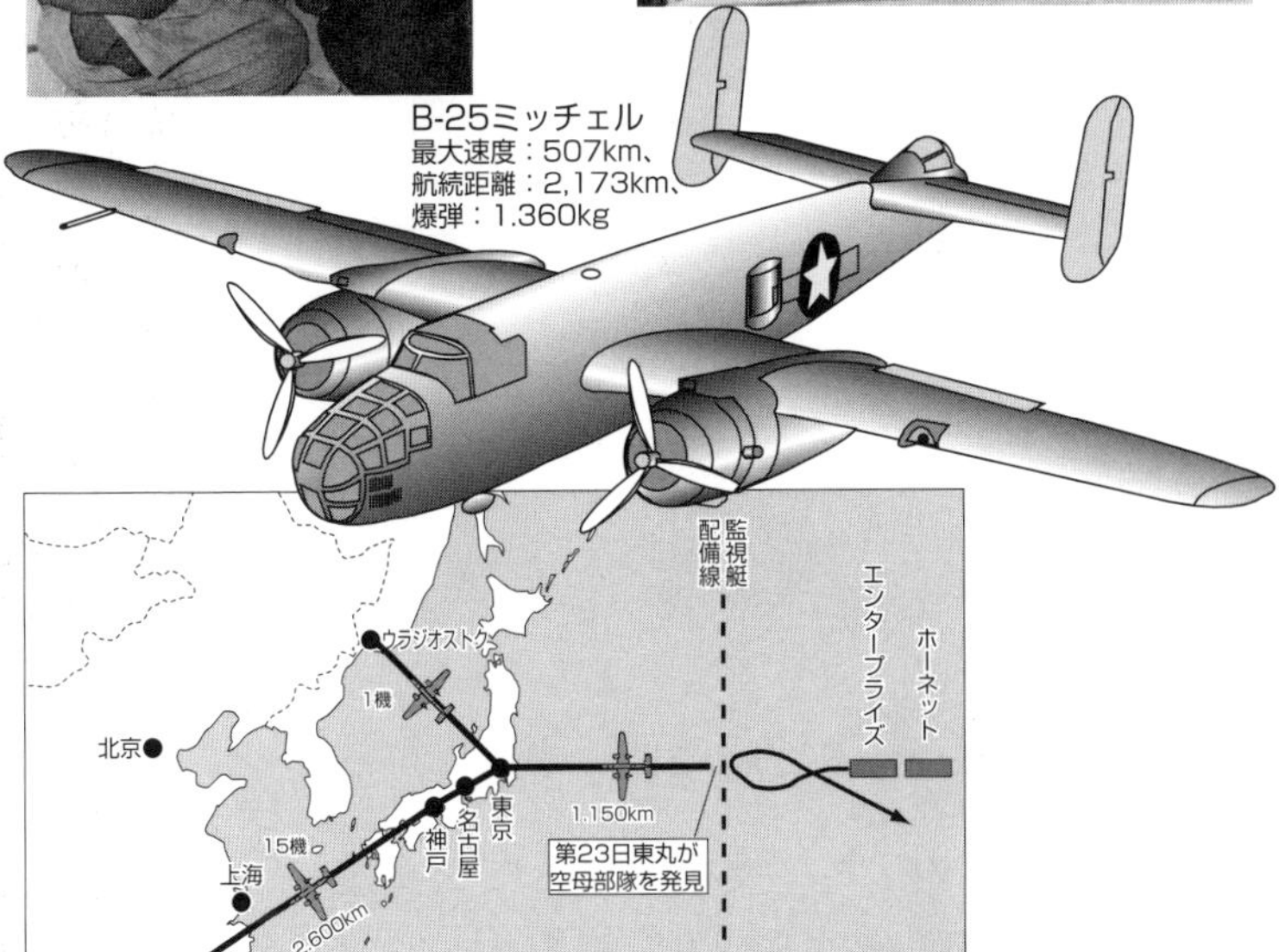
B-25ミッチェル
最大速度：507km、
航続距離：2,173km、
爆弾：1,360kg
監視艇配備線
エンタープライズ
ホーネット
ウラジオストク
1機
北京
東京
名古屋
神戸
1,150km
第23日東丸が空母部隊を発見
15機
上海
2,600km
麗水
香港
ドゥリットル隊の飛行経路

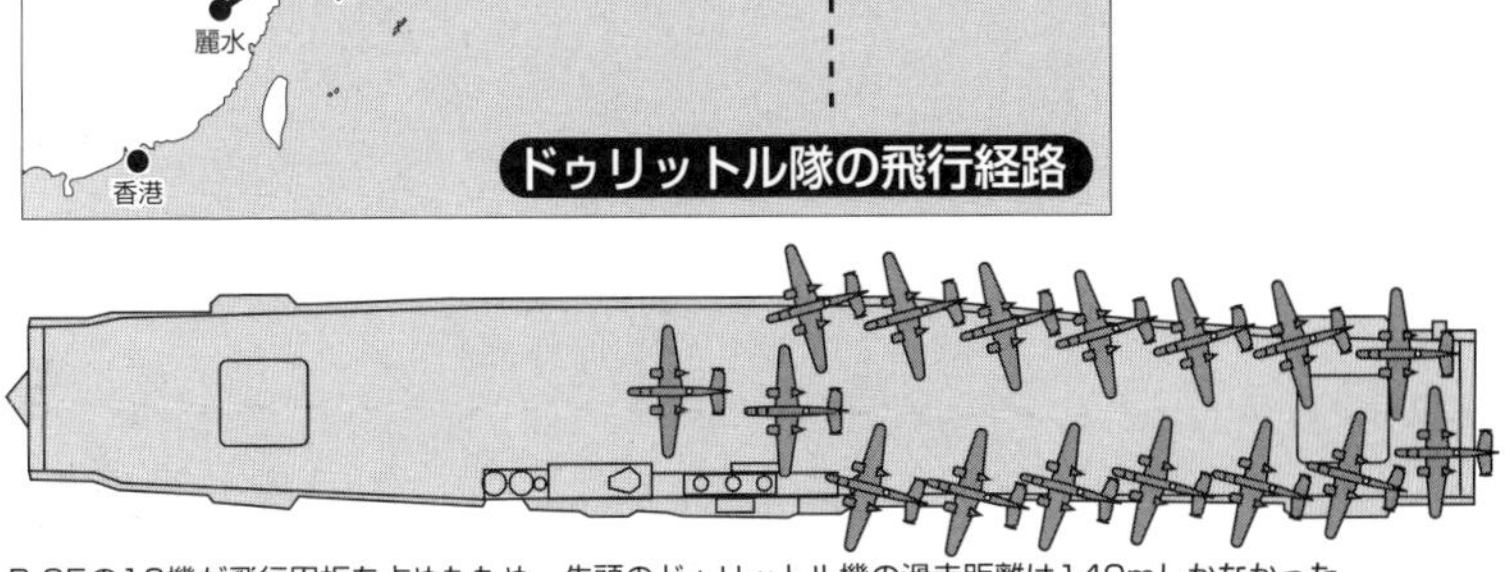

B-25の16機が飛行甲板を占めたため、先頭のドゥリットル機の滑走距離は140mしかなかった

ミッドウェー作戦はなぜ行なわれたのか

またも山本五十六長官の脅しに屈した軍令部

ミッドウェー島は東京から約四〇〇〇キロ東にあり、その約二〇〇〇キロ東にハワイがある。ミッドウェー作戦は、米軍基地のあるミッドウェー島を占領するという作戦だった。山本連合艦隊司令長官の発案である。

ハワイ奇襲で空母群（二隻）を撃ちもらしたので、連合艦隊は米機動部隊の反撃を警戒していた。果たせるかな、アメリカは日本の占領地にヒット・エンド・ランの機動空襲を次つぎとしかけてきた。一九四二年二月一日から三月十日にかけてギルバート諸島、マーシャル諸島、ラバウル、東部ニューギニア北岸のラエ、サラモア、ウェーク島、南鳥島などが空襲を受けた。

山本長官はハワイ攻略（連合艦隊独自の構想）に備えるためミッドウェー島を攻略し、迎撃の米機動部隊を一挙に叩きつぶそうと考えた。しかしその構想は、その頃（三月中旬）陸海軍が合意したオーストラリア攻略の放棄や、FS作戦（フィジー、サモア諸島の占領）と真っ向から対立した。FS作戦はオーストラリアに米軍の反攻基地をつくらせないための作戦であり、米豪交通遮断の方法だった。しかしそれでは手ぬるい、せいぜい米豪交通妨害ができるにすぎない、と山本は考えた。

連合艦隊の参謀がミッドウェー作戦案を説明したのは四月三日。反対する軍令部に対して、容《い》れられなければ山本長官は辞任すると迫った。ハワイ作戦を通させるために使った奥の手をこのときも持ち出したのだ。四月五日、軍令部総長はついにミッドウェー作戦にゴーサインを出した。

四月十八日のドゥリットル空襲が、山本構想の「正しさ」を証明するのに役立った。一刻も早くアメリカ機動部隊を壊滅せねばならない。

米空母の航跡

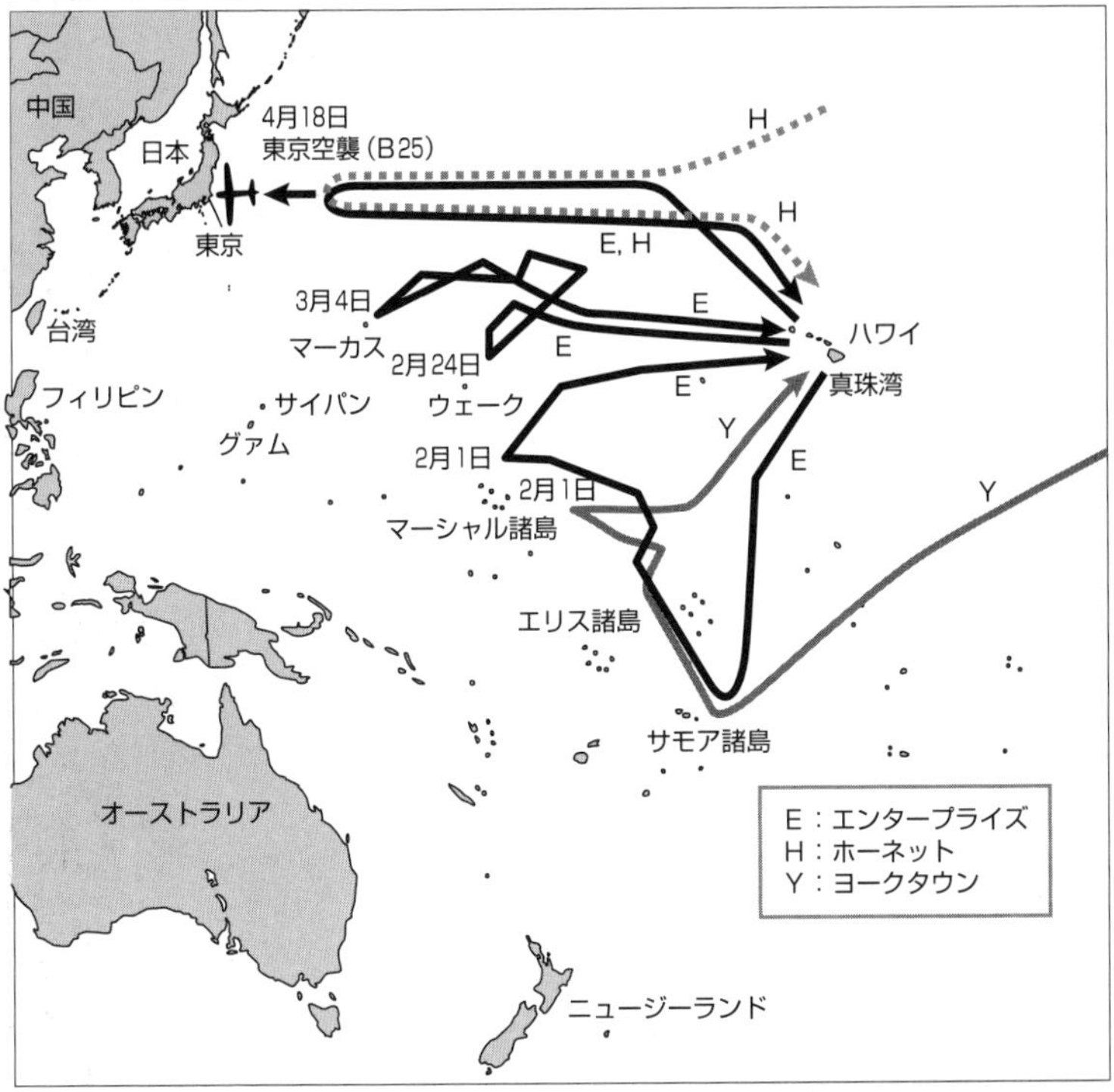

中国
日本
東京
4月18日
東京空襲（B25）
H
H
E, H
3月4日
マーカス
E
E
2月24日
ハワイ
真珠湾
台湾
フィリピン
サイパン
ウェーク
グアム
E
Y
2月1日
2月1日
E
Y
マーシャル諸島
エリス諸島
サモア諸島
オーストラリア
ニュージーランド
E：エンタープライズ
H：ホーネット
Y：ヨークタウン

●ミッドウェー島全景

●山本長官の勝利の方程式は、アメリカの艦隊を短期的に壊滅させて、米国民を厭戦気分に陥らせることだった

「AFは現在、真水が欠乏している」

まんまと連合艦隊をワナにはめた米太平洋艦隊暗号解読班

ミッドウェー作戦は、暗号解読によって最初から米海軍に手の内を知られていた。暗号解読の中心となったのはハワイの第一四海軍区戦闘情報班長ジョセフ・ロシュフォート中佐だった。その全容がほぼわかったのは五月初めという。

日本軍がさかんに使うAFという記号がミッドウェーを指すということに自信はあったが、念のためニセ電報を打って確かめた。

五月十一日にミッドウェーからオアフ島に向けて「ミッドウェーの蒸留装置が故障して真水が不足している」と、平文の無電を打たせたのだ。米海軍は作戦に関係ないものはときどき平文で打っていたので、これを傍受した日本海軍は謀略であることを見抜けなかった。日本海軍の暗号電報が「AFでは真水が不足している」と連絡し合ったのは四八時間後だった。

五月二十七日、日本海軍は暗号を変更した。しかし、ロシュフォートらは前日までに、日本機動部隊の兵力、指揮官、予定航路はもちろん、ミッドウェー攻略が六月四日午前六時（現地時間。日本時間六月五日午前三時。ミッドウェー時間＝ハワイ時間は、日本時間から一日分を引いて三時間加える）とまで特定していたのである。

前述のように直前に日本海軍は暗号を変えたが、それでもロシュフォート中佐は「日本機動部隊は六月四日午前六時、ミッドウェー島の方位三二四度（北西）、距離一七五海里《かいり》にいるはずだ」と断言した。それはのちに「君の判断は、時間で五分、距離で五海里違っていただけだ」と、ニミッツ司令長官がほめたほど正確だった。

連合艦隊は、このように自分たちが丸裸にされているとは知らずに戦場に臨んだのである。

●ニミッツ司令長官

●真珠湾の潜水艦基地と太平洋艦隊司令部

●日本軍の攻撃に備えるミッドウェーの守備隊員

ミッドウェー海戦3

軍令部総長になったニミッツの副官

日本の提督として活躍した情報参謀レイトン中佐

日本軍の真珠湾奇襲攻撃の責任を問われて米太平洋艦隊司令長官を解任されたキンメル大将の後任には、チェスター・W・ニミッツ少将が大将に仮昇進して就任した。ニミッツはクビ（左遷）を覚悟していた幕僚全員を留任させた。レイトン中佐も、自分が残れるとは考えていなかった。情報参謀として敵の攻撃を予見できず、長官に警告を与えられなかった責任は重いと思っていたからだ。ところが新長官は何のお咎《とが》めもしないどころか、日本通のレイトンに、変わった命令を出した。

「ニミッツは日本海軍の永野修身《おさみ》軍令部総長その他の指揮官役を務めることを彼に命じた。可能なかぎり日本人の身になって物事を考え、日本海軍の戦略概念、計画、作戦について、たえず情報を提供させようというのがねらいであった」（ポッター著『提督ニミッツ』）

一九四二年の五月中旬、暗号解読から日本海軍のミッドウェー作戦計画を知った戦闘情報班のロシュフォート中佐とレイトンはニミッツ長官に報告し、太平洋艦隊は迎撃準備に入った。レイトンは情報を再検討し、海図、天候、海流を調べて日本軍の計画を読もうと必死になった。

時は刻み、ニミッツはレイトンを呼び出し「キミが日本艦隊の提督とするなら、何を意図しているのか教えてくれるはずだったね」と迫った。

「承知しました。攻撃開始は予定どおり六月四日の朝でいきたいと思います。彼らは北西三二五度の方位からやってきて、ミッドウェーより一七五海里のあたりで発見されます。その時刻はミッドウェー時間で午前六時頃になると思われます」

ニミッツは礼を言うや、ただちに作戦参謀に情報を伝えたという。

●ついにミッドウェーでの戦いは始まった

ミッドウェーに向かう両軍の進路

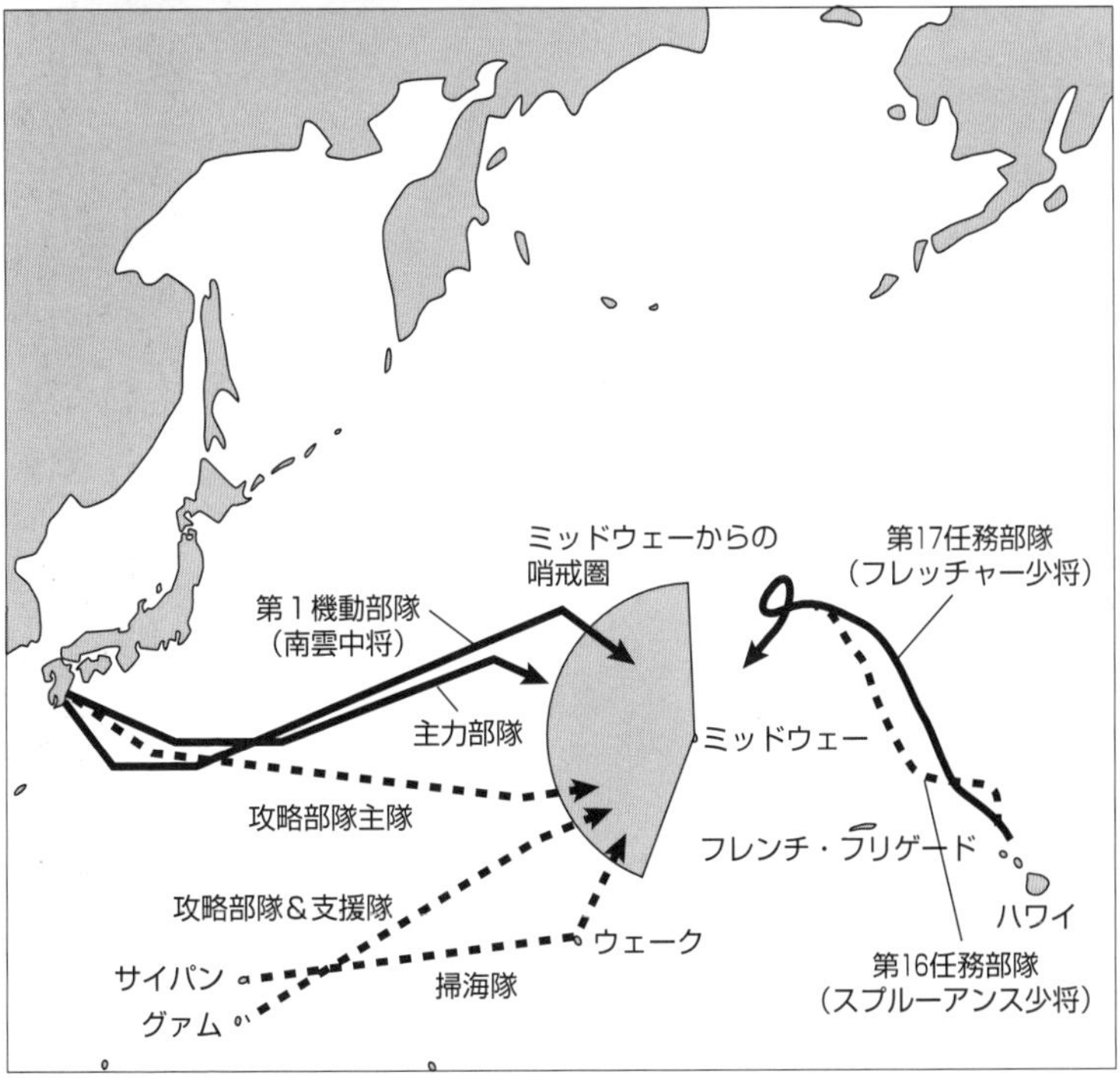
ミッドウェーからの
哨戒圏
第17任務部隊
（フレッチャー少将）
第１機動部隊
（南雲中将）
主力部隊
ミッドウェー
攻略部隊主隊
フレンチ・フリゲード
攻略部隊＆支援隊
ハワイ
ウェーク
第16任務部隊
（スプルーアンス少将）
サイパン
掃海隊
グァム

運命の五分間、生かされなかった教訓

空母四隻を一瞬に失った南雲長官の兵装転換命令

「赤城では、全機出発位置に並んで、発動機はすでに起動している。母艦は風に立ち始めた。あと五分で攻撃隊全機の発進はおわるのである。

噫《ああ》、運命の五分間！」

ミッドウェー作戦の航空部隊総指揮官淵《ふち》田《だ》美《み》津《つ》雄《お》中佐は、『ミッドウェー』でこう書いている。しかし、そのとき敵急降下爆撃機が「赤城《あかぎ》」「加賀《かが》」「蒼龍《そうりゅう》」の三空母を襲い、爆弾を命中させた。甲板に待機中の飛行機が次つぎ炎上、空母は火炎につつまれた。三空母から離れていた「飛龍《ひりゅう》」は攻撃機を発進させたが、夕方、やはり急降下爆撃を受け大火災となった。一九四二年六月五日のことだった。出動した空母すべてが夕方から翌朝にかけて沈没あるいは自沈した。

南雲《なぐも》機動部隊はこの日早朝、ミッドウェー島を航空爆撃しており、第二次攻撃隊には万一に備え空母攻撃用の魚雷や爆弾を装備させて待機した。

そこへミッドウェー島攻撃隊から、もう一回攻撃が必要と連絡が入った。午前七時である。爆弾を飛行場爆撃用に積み直す命令が出された。

ところが一時間後、索敵機が敵空母発見を報じた。兵装を陸用爆弾に転換し終えたばかりだった。南雲長官は再び空母攻撃用の魚雷に積み直すよう命令した。大混乱のなか一時間がたち、敵空母機が飛来し始めた。零戦隊が迎え撃つ。そして発進の準備が整ったそのとき、急降下爆撃機が「赤城」「加賀」「蒼龍」を襲ったのだ。あと五分の余裕があれば……。まさに運命の五分間だった。

南雲機動部隊は先のインド洋作戦でも似たような兵装転換を行なった。そのときは英機が襲ってこなかったから、戦闘最中の兵装転換がいかに危険なものか、教訓を得ることはなかったのである。

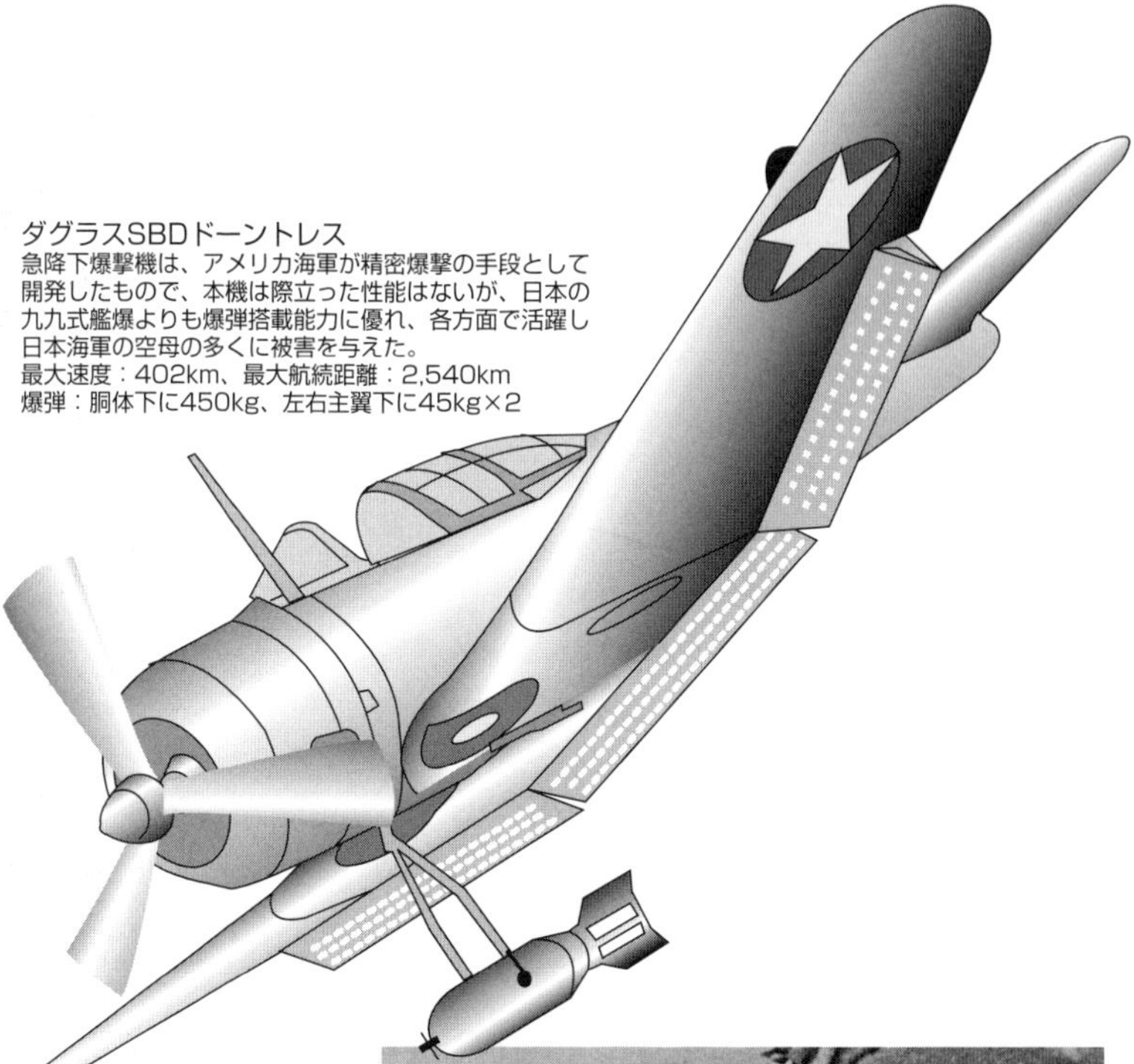

ダグラスSBDドーントレス
急降下爆撃機は、アメリカ海軍が精密爆撃の手段として開発したもので、本機は際立った性能はないが、日本の九九式艦爆よりも爆弾搭載能力に優れ、各方面で活躍し日本海軍の空母の多くに被害を与えた。
最大速度：402km、最大航続距離：2,540km
爆弾：胴体下に450kg、左右主翼下に45kg×2

●空戦には異常なほど自信をもっていた南雲機動部隊を壊滅させたSBDドーントレス急降下爆撃機

造船能力でも勝った米海軍工廠の根性

珊瑚海海戦で大破した空母「ヨークタウン」を三日で修理、前線へ

南雲機動部隊には二つの任務があった。ミッドウェー島を占領することと、米機動部隊を撃滅することである。しかし、日本側は敵の機動部隊は現われないだろう、出撃してくるのは、ミッドウェー島を占領したずっとあとだろうと考えていた。一月初めに一隻撃沈し（「サラトガ」）。実際は大破で修理中。海戦には間に合わなかった）、さらに珊瑚海海戦で二隻の空母を撃沈したから、太平洋にある米空母は二隻しか残っておらず、オーストラリアかサモア諸島にいると判断していたからだ。五月中旬に、ツラギ（ガダルカナル島の西方）付近でその方向に向かっていくのを確認していた。しかし、この空母はドゥリットル空襲を成功させた「エンタープライズ」と「ホーネット」だった。

ところが、暗号解読で日本のミッドウェー作戦を知ったニミッツ長官は、「エンタープライズ」と「ホーネット」をハワイに呼び寄せ、出撃させたのである。そればかりか、日本では珊瑚海海戦で撃沈と信じていた「ヨークタウン」は修理に三ヵ月かかると見られたが、ニミッツはこれもハワイに急行させた。そしてハワイの海軍工廠《こうしょう》に「三日で修理をせよ！」と厳命し、五月三十一日に出撃させるという離れ業を演じた。細部の修理を続けるため、多数の工員が艦《ふね》に乗り込み、修理しながら戦場に急いだのである。

とにかく、日本海軍のミッドウェー作戦を知ったニミッツ長官はそれを阻止するために可能なかぎりの処置をとり、現場もまたそれに応える根性を見せた。真珠湾奇襲に対する怒りは燃え続けており、復讐の念はヤンキー魂を奮い立たせた。

ニミッツは作戦終了までほとんど眠れなかったという。

●「飛龍」飛行隊の攻撃を受け船体が傾いた米空母「ヨークタウン」。のち、日本の潜水艦によって沈められた

日本機動部隊

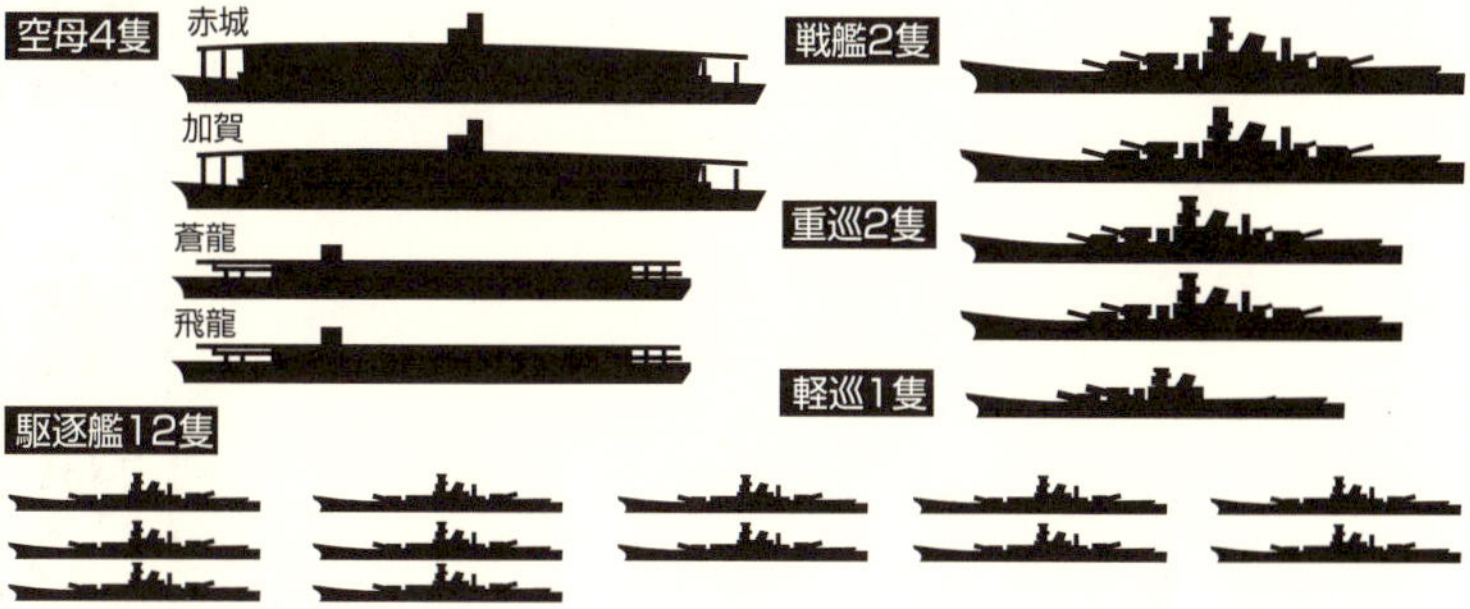
空母4隻
赤城
加賀
蒼龍
飛龍
戦艦2隻
重巡2隻
軽巡1隻
駆逐艦12隻

アメリカ機動部隊

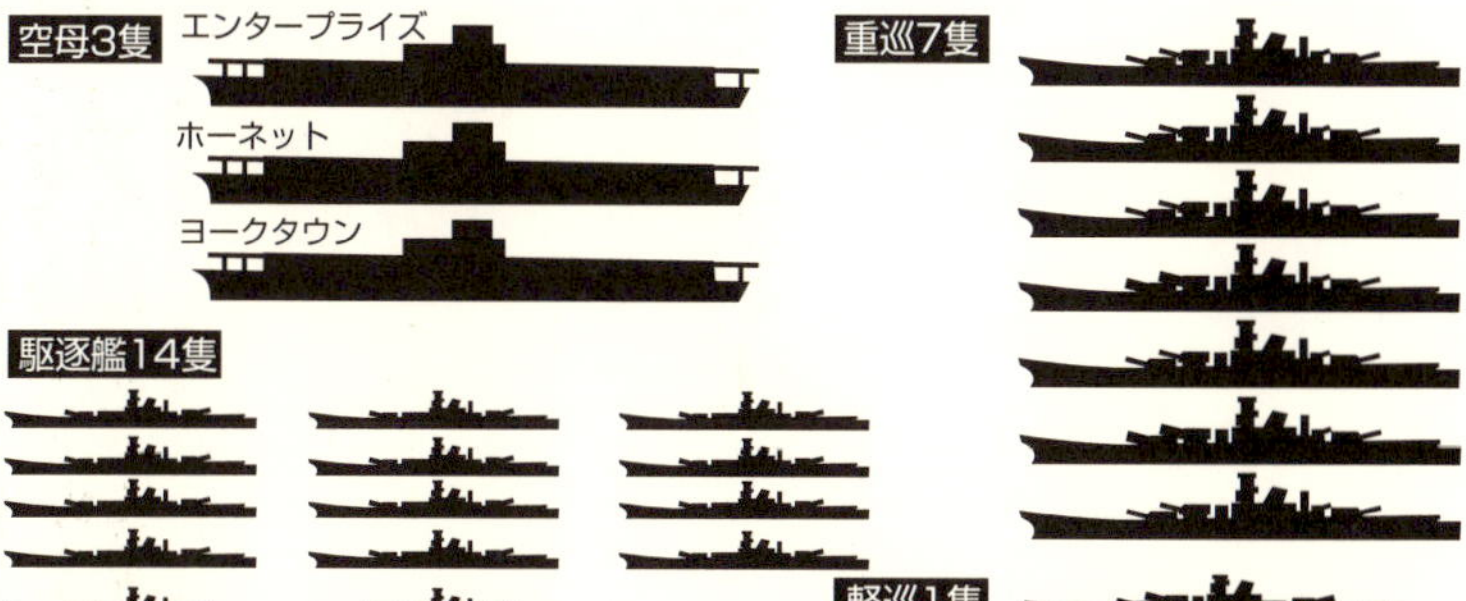
空母3隻
エンタープライズ
ホーネット
ヨークタウン
重巡7隻
駆逐艦14隻
軽巡1隻

ミッドウェー海戦6

適材適所を忘れた日本海軍の人事弊害

草鹿参謀長の〝哀訴〟に屈した山本五十六長官

主要空母六隻のうち、出撃した四隻すべてと搭載機約三二〇機を失い、戦死者約二三〇〇名を出した南雲機動部隊司令部は、帰途、連合艦隊旗艦「大和《やまと》」に移り、山本長官に敗戦を報告した。

南雲司令部では「赤城」が沈没したあと、南雲長官以下、幕僚全員の自決が先任参謀から提案されたが、参謀長の草鹿《くさか》龍之介少将が押しとどめた。草鹿は「大和」で山本に会ったとき「仇《かたき》をとらせてください」と涙を流しつつ哀訴した。じっと聞いていた山本は、最後に一言「わかった」と応えたという。

敗戦後、出撃せずに残った空母「瑞鶴《ずいかく》」「翔鶴《しょうかく》」を中心に第三艦隊が編成され、新しい機動部隊が生まれた。司令長官は南雲忠一中将、参謀長は草鹿龍之介少将で、山本長官は約束どおり「仇をとらせよう」としたのである。しかし、さすがに参謀は航空参謀源田実《げんだみのる》をはじめ全員が更迭《こうてつ》された。

もともと南雲中将は水雷戦隊の指揮が専門だったが、海軍兵学校卒業年次に従って任命された第一航空艦隊司令長官のときに開戦となり、真珠湾攻撃を命令された。山本長官もこの乾坤一擲《けんこんいってき》の戦いを目前に、南雲は適材適所ではないと感じていたが、長い人事の伝統は戦争という非常事態でも直せなかった。そして、今回の温情人事である。

海軍は上級者ほど信賞必罰の気風にも欠けていた。ミッドウェー海戦の現場指揮官スプルーアンスも航空専門ではなかったが、彼は衆目の一致するところ「将のなかの将」たる器と認められていたのだ。彼を起用したニミッツ長官は、真珠湾を奇襲されて更迭されたキンメル大将の後任で、少将からいきなり大将になった。アメリカは戦時になると序列無視の適材適所主義に徹したのである。

●江田島の海軍兵学校
多くの有能な海軍士官を巣立たせたが、この兵学校の卒業年次と成績順位が昇進の基準となっていた

●水雷戦が専門の南雲中将に機動部隊を託したのも、兵学校卒業年次にとらわれたからだった

第1航空艦隊司令部の主要職員

司令長官
南雲忠一中将
(海兵36期)

参謀長
草鹿龍之介少将
(海兵41期)

機関長	機関参謀	通信参謀	航海参謀	航空乙参謀	航空甲参謀	主席参謀
田中　実大佐	坂上五郎少佐	小野寛治郎少佐	雀部利三郎中佐	吉岡忠一少佐	源田　実中佐	大石　保中佐
(海機25期)	(海機34期)	(海兵56期)	(海兵51期)	(海兵57期)	(海兵52期)	(海兵48期)

ガダルカナル攻防戦1

日本の敗戦を暗示したガ島の飢餓地獄

日米最初の陸戦はなぜ起きたのか?

海軍はミッドウェー海戦に敗れて一ヵ月後、ガダルカナル島（以下ガ島）に飛行場建設を始めた。空母四隻を失い、FS作戦（フィジー、サモア島の攻略）が中止になったので、フィジー、サモアの北西約一〇〇〇キロのガ島に前進基地をつくり、米豪交通を遮断《しゃだん》しようとしたのだ。ガ島はソロモン諸島のほぼ東端で、ニューブリテン島ラバウル基地から南東約一〇〇〇キロにあった。

ガ島の飛行場は一九四二年八月五日に完成した。二日後、米海兵隊約二万がガ島と対岸のツラギに上陸した。ツラギの海軍部隊は全滅、ガ島には飛行場建設要員約二五〇〇名と約二五〇名の陸戦隊（陸戦専門の海軍部隊）がいたが戦いにならず、大部分が後方のジャングルに逃げ込んだ。

以後、日本はガ島を奪い返すために約半年間戦った。航空戦は数知れず、大規模な海戦だけでも六回起こった。陸軍も次つぎ部隊を上陸させ、飛行場奪還を図ったが、上陸できた兵隊は約三万二〇〇〇名。輸送船が次つぎにやられ、辛うじて上陸した部隊は、武器弾薬はおろか食糧もない状態で戦闘しなければならなかった。海軍も輸送船護衛や補給活動に全力をあげたが、輸送船団を攻撃する米航空部隊を阻止できなかった。

ガ島の将兵は上陸直後から飢えた。飢えを満たす食糧はほとんど届かなかった。半年後、残存兵力約一万の撤退に成功したものの、戦死者は約二万二〇〇〇名。そのうち、純戦死者は五六〇〇名、約一万五〇〇〇名は餓死と推定されている。

ガ島撤退後、飯がないまま激戦を重ね、累々たる屍《しかばね》をさらした戦場が無数に出現したが、「ガ島が餓島」と化したとき、大本営の軍人官僚はそのことを予想できないほど、無能、無策だった。

ガダルカナル島全般図

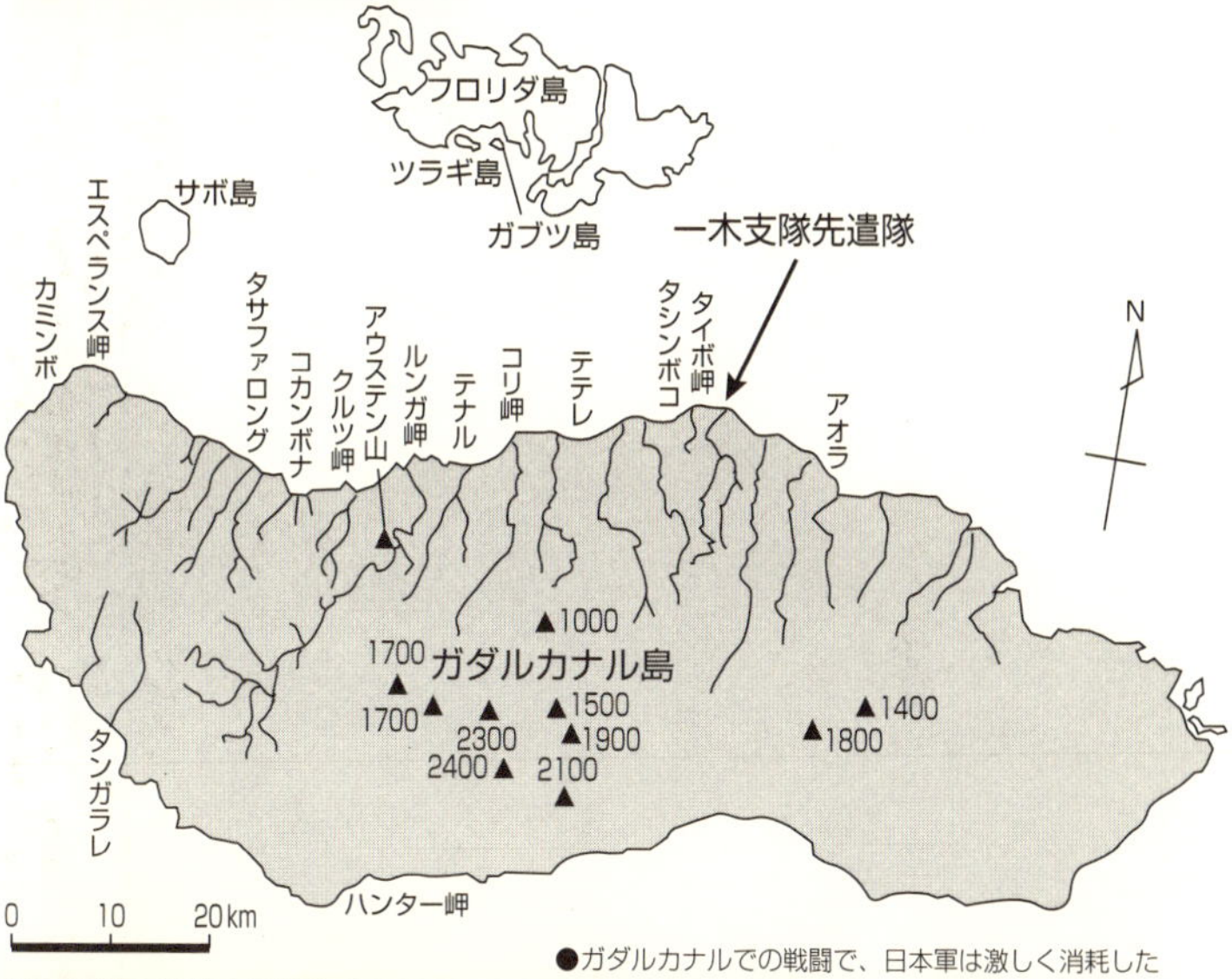

●ガダルカナルでの戦闘で、日本軍は激しく消耗した

ガダルカナル攻防戦2

夜戦を制した日本の重巡部隊

米豪連合艦隊に完勝した第一次ソロモン海戦

ガ島に米軍が上陸したとき、日本軍の前進基地ラバウルには重巡（二〇センチ砲搭載の一万トン級巡洋艦）五隻を中心とした第八艦隊がいた。ガ島に米軍上陸！　の急報に接した艦隊は、その日の昼過ぎに出港した。ガ島沖到着は翌日の真夜中だ。照明弾を上げ発見した米豪連合軍艦隊は重巡艦隊だった。

最初の戦いは距離三七〇〇メートル、次の戦いは約五〇〇〇メートルという近接戦だった。得意の夜戦で日本軍は敵の重巡六隻のうち四隻を撃沈、一隻を大破させた。対する日本の被害は砲弾や魚雷の命中はあったが、航行に支障のある艦は出なかった。ただ、ラバウルも間近まで帰ったとき、重巡「加古《かこ》」が潜水艦攻撃を受けて沈没した。とはいえ、第一次ソロモン海戦は日本の完勝だった。

すでに連合軍の軍艦はレーダーを積んでいたが、レーダーそのものがまだ未熟で日本艦隊を探知できなかったのだ。一方、日本艦隊にはまだレーダーは装備されておらず、夜戦の敵艦発見はすべて見張員の目視によって行なわれていたのである。

開戦一年前になると日本のレーダー開発も始まっていたが、実戦部隊はそのような文明の利器を渇望するどころか、敵探知の電波を発射すればかえって味方の位置を知らせることになるとして、採用には消極的だった。

もっとも、出動した第八艦隊の当初の狙いは、輸送船団の撃滅だったが、幸か不幸か重巡部隊に遭遇したのだった。戦闘のあとに輸送船団を探し出すべきだったとの批判が相次いだ。したがって、アメリカ軍は重巡五隻の代償を払って、最大の目的である「ガ島に橋頭堡《きょうとうほ》建設」を悠々と果たすことができたのである。

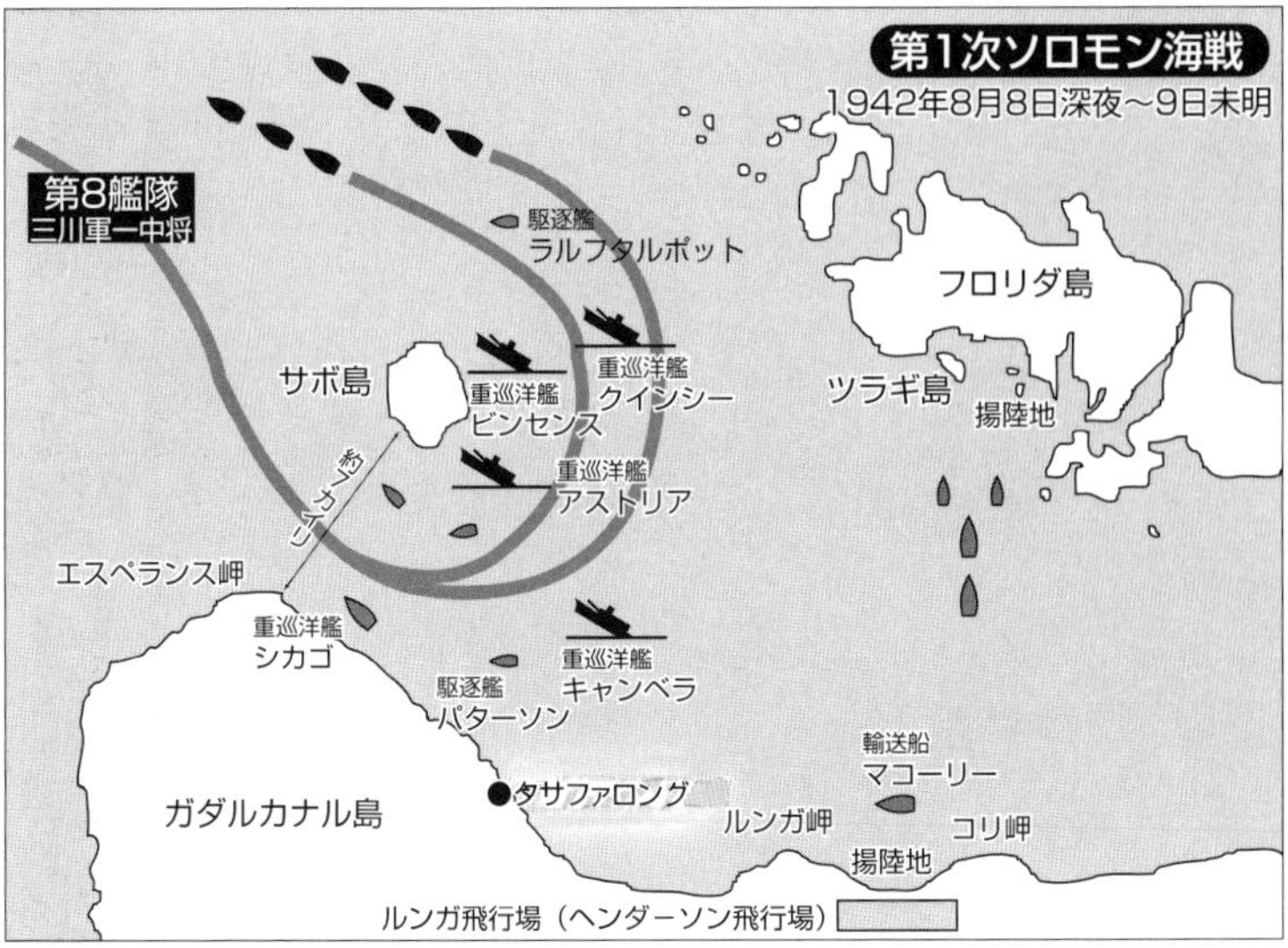
第1次ソロモン海戦
1942年8月8日深夜〜9日未明
第8艦隊
三川軍一中将
駆逐艦
ラルフタルボット
フロリダ島
サボ島
重巡洋艦
ビンセンス
重巡洋艦
クインシー
ツラギ島
揚陸地
約7カイリ
重巡洋艦
アストリア
エスペランス岬
重巡洋艦
シカゴ
重巡洋艦
キャンベラ
駆逐艦
パターソン
輸送船
マコーリー
ガダルカナル島
タサファロング
ルンガ岬
コリ岬
揚陸地
ルンガ飛行場（ヘンダーソン飛行場）

日本軍参加艦船の主要装備

艦名	基準排水量（トン）	主砲	高角砲	魚雷発射管
鳥海	11,300	20cm砲×10門	12cm砲×4門	61cm×8門
青葉	9,000	20cm砲×6門	12cm砲×4門	61cm×8門
加古	8,700			
衣笠	9,000			
古鷹	8,700			
天龍	3,230	14cm砲×4門	8cm砲×1門	53cm×6門
夕張	2,890	14cm砲×6門	8cm砲×1門	61cm×4門
夕凪	1,270	12cm砲×4門		53cm×6門

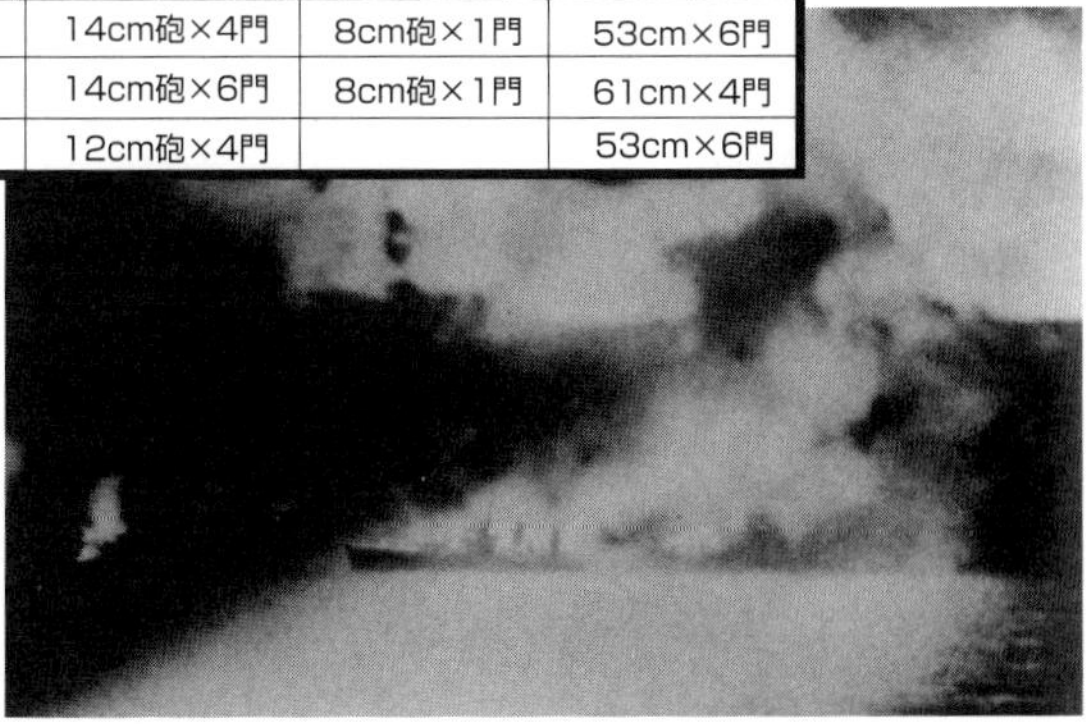

●探照灯に浮かび上がった米重巡

痛み分け、日米機動部隊二度目の激突

ミッドウェーの仇を討てなかった第二次ソロモン海戦

ガ島を奪い返すために最初に上陸した日本軍部隊は一木《いちき》支隊先遣部隊約一〇〇〇名だった（一木清直大佐指揮）。米上陸部隊は約二〇〇〇名（実際は約二万名）との判断だったから、それで十分と考えたのだ。日本陸軍はまだ純粋の米軍部隊と戦闘をしたことがなかった。それまでの日本軍は中国軍相手に一〇分の一の兵力で勝ち続けてきたが、米兵はその中国軍より弱いと考えていたからだ。

ところが一木支隊先遣隊は最初の攻撃で全滅した。報告を受けて、日本軍は何かの間違いだろうと思いつつ、一木支隊の残りの部隊約一五〇〇名を上陸させようとした。敵の空母部隊も出てくるだろう、そこをやっつけようと、再編された第三艦隊（空母三隻の機動部隊）がガ島に近づいた。

一九四二年八月二十四日午前、空母「龍驤《りゅうじょう》」の航空隊がガ島の飛行場を攻撃した。すかさず「サラトガ」から発進した航空隊が「龍驤」を攻撃、撃沈した。昼過ぎ、「翔鶴」「瑞鶴」の索敵機が「サラトガ」と「エンタープライズ」を発見、ただちに航空隊が攻撃に向かい、二時間後、日本航空隊はこの二空母を攻撃した。命中弾は「エンタープライズ」に集中し、甲板を破壊したが、「サラトガ」は無傷だった。米空母機も出撃したが、「翔鶴」「瑞鶴」には近づけなかった。

第三艦隊はこの海戦を「七分の勝利」と評価した。しかし「エンタープライズ」は破壊された甲板に鉄板を敷いて航空機を収容できる程度の損傷だった。日本は「龍驤」を沈められ、六二機を失った。そのうえガ島への部隊揚陸を阻止されたのだ。七分の勝利どころか、よくて痛み分けである。南雲長官も草鹿参謀長もミッドウェー海戦の仇をとろうとしたが、果たせなかったのである。

●空母「龍驤」はガダルカナル空襲に向かったが、あえなく撃沈されてしまう

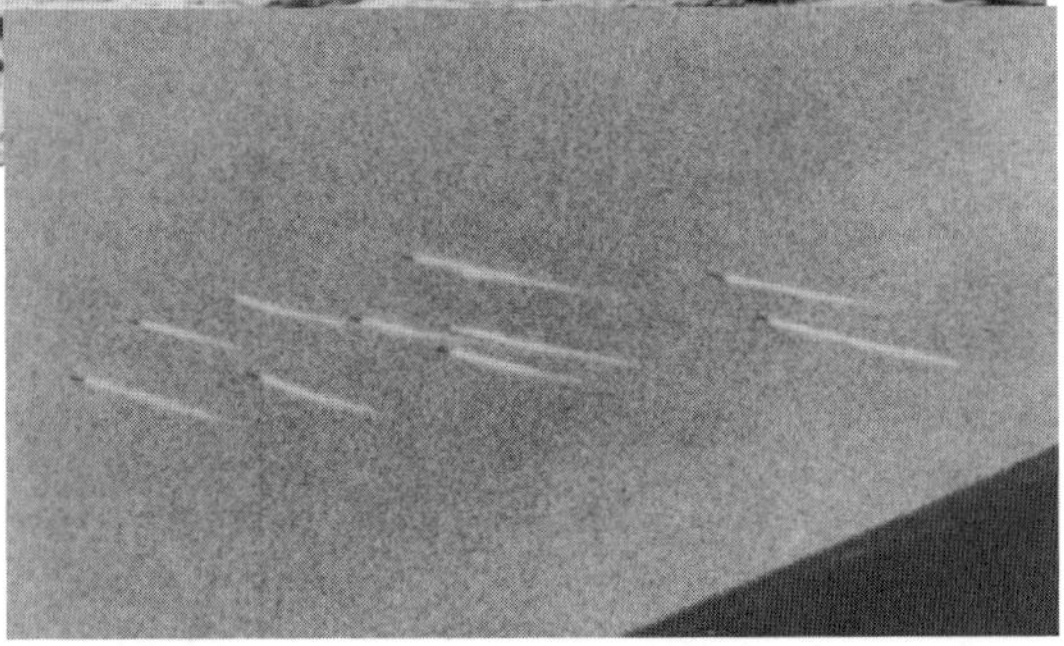

●アメリカ艦隊の航跡

対空弾幕の範囲

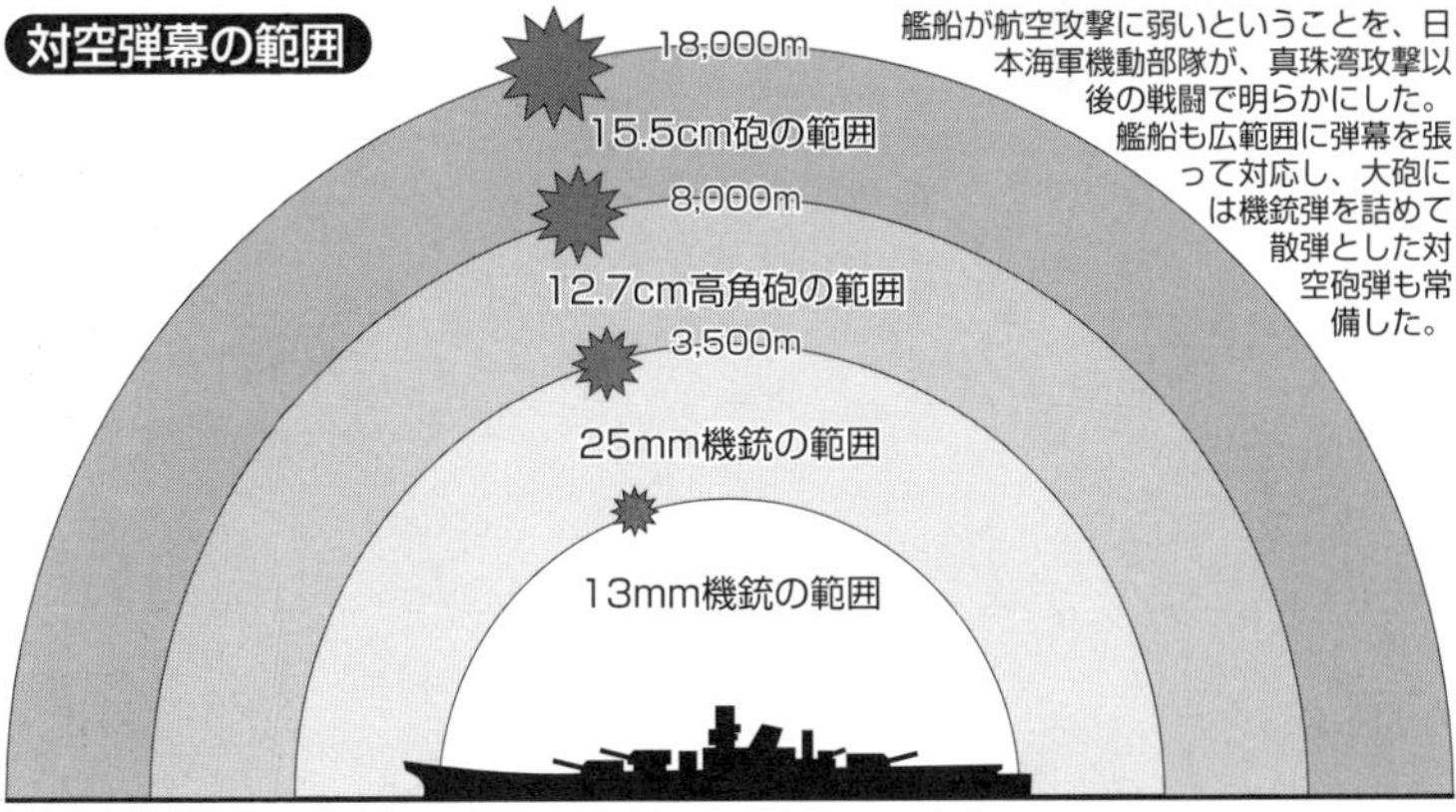
18,000m
15.5cm砲の範囲
8,000m
12.7cm高角砲の範囲
3,500m
25mm機銃の範囲
13mm機銃の範囲

艦船が航空攻撃に弱いということを、日本海軍機動部隊が、真珠湾攻撃以後の戦闘で明らかにした。艦船も広範囲に弾幕を張って対応し、大砲には機銃弾を詰めて散弾とした対空砲弾も常備した。

空母「ワスプ」を単独で葬ったイ19潜

史上空前の大戦果をあげた日本の必殺魚雷戦

第二次ソロモン海戦から二十日ほどたった一九四二年九月十四日、日本の潜水艦が単独で米空母一隻を撃沈した。運もよかったのだが、その運を十分に生かしきった潜水艦長の度胸と技量が讃えられている。イ19潜水艦長木梨鷹一《きなしたかかず》中佐がその人であり、撃沈した空母は「ワスプ」という。

ガ島の南東にあるサンクリストバル島の南東海面に配置された日本の潜水艦九隻は、ガ島に兵員や補給物資を輸送する米艦船を待ち伏せていた。その一隻、イ19潜が発見したのは、空母二隻を戦艦一隻、巡洋艦四隻、駆逐艦約一〇隻が護衛している大艦隊だった。しかし、イ19潜の潜望鏡からは「ワスプ」と護衛の艦船しか見えなかった。発見時が距離一万五〇〇〇メートル。追ってみたが逃げられそうだった。しかし、空母部隊が向きを変えてイ19潜に近づいてくる幸運に恵まれた。

距離は一三〇〇メートルに縮まった。彼らは日本の航空部隊や潜水艦を警戒しつつ航行していたのだが、イ19潜にはまったく気づいていないようだった。木梨艦長はさらに距離を詰め、九〇〇メートルで六本の魚雷を一斉に発射した。

「ワスプ」見張員がその魚雷航跡を発見したときはすでに遅すぎた。二本が右舷《うげん》前部に、一本が艦橋前方一七メートルに命中した。さらに一本は艦底をすり抜けて駆逐艦「オブライエン」に当たり撃沈させ、もう一本が戦艦「ノースカロライナ」に当たって大穴を開けたのである。

イ19潜はその後八〇メートルまで潜って息をひそめ、五時間以上にわたる爆雷攻撃を耐え抜いた。空母の沈没は味方飛行機が確認し、僚艦が知らせてくれた。イ19潜は大歓呼をあげた。以後、潜水艦がアメリカの空母を沈めたことはない。

●イ19潜水艦は米空母「ワスプ」を撃沈した

●米空母「ワスプ」

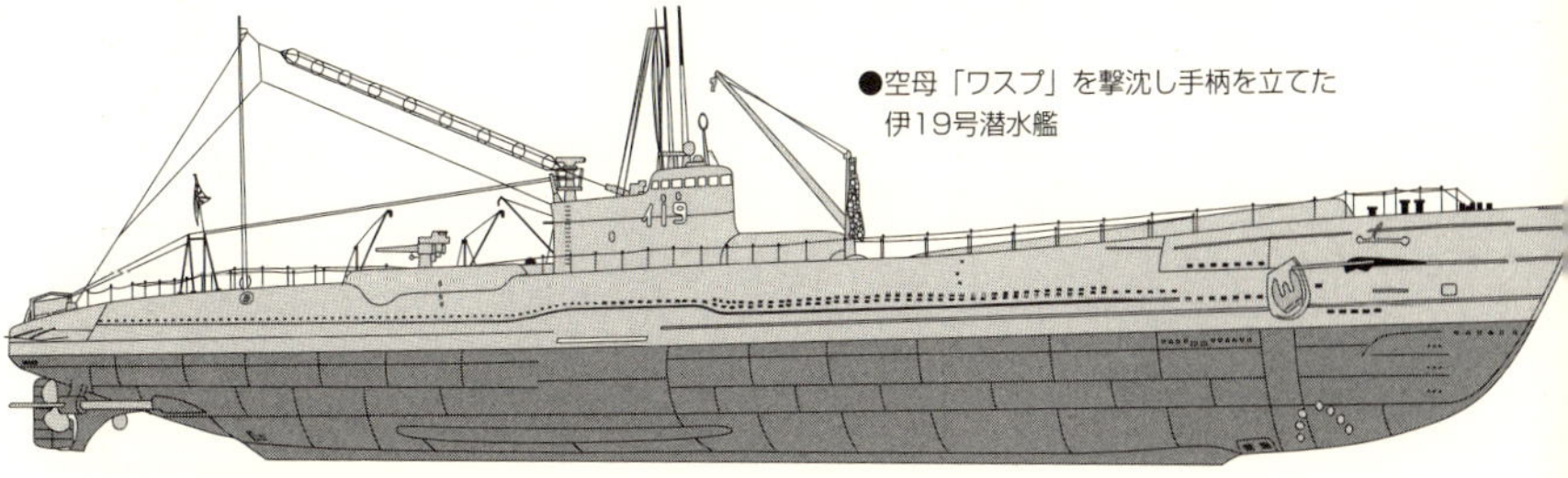

●空母「ワスプ」を撃沈し手柄を立てた伊19号潜水艦

なぜガ島は「餓島」になったのか

大本営参謀の無能を証明した総攻撃失敗

ガ島では飛行場を奪還するための日本軍による総攻撃が二回実施された。最初は川口支隊（兵力約六〇〇〇名）の総攻撃（九月十二、十三日）、次が第二師団（兵力約二万）による総攻撃（十月二十四、二十五日）だった。しかし、いずれの総攻撃も失敗した。最初の川口支隊の戦いは、まだ戦いらしい戦いが行なわれたが、第二師団の場合はアメリカ兵を間近に見るいとまもなく集中銃砲火を浴びてバタバタと倒れた。

日本軍は、ガ島の米軍など突撃して白兵戦に訴えれば勝てる、という程度の気持ちで戦いに臨んだ。「砲爆撃をかいくぐって突撃し、白兵戦になれば勝てる」とか、「背後から攻撃すればあわてふためくはず」などという指導をしたのは、大本営から派遣されてきた辻政信《つじまさのぶ》参謀たちだった。

それでも、さすがに飛行場に近い海岸沿いからの攻撃は損害が大きいとみて、ジャングルを迂回して背後から攻撃しようとした。しかし、迂回路を切り開くといっても、地図もなく、自動伐採機を取り寄せるでもなかった。オノ、ナタ、シャベルなど手に持てる程度の工具しかなかった。それよりなにより、兵隊の食糧を用意しなかった。

第二師団などは上陸したとき（十月一日）各自六日間ほどの食糧しか携行していなかった。敵陣を占領して米軍の食糧をいただくつもりだった。「糧《かて》は敵による」という中国大陸における戦いの発想そのままだったのである。

第二師団の総攻撃のとき、ほとんどの将兵が丸三日間、飯を食っていなかった。アメリカ軍は日本軍が進出しそうなところに隠しマイクロフォンまで装置してその位置を確認し、憔悴《しょうすい》した日本兵に集中火を浴びせたのである。

日本陸軍歩兵装備

携帯天幕
背嚢
スコップ
三八式歩兵銃
雑嚢
前盒
30発入り
ゲートル

●米兵に捕らえられたが、スキを見て逃げたため撃たれてしまった日本兵。戦陣訓で捕虜になることを禁じたため、日本兵の無駄な死者が多く出ている

アメリカ陸軍歩兵装備

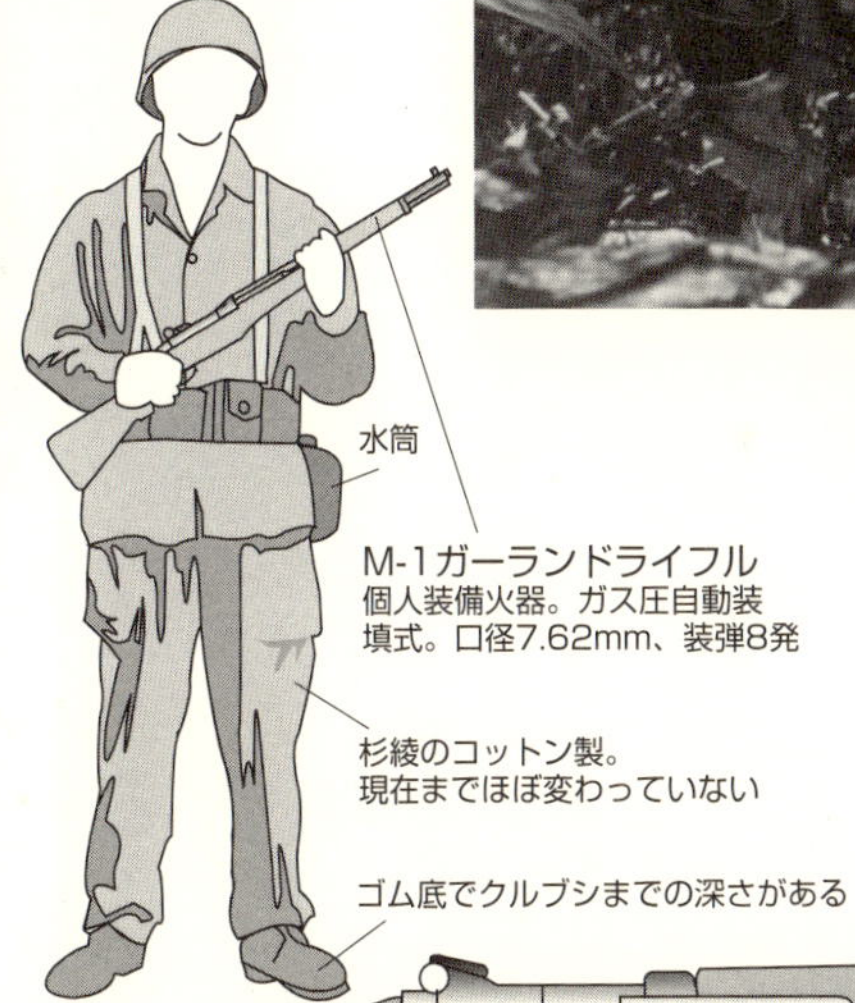
水筒
M-1ガーランドライフル
個人装備火器。ガス圧自動装填式。口径7.62mm、装弾8発
杉綾のコットン製。
現在までほぼ変わっていない
ゴム底でクルブシまでの深さがある

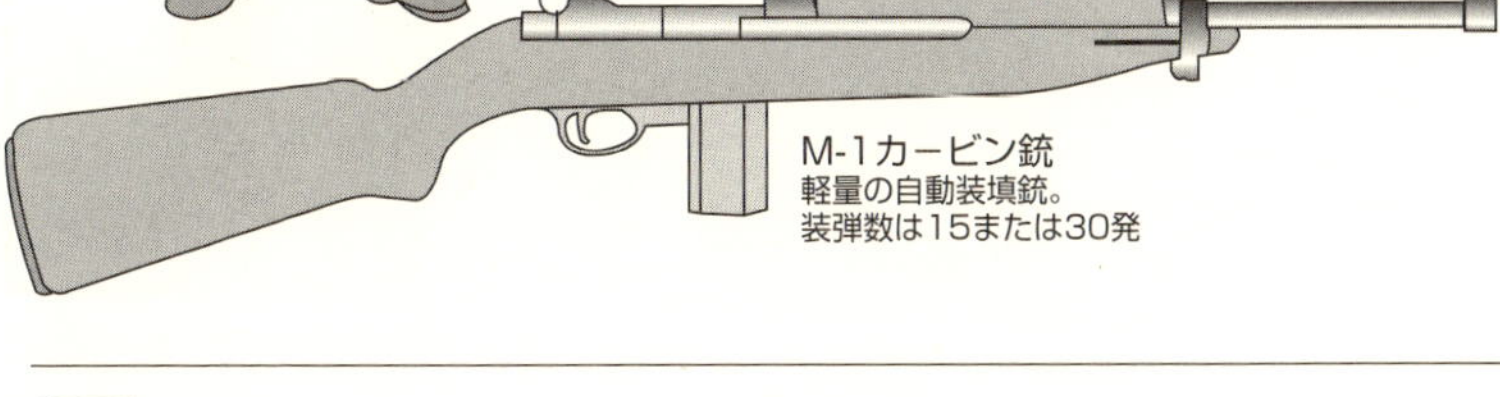
M-1カービン銃
軽量の自動装填銃。
装弾数は15または30発

ガダルカナル攻防戦6

新兵器レーダーに敗れたサボ島沖海戦

打破された日本海軍のお家芸「夜戦」

サボ島はガ島に近い小さな島である。この沖合で一九四二年十月十一日の夜間に起きたのがサボ島沖海戦だ。この頃、日本は上陸させた第二師団の残存部隊や銃砲、食糧などをガ島に運び、来るべき総攻撃に備えていた。サボ島沖で米艦隊と遭遇したのは輸送船団の護衛隊で、重巡三隻、駆逐艦二隻の艦隊だった。

サボ島を過ぎたとき、旗艦「青葉」が突然砲撃を受けた。「青葉」は味方の誤射と思い、「ワレ、アオバ……」と発光信号を送った。その直後、艦橋に砲弾が直撃、艦隊（第六戦隊）司令官五藤《ごとう》存知《ありとも》少将が戦死した。米艦隊はレーダーと艦砲を連動させた照準装置を実戦配備していたのである。「青葉」に次いで重巡「古鷹《ふるたか》」も集中砲火を浴び、大火災となった（翌日沈没）。

日本側も照明弾を打ち上げ、見張員の目視を頼りに反撃に転じ、駆逐艦一隻を撃沈、重巡や軽巡、駆逐艦などに命中弾を与えて大損害を与えた。しかし、アメリカの軍艦が暗闇でも戦えるようになったことで、日本海軍のお家芸と自負していた夜戦の意義が失われた。むろん、レーダー発射のほうが正確で、夜目と違って訓練しだいで誰でもできる利点があった。連合軍は着実に日本海軍をしのぎつつあったのである。

この海戦の最中に、重砲六門（一五〇ミリ榴弾砲《りゅうだんほう》など長距離砲）の揚陸に成功した。そのかぎりでは無駄な海戦ではなかったが、アメリカ軍も約三〇〇〇名の増援部隊を上陸させたから、戦力のバランスが大きく変わったわけではない。数日後の補給作戦でも予定の三分の一しか揚陸できず、第二師団が積極攻勢に打って出るというわけにはいかなかったのだ。

対水上レーダーのしくみ

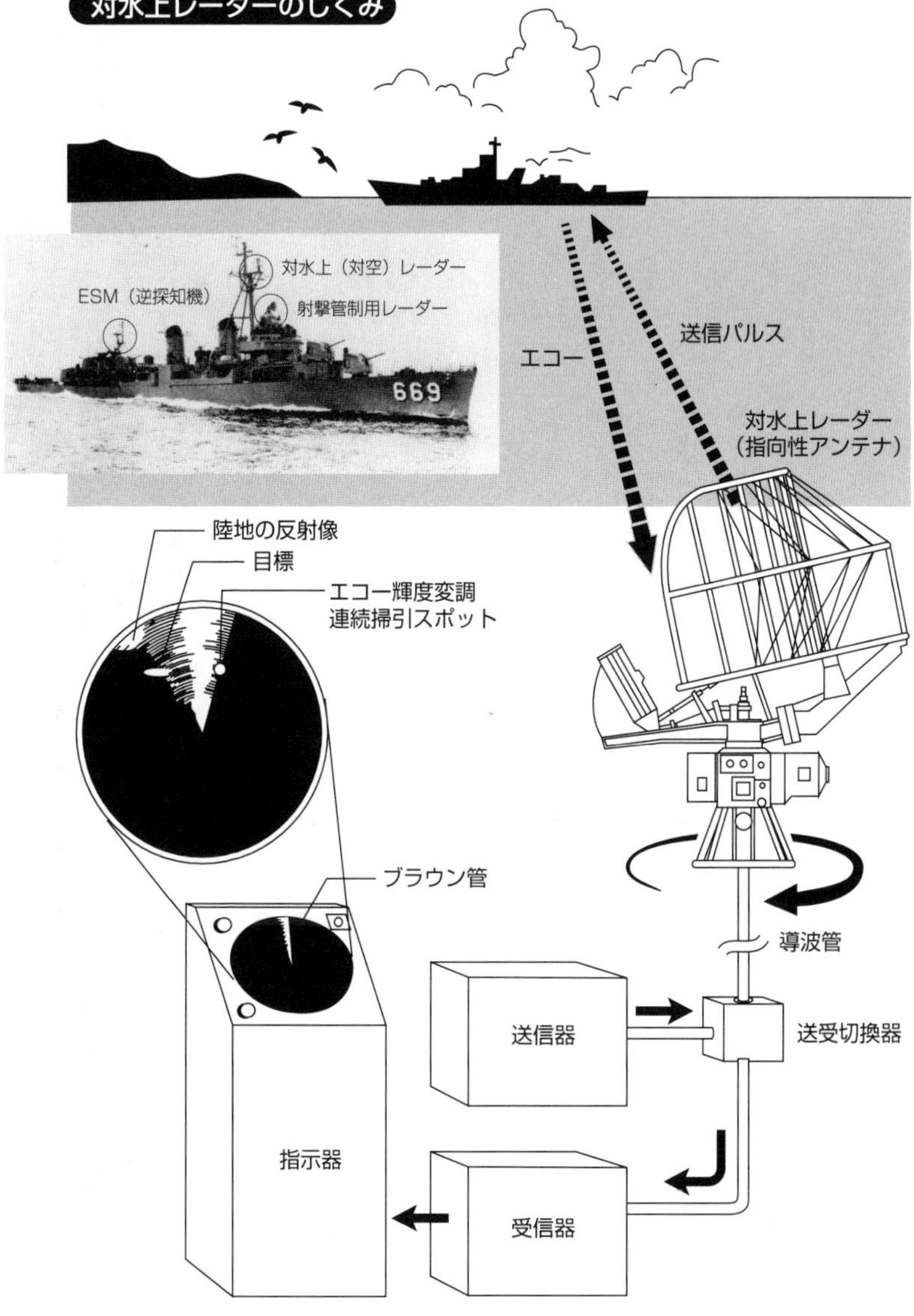
対水上（対空）レーダー
ESM（逆探知機）
射撃管制用レーダー
669
送信パルス
エコー
対水上レーダー
（指向性アンテナ）
陸地の反射像
目標
エコー輝度変調
連続掃引スポット
ブラウン管
導波管
送信器
送受切換器
指示器
受信器

ガダルカナル攻防戦7

南雲機動部隊、傷だらけの苦い勝利

連合艦隊〝最後の勝利〟となった南太平洋海戦

一九四二年十月二十七日に行なわれた南太平洋海戦は、南雲機動部隊（南雲忠一中将指揮の第三艦隊）の勝利だった。空母「ホーネット」を沈め、「エンタープライズ」に大損害を与えたのだ。これで米海軍は太平洋戦線で実戦に投入できる正規空母は一隻もいなくなったのである。南雲機動部隊では空母「翔鶴」などが大きな損害を受けたが、沈没艦は一隻もなかった。

だが、アメリカには空母がなくてもガ島にヘンダーソン飛行基地があり、日本の輸送船団空爆には問題なかった。日本は空母の艦上機で護衛すればよかったが、海戦で一〇〇機近くもやられたうえに、真珠湾以来のベテラン搭乗員がほとんど戦死していた。ラバウルから戦闘機を飛ばしても、距離が遠すぎてガ島上空では一五分しか空戦時間がなかった。

もともとこの海戦は第二師団の総攻撃に合わせて起こったものである。連合艦隊は戦艦「金剛《こんごう》」「榛名《はるな》」をガ島近くに進出させ、飛行場を砲撃した（十月十三日深夜）。南雲機動部隊はすでにトラック泊地を出て、ガ島近海へ向かっている。

陸と海からの日本軍の大攻勢近しと悟った米海軍は、ヌーメア基地（ガ島南南東一二〇〇キロ）から「ホーネット」を、ハワイ基地から修理が終わったばかりの「エンタープライズ」をガ島近海へ急行させ、待ち伏せしたのである。

南雲機動部隊は空母三隻で戦力でも有利だったが、勝敗を決めたのはアメリカ軍とほぼ同時刻に「敵空母発見」を報じることができたからだった。

こうして南雲機動部隊は海戦で大きな勝利を味わったが、傷だらけの勝利だったことを強く思い知らされたのは、二十日ほどたった頃だった。

南太平洋海戦 1942年10月26日

第1次攻撃（空母「翔鶴」「瑞鶴」「瑞鳳」）			損失率	第2次攻撃（空母「翔鶴」「瑞鶴」）			損失率
零式	損失 10機	出撃 21機	48%	零式	損失 2機	出撃 9機	22%
99式艦爆	損失 17機	出撃 21機	81%	99式艦爆	損失 12機	出撃 19機	63%
97式艦攻	損失 16機	出撃 20機	80%	97式艦攻	損失 10機	出撃 16機	63%
第3次攻撃（空母「隼鷹」）			**損失率**	**第4次攻撃（空母「隼鷹」）**			**損失率**
零式	損失 0機	出撃 12機	0%	零式	損失 5機	出撃 8機	63%
99式艦爆	損失 11機	出撃 17機	65%	97式艦攻	損失 2機	出撃 7機	29%

被弾した「翔鶴」「瑞鳳」
「瑞鶴」「隼鷹」
「翔鶴」被弾
第2航空戦隊
「瑞鳳」被弾
前進部隊本隊
日本軍攻撃隊
「ホーネット」沈没
「エンタープライズ」被弾
機動部隊本隊
機動部隊前衛
米軍攻撃隊
第16任務部隊
（「エンタープライズ」）
サンタクルーズ諸島
第17任務部隊
（「ホーネット」）

●日本機の攻撃にさらされる「ホーネット」（米軍が失った4隻目の空母となった）

ガダルカナル攻防戦8

日米戦艦が初対決した第三次ソロモン海戦

ガ島奪還をはかった連合艦隊最後の大海戦

第二師団の総攻撃（十月二十四日）が失敗したあと、日本軍はかねての予定どおり第三八師団（兵力約三万）を送り込み、決戦を挑もうとした。

十一月十二日、輸送船一一隻を空母「隼鷹《じゅんよう》」や戦艦「霧島」「比叡《ひえい》」など三一隻で護衛して作戦を開始した。同じ日、ガ島増援の米軍輸送船団もガ島に接近した。空母「エンタープライズ」、戦艦「サウスダコタ」「ワシントン」など三〇隻が護衛についていた。この日米艦隊の先鋒隊がぶつかったのが十二日深夜。数千メートルの至近距離で激しく撃ち合った。「比叡」が航行不能（のち沈没）、駆逐艦二隻沈没の犠牲を払いつつ、日本は敵巡洋艦二隻、駆逐艦四隻を撃沈した。

翌十三日深夜、重巡「摩耶《まや》」など六隻がガ島に近づき、飛行場に約一〇〇〇発の砲弾をたたき込んだが、肝心の滑走路は破壊できなかった。

十四日朝、一一隻の輸送船団とともに戦艦「霧島」など一四隻の艦隊主力がガ島をめざしていた。しかし、「エンタープライズ」やガ島基地から発進した攻撃機の空爆に遭い、六隻沈没、一隻航行不能。米軍機は護衛の軍艦より輸送船攻撃に集中した。残る四隻の輸送船はしゃにむに突進してタサファロング海岸などに乗り上げたが、翌朝空襲され、武器弾薬・食糧の大半は焼失した。

護衛艦隊は米艦隊を探し求め、十四日夜ついにサボ島付近で発見、「サウスダコタ」を大破、駆逐艦三隻を沈没させたが、「霧島」と駆逐艦一隻を失った。この一連の海戦を第三次ソロモン海戦と呼ぶ。九隻を撃沈し、日本の沈没は五隻。しかし、補給戦は完敗だった。日米初の戦艦同士のぶつかり合いは大局的には日本の負けに終わった。以後、ガ島への大がかりな補給は行なわれなかった。

●戦艦「霧島」

●戦艦「比叡」

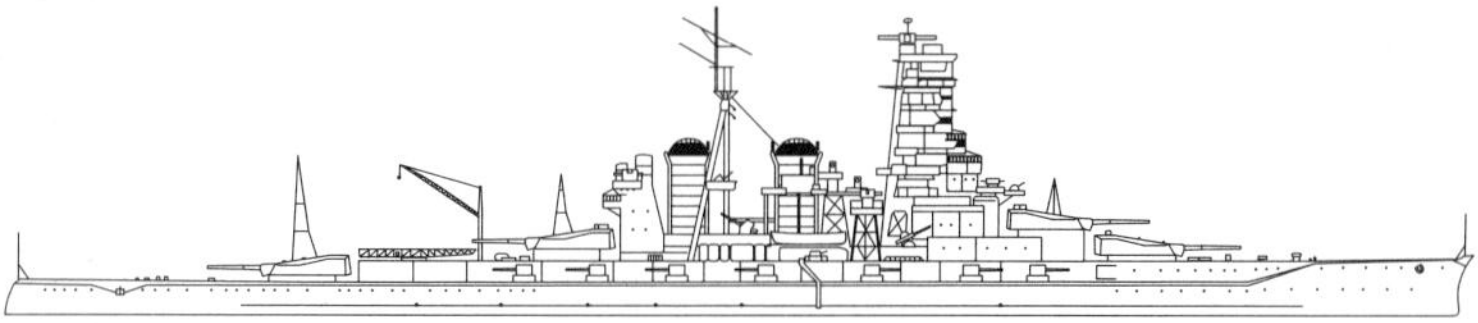
●戦艦「霧島」

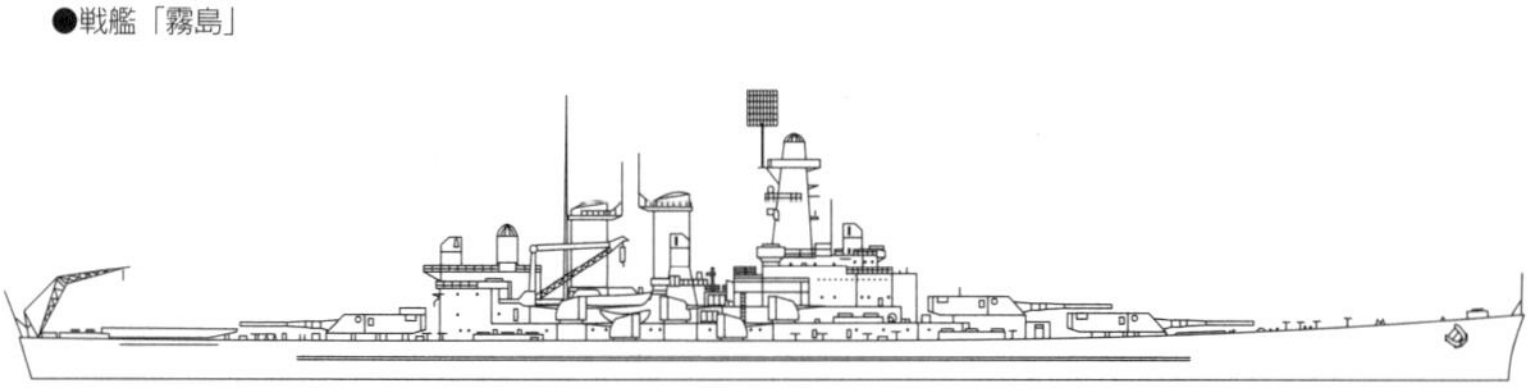
●米戦艦「ノース・カロライナ」

ビスマルク海海戦

「ダンピール海峡の悲劇」はなぜ起きたのか

日本軍輸送船団を壊滅した米軍の新戦法

一九四三年二月、日本軍はついにガダルカナル島から撤退した。並行して激戦を展開していた東部ニューギニアのブナ地区の戦いにも敗れ、残存部隊はさらに東側のサラモア、ラエ付近まで避退した。そのサラモアの奥地ワウでは、第五一師団の一個連隊（兵力約三〇〇〇名）がオーストラリア軍基地を攻撃しようとしていたが、地図もなく、補給も続かずで大苦戦に陥っていた。

大本営は東部ニューギニア地区の防衛のため、三個師団を派遣することにしていたが（全体を第一八軍と命名した）、そのうちの第五一師団はラエに上陸させようとした。ワウ攻略部隊の応援のためである。将兵約七〇〇〇名は八隻の輸送船に分乗し、駆逐艦八隻に守られてラバウルを出港した。一九四三年二月二十八日である。

三月二日朝、オーストラリアのブリスベーンを飛び立った米豪の戦爆連合軍（戦闘機と爆撃機の集団）が船団を襲った。爆撃機は高度二〇〇〇メートルから爆弾を投下、輸送船一隻が沈没したが護衛の零戦隊が攻撃を妨害、大損害は免れた。

翌三日朝、再び無数の戦爆連合が空襲をかけた。零戦隊が高空で見張りを続けていたが、彼らは一〇〇メートル前後の低空で船団に接近し、艦の手前で爆弾を投下した。爆弾は海面を何回かスキップして艦船の横腹に命中した。命中率をあげるために工夫されたスキップ・ボンビング（反跳爆撃）だった。輸送船は次つぎに被弾し、すべて沈没した。護衛の駆逐艦も四隻が沈み、将兵三〇〇〇名が溺れて戦死した。東部ニューギニア防衛構想は決定的につまずいた。連合軍は大戦果に沸き立ち、ビスマルク海海戦と命名した。日本では「ダンピール海峡の悲劇」とだけ呼んでいる。

兵力動員総数

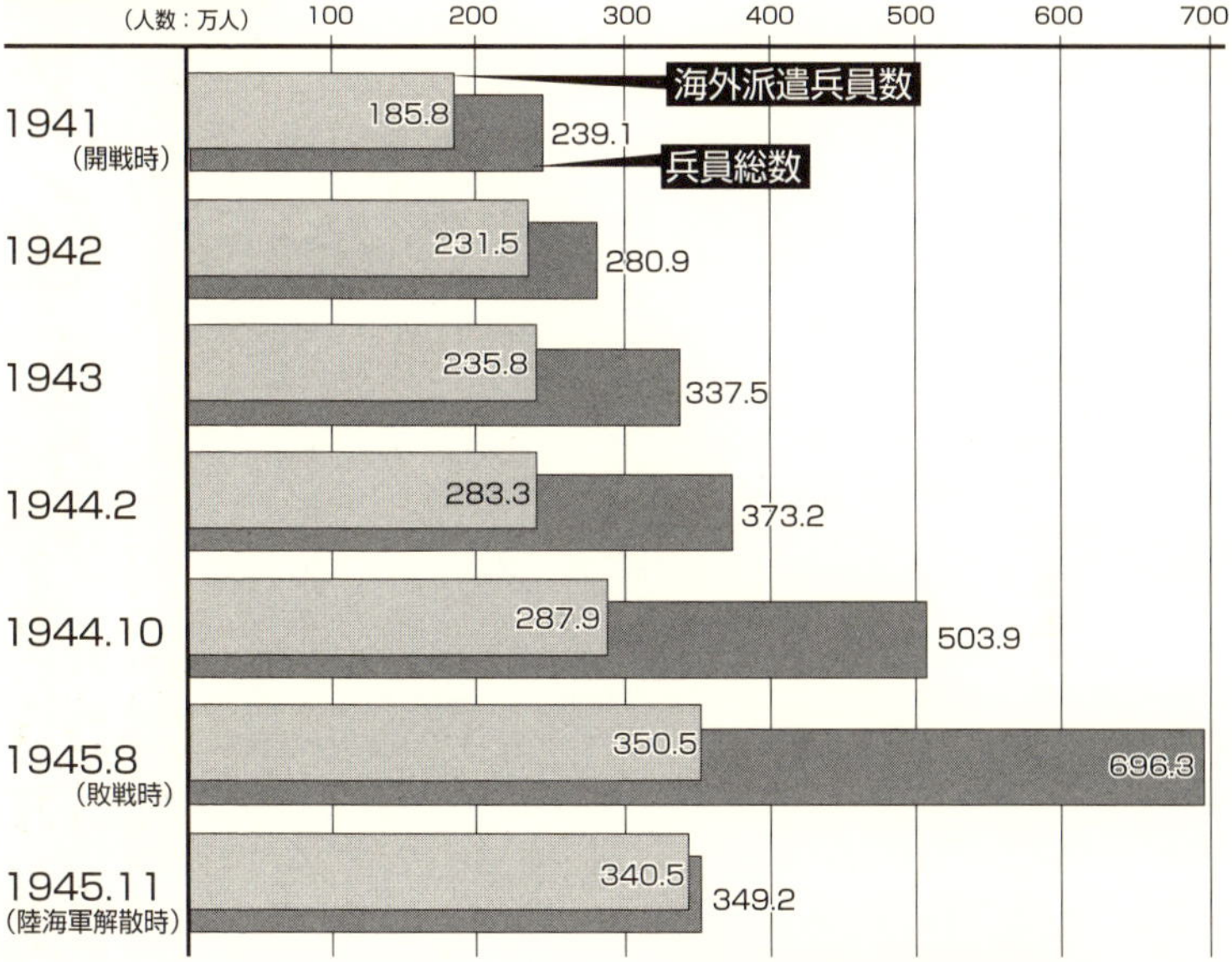
(人数：万人)
100
200
300
400
500
600
700
海外派遣兵員数
兵員総数
1941
(開戦時)
185.8
239.1
1942
231.5
280.9
1943
235.8
337.5
1944.2
283.3
373.2
1944.10
287.9
503.9
1945.8
(敗戦時)
350.5
696.3
1945.11
(陸海軍解散時)
340.5
349.2

日本輸送船団の壊滅

ニューアイルランド島
ダンピールの悲劇
ニューギニア
ラエ
ワウ
サラモア
ダンピール海峡
ニューブリテン島
ブナ
ポートモレスビー

●スキップ・ボンビングで攻撃される日本の輸送船団

コマンドロスキー諸島海戦

太平洋戦争最北の日米海戦

作戦ミスでクビになった日本の司令長官

日本ではこの海戦をアッツ島沖海戦と呼んでいるように、アリューシャン列島最西端アッツ島への補給作戦中に起こった海戦だった。

アメリカ領土アッツ島の占領はミッドウェー作戦のときで、陸軍部隊約二五〇〇名を駐屯させていた。同時に占領したキスカ島には陸海軍部隊約六〇〇〇名が進出していた。アメリカは占領された領土を名誉にかけても奪還するため、キスカ東方の島に飛行場を建設、周辺の海上には巡洋艦部隊を派遣して奪還の機会をうかがっていた。

一九四三年三月二十七日未明、アッツへの輸送船二隻を第五艦隊の重巡「那智《なち》」「摩耶」以下八隻が護衛して航行していた。米艦隊は前日からレーダーで日本艦隊を捕捉していたが、その米艦隊を日本艦隊が発見したのは午前二時半で、約一時間後に砲撃戦が始まった。最初に「那智」に命中弾があって艦橋が吹っ飛び、重巡「ソルトレークシティ」も命中弾を受けた。駆逐艦が煙幕を張って「ソルトレークシティ」を隠す。日本軍は全軍突撃を命じた。

海戦が始まってすぐ、米艦隊は味方が劣勢であることに気づき、一刻も早く戦場離脱をしようとしていた。全軍突撃の日本艦隊は逃げる米艦隊を一方的に追う形になった。勝利は目前にあった。

ところが司令長官細萱戊子郎《ほそがやぼしろう》中将は追撃中止を命じたのだ。座乗している旗艦「那智」の前部砲塔からの「徹甲弾なし」の報告を、「残弾なし」と聞き違えたからだったという。徹甲弾とは甲板を突き抜いて艦の内部で炸裂する爆弾で、これがないと確実に撃沈できない。第五艦隊は輸送船ともども幌筵島《パラムシル》（北千島）に引き揚げた。そして細萱長官は勇気に欠けるとみなされ、更迭された。

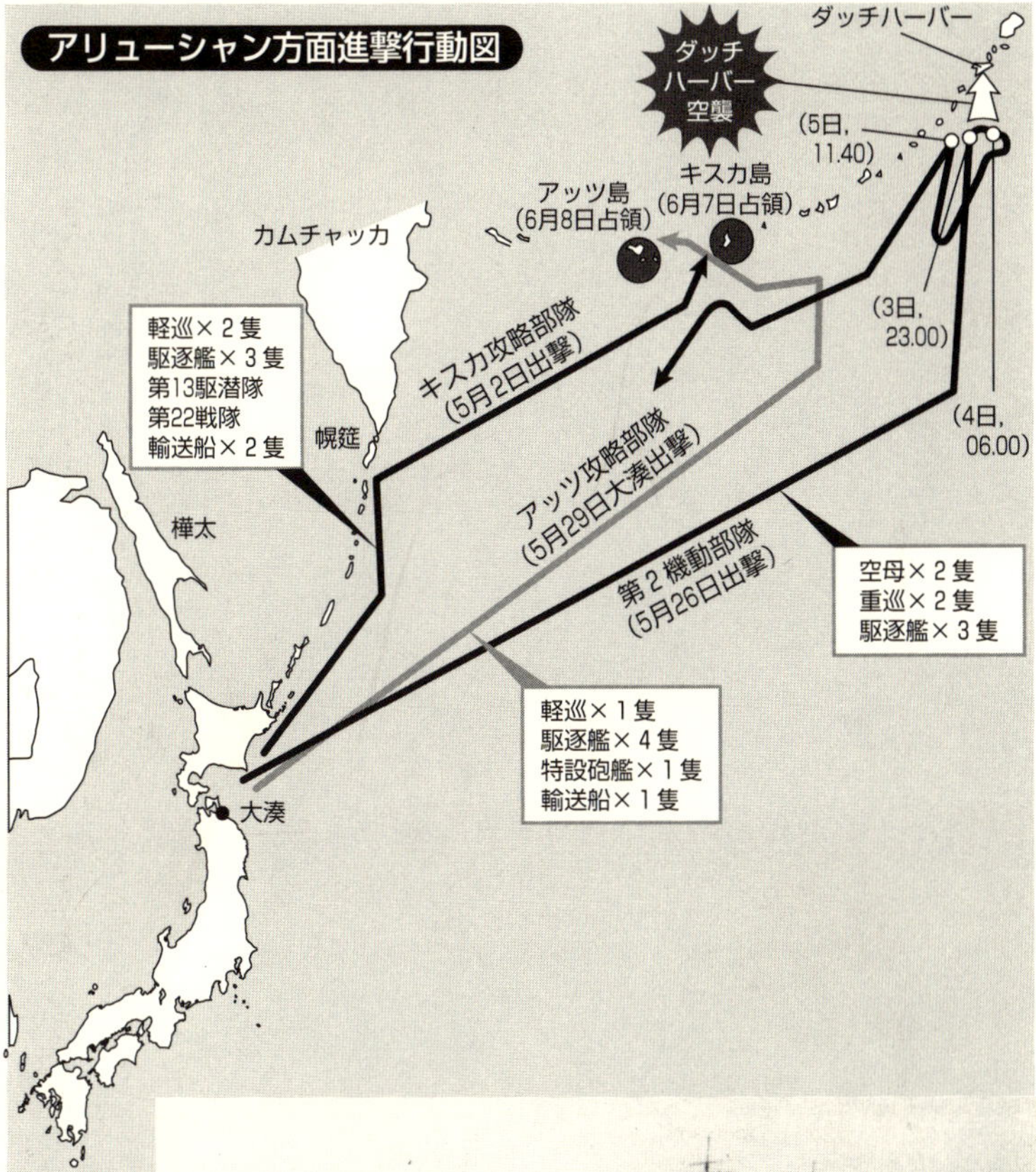
アリューシャン方面進撃行動図
ダッチハーバー
ダッチハーバー空襲
(5日, 11.40)
キスカ島 (6月7日占領)
アッツ島 (6月8日占領)
カムチャッカ
軽巡×2隻
駆逐艦×3隻
第13駆潜隊
第22戦隊
輸送船×2隻
キスカ攻略部隊 (5月2日出撃)
(3日, 23.00)
(4日, 06.00)
幌筵
アッツ攻略部隊 (5月29日大湊出撃)
樺太
第2機動部隊 (5月26日出撃)
空母×2隻
重巡×2隻
駆逐艦×3隻
軽巡×1隻
駆逐艦×4隻
特設砲艦×1隻
輸送船×1隻
大湊

●重巡「那智」

2 戦艦・重巡・軽巡・駆逐艦はどこが違う？

日本では大小を問わず艦首に菊の御紋章を付けたものを軍艦と呼んでいた。戦艦・重巡《じゅうじゅん》（重巡洋艦）、軽巡《けいじゅん》（軽巡洋艦）、駆逐艦などについての明確な定義はなかったそうだ。一般には戦艦は三、四万トンクラスで三五～四〇センチ砲を搭載している軍艦。重巡は一万トン前後で二〇センチ砲を搭載している軍艦、軽巡は五〇〇〇トン前後で一四、五センチ砲を積んでいる軍艦。駆逐艦は一〇〇〇トンから二〇〇〇トンクラスのスピードがあり小回りのきく艦艇で、菊の御紋章はなかった。

太平洋戦争中の戦艦は、「金剛《こんごう》」「比叡《ひえい》」「榛名《はるな》」「霧島《きりしま》」「扶桑《ふそう》」「山城《やましろ》」「伊勢《いせ》」「日向《ひゅうが》」「長門《ながと》」「陸《む》奥《つ》」「大和《やまと》」「武蔵《むさし》」の一二隻、同じく重巡は「古鷹《ふるたか》」「加古《かこ》」「青葉《あおば》」「衣笠《きぬがさ》」「妙高《みょうこう》」「那智《なち》」「足柄《あしがら》」「羽《は》黒《ぐろ》」「高雄《たかお》」「愛宕《あたご》」「摩耶《まや》」「鳥海《ちょうかい》」「最上《もがみ》」「三隈《みくま》」「鈴谷《すずや》」「熊野《くまの》」「利根《とね》」「筑摩《ちくま》」の一八隻だった。ちなみに空母は「赤城《あかぎ》」「加賀《かが》」「飛龍《ひりゅう》」「蒼龍《そうりゅう》」「瑞鶴《ずいかく》」「翔鶴《しょうかく》」が主要六隻といわれた。■

▼戦艦「陸奥」。「長門」とともに国民に最もよく親しまれていた軍艦。「大和」「武蔵」は戦争に入ってから完成したので、国民には知らされなかった

第三章 崩れ去った絶対国防圏と日本の敗戦

必死

スルアン島沖に敵空母等三隻屠る

豊田司令長官全軍に布告

只一言"俺に續け"

出撃瞬間の關隊長

憶へ若櫻の心境

七生報國の猛訓練

五將士の略歴

兩飛行場既に使用

侮り難き敵戰意

皇軍更に七艦船撃沈

兩飛行場を痛爆

十五ヶ所と船舶一炎上

戰局大觀

空の大

山本五十六大将が直接指揮した大空爆戦

「い号作戦」はほんとうに大成功だったのか？

ダンピール海峡の悲劇を味わった連合艦隊は、山本司令長官の強い決意のもと、大規模な航空戦を挑むことになった。再建途上にあった空母四隻の飛行機隊から零戦約一〇〇機、爆撃機約八〇機をはじめ、基地航空隊の零戦約一〇〇機、爆撃機約九〇機など、合計四〇〇機近い飛行機をラバウルやレンドバ（ニュージョージア島の南沖合）、ブイン（ブーゲンビル島の南端）などに集結させた。山本長官もトラック島からラバウルに進出して直接指揮をとった。

昭和十八年（一九四三）四月七日から十四日までに主な出撃が四回、大きな戦果を得たと判断した。

◎四月七日　約二三〇機が出撃し、ガダルカナル島泊地の米艦船を爆撃。輸送船六隻、軽巡一隻、駆逐艦一隻を撃沈。航空機四一機を撃墜。

◎四月十一日　約九〇機が出撃し、オロ湾基地（東部ニューギニアのブナ近郊）を爆撃。輸送船三隻、駆逐艦一隻を撃沈、二一機を撃墜。

◎四月十二日　約一六〇機出撃し、ポートモレスビーを攻撃。二八機を撃墜、輸送船一隻撃沈。

◎四月十四日　約一九〇機出撃し、ミルン湾とラビ飛行場（ともにニューギニア東端）を爆撃。輸送船五隻撃沈、四四機を撃墜。

まさに大戦果だ。ところが戦後の米軍資料では撃沈は駆逐艦、油槽船、コルベット艦各一隻、輸送船二隻、撃墜された飛行機は二五機だった。

連合艦隊司令部は〝大戦果〟を信じて満足したが、母艦飛行機隊は損害の大きさに頭を抱えた。母艦機だけに限ると、撃墜・被弾による使用不能機は全体の三割に達し、空母部隊（第三艦隊）は飛行機とパイロットの補充なしには大きな作戦ができないほどのダメージを受けたのだった。

「い」号作戦の参加兵力と戦果

4月11日		
Y_2攻撃　目標＝ブナ近郊の在泊艦船		
兵力	攻撃隊＝零戦71機、99式艦爆21機	
戦果	日本側記録	米側記録
	撃墜21機 撃沈 駆逐艦1隻 輸送船3隻	―― 損傷 巡洋艦1隻 輸送船1隻 その他1隻

4月7日		
X攻撃　目標＝ガ島在泊艦船		
兵力	制空隊＝零戦47機 攻撃隊＝零戦110機、99式艦爆67機	
戦果	日本側記録	米側記録
	撃墜41機 撃沈 巡洋艦1隻 駆逐艦1隻 輸送船6隻	撃墜7機 撃沈 駆逐艦1隻 輸送船1隻 その他1隻

トラック
昭和18年4月3日
連合艦隊司令部
ラバウル進出
カビエン
ラバウル
ニューブリテン島
ブカ島
ブーゲンビル島
ラエ
ブイン
ブナ
ポートモレスビー
ラビ
ミルン湾
ガダルカナル島

●出撃部隊を見送る山本連合艦隊司令長官

4月12日		
Y攻撃　目標＝ポートモレスビー飛行場		
兵力	制空隊＝零戦55機 第1攻撃隊＝零戦27機、1式陸攻18機 第2攻撃隊＝零戦32機、1式陸攻26機	
戦果	日本側記録	米側記録
	撃墜28機 撃沈 輸送船1隻	撃墜2機 飛行場に大被害 死傷者多数

4月14日		
Y_2攻撃　目標＝ミルン湾在泊艦船 Y_1攻撃　目標＝ラビの艦船、飛行場		
兵力	Y_2攻撃＝零戦75機、99式艦爆23機 Y_1攻撃＝零戦54機、陸攻44機	
戦果	日本側記録	米側記録
	撃墜44機 撃沈 輸送船5隻 飛行場3ケ所以上	―― ――

い号作戦2

山本五十六謀殺はこうして計画された

ニミッツ大将が画策した山本機撃墜作戦

い号作戦が「大戦果」のもとに終わったあと、ラバウルの山本五十六長官はブーゲンビル島などの前線飛行基地を視察することに決めた。

日時や護衛機の数などを知らせる詳しい日程が前線の司令部に発信された。もちろん四桁数字の暗号だ。ところが前線視察の電文はあっという間に米軍に解読され、飛行コースや、どの地点に何時頃到達するということまで地図上に記された。

情報はハワイの戦闘情報班に伝えられ、情報参謀のレイトン中佐は、興奮して太平洋艦隊司令長官ニミッツ大将に報告した。山本を撃墜しても彼以上の指揮官が出てこないだろうか、とのニミッツの質問に、レイトンは一人ひとり日本海軍の高級指揮官の名を挙げ、長短を説明し、「長官（ニミッツ）が撃墜されるのと同じです。他に代わりうる人物はいません」と断言してみせた。

ソロモン海域はウイリアム・F・ハルゼー大将の管轄だった。ニミッツはハルゼーに襲撃法の検討を命じ、一方ではフランク・ノックス海軍長官の許可を求めた。ノックスはスチムソン陸軍長官の意見も聞き、ルーズベルト大統領の許可を求めた。結果は「GO!」である。

ハルゼーの命令でガダルカナル島の基地では、陸軍航空隊司令官マーク・A・ミッチャー少将のもと、〝ヤマモト狩猟隊〟が編成された。ガダルカナルからブーゲンビルまで約五〇〇キロ、そこまで飛び、空戦して引き返せる戦闘機は、陸軍のロッキードP38ライトニング戦闘機しかない。ミッチャーは陸軍第三三九戦闘機大隊長ジョン・W・ミッチェル少佐を「狩猟隊長」に指名した。

こうして、大統領も承認したヤマモト・ミッションが誕生した。四日後に作戦が実施される。

●長官機に殺到したP-38ライトニングに零戦6機が立ち向かったが、その隙を狙って他のP-38機に長官機が撃墜されてしまった

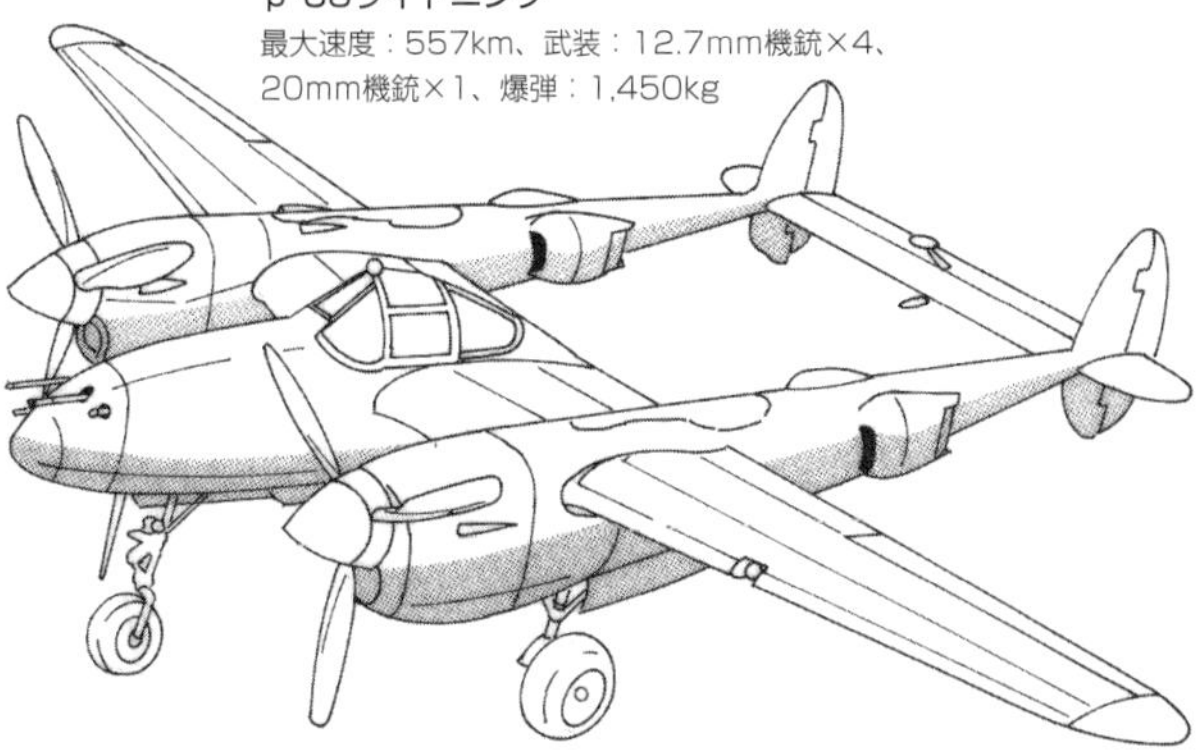

p-38ライトニング
最大速度：557km、武装：12.7mm機銃×4、20mm機銃×1、爆弾：1,450kg

い号作戦3

孔雀は時間どおりに来た！山本長官謀殺

撃墜機の中で山本長官は生きていた!?

山本長官と三人の幕僚を乗せた一番機、宇垣《うがき》参謀長と四人の幕僚を乗せた二番機がラバウルを発進したのが昭和十八年（一九四三）四月十八日午前六時。飛行機は一式陸攻で、海軍の爆撃機だ。護衛につくのはわずか六機の零戦である。もっと多くの戦闘機を！　と進言・嘆願する部下の言葉を山本はなぜかことごとくしりぞけた。

一方ガダルカナル島ヘンダーソン基地を一七機のP38が飛び立ったのが午前五時二五分。山本機発進より三五分早かった。

山本の最初の視察地は、ブーゲンビル島南端にあるブイン沖合の小島バラレ。解読された暗号電報ではバラレには八時着となっていた。しかし、ミッチェル攻撃隊は、少し早めの七時四五分にはバラレ着と推定、したがって撃墜地点はブイン上空とし、七時三五分を予定した。

計算はピッタリ合っていた。ミッチェル隊は予定地点まで二、三マイルというところで山本機を発見した。山本機はすでに着陸体勢に入っていた。アタック・フライトの四機が猛然と二機の陸攻を攻撃した。弾さえ当たればパッと火がつくので「一式ライター」とあだ名されていただけあって、山本機はたちまち黒煙を吐いてジャングルに消えていった。続いて二番機がエンジンから火を吹きながら海中へ墜落した。ハルゼーはミッチャーへ「おめでとう、撃墜したアヒルどものなかには、一羽の孔雀《くじゃく》がいたようだね」と祝電を送ったという。

ところで、日本軍の捜索で山本機はまもなく発見されたが、そのときの検視報告を読むかぎり、撃墜直後の山本は生きていた可能性が高いといわれている。二番機の宇垣は重傷ながら生還、のち前線に復帰した。

●東京での国葬後、山本長官の郷里長岡でも葬儀が行なわれた

●ブーゲンビルのジャングルで発見された山本長官の搭乗機（長岡市の山本五十六景仰会）

山本長官の視察ルートとP38の襲撃ルート

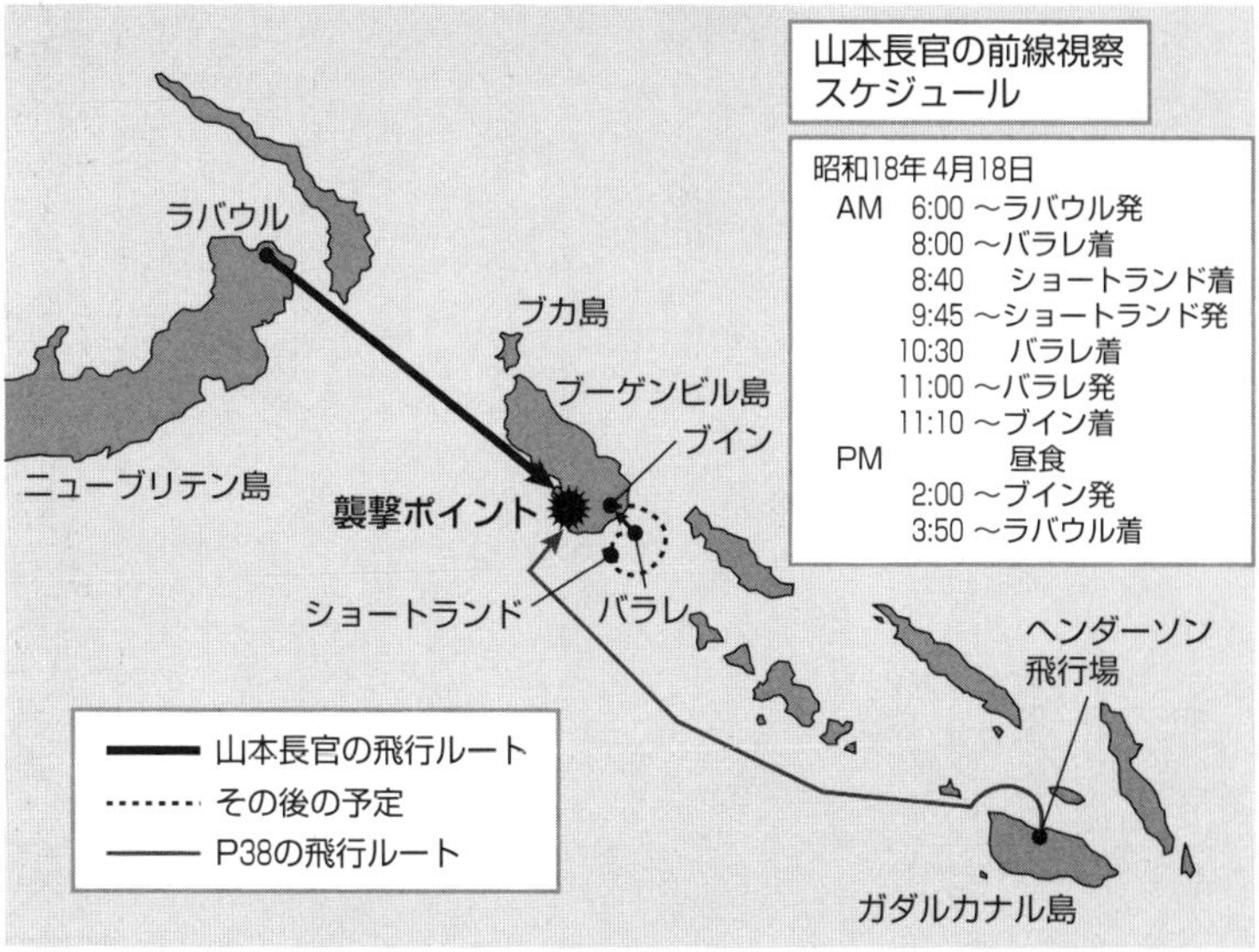
山本長官の前線視察スケジュール
昭和18年4月18日
AM 6:00 ～ラバウル発
8:00 ～バラレ着
8:40 ショートランド着
9:45 ～ショートランド発
10:30 バラレ着
11:00 ～バラレ発
11:10 ～ブイン着
PM 昼食
2:00 ～ブイン発
3:50 ～ラバウル着
ラバウル
ブカ島
ブーゲンビル島
ブイン
ニューブリテン島
襲撃ポイント
ショートランド
バラレ
ヘンダーソン飛行場
ガダルカナル島
山本長官の飛行ルート
その後の予定
P38の飛行ルート

アッツ島の全滅で登場した「玉砕」

最後の一兵まで戦い抜いた日本軍の北海守備隊二五〇〇名

「アッツ島に皇軍の神髄　壮絶・夜襲を敢行玉砕《ぎょくさい》」

これは昭和十八年（一九四三）五月三十一日付「朝日新聞」の見出しである。アッツはアリューシャン列島西端のアメリカ領土、そこの守備隊が上陸したアメリカ軍と戦って全滅したというニュースだった。「玉砕」は全滅を意味していたが、初めて新聞に登場した言葉だった。

日本軍がアッツを占領したのはミッドウェー作戦のときで、同時にその西方のキスカ島も占領した。アッツには山崎保代《やすよ》大佐を部隊長とする北海守備隊約二五〇〇名が駐屯していた。目的はここに飛行場を造ることであり、米軍の反攻基地として使用させないことだった。

米軍は、五月十二日、空母部隊の援護のもと約一万一〇〇〇の兵力で奪還作戦を開始した。大本営は翌日、四〇〇〇の増援部隊を送ると守備隊に連絡したが、十九日には、撤収するから潜水艦を差し向けると打電。次いで二十三日には、「最後に到らば潔く玉砕し、皇国軍人の精華を発揮するの覚悟あるを望む」と電報した。助けに行けないから全員死ぬまで戦ってほしい、という意味だ。増援部隊を送るにも、輸送担当の海軍にはもうそんな余裕がなかったのである。

山崎部隊はほんとうに全員死ぬまで戦った。五月末の生存者は三五〇人。降伏しろ、投降しろ！と叫び続ける目前の米軍部隊に向かって、満身創痍でよろよろと「突撃」を敢行、多くは銃弾に倒れた。生存者は二九名。戦死五五〇、戦傷二三〇〇の損害を米軍に与えて山崎部隊は全滅した。

戦争が終わって、最初のアッツ戦跡慰霊団が島を訪れたとき、アッツの米軍が建てた小さな「山崎部隊長戦死の碑」を見つけたという。

●アッツ島マッサクレ・バレーは日本軍が最後のバンザイ突撃をした場所である

●キスカ島に放置されたままの海軍砲

●1950年8月に米海軍によって建立された慰霊碑

南太平洋の玉砕戦タラワ、マキンの死闘

予想外の損害を強いられた米軍のガルバニック作戦

米軍は最前線基地をマリアナ諸島（サイパンやグアムなど）まで進めようとした。そこからなら爆撃機が東京に届く。その攻略のためマーシャル諸島に前進基地を築きたいが、いきなりは日本軍の反撃が恐い。そこでもっと東のギルバート諸島に最初の根拠地を築くことにした。そこには日本海軍の守備隊がいるタラワ島とマキン島がある。

十数の環礁《かんしょう》から成るタラワ環礁の主島がベティオ島。柴崎恵次海軍少将以下の四六〇〇名がいた。米軍は空母四隻を含む二〇〇隻の大艦隊で押し寄せてきた。激しい爆撃と艦砲射撃を十日間続けたあと、一九四三年十一月二十一日に上陸を始めた。その数一万八〇〇〇。「ガルバニック（電撃）作戦」の始まりだった。

ところが、日本守備隊の二〇センチ砲、一四センチ砲、機関砲が、潮流の関係でもたもたしている上陸軍を激しく襲った。死傷者三四〇〇名という。屍《しかばね》を踏みつけ乗り越えた米軍は、上陸三時間後、守備隊の主要な陣地をほぼ壊滅させ、三日後には完全占領を発表した。捕虜の日本兵は一四六名を数えた（うち飛行場設営隊の朝鮮人一〇四名）。

マキン環礁ブタリタリ島には約七〇〇名が派遣されていた。米上陸軍は約六五〇〇。守備隊は海岸線から三キロ後方に陣地を構え、十分に引きつけてから射撃した。初陣《ういじん》が多かったニューヨーク州兵がひるむ。工兵隊が壕を潰し始めた。多勢に無勢、圧倒する物量には抗しがたく、日本軍は二十四日までに全滅した。捕虜は一〇五名（一名を除いて設営隊の朝鮮人）だった。

米軍は戦死六四、戦傷一五二だったが、ニミッツ大将は「戦闘員が三三対一の比率からみて過大な損害」と評した。

●タラワ島の日本神社も、激しい艦砲射撃にさらされたが、鳥居は残っていた

●マキン島を占領した米軍は、飛行場を整備して日本攻撃の前進基地とした

●タラワ島の戦闘司令部。コンクリートで作られていたため、米軍の猛攻にも耐えた

●珊瑚礁のタラワ島に上陸した米兵も、遮蔽物の少なさに苦戦する

米軍の反攻作戦3

日本海軍を消沈させたクェゼリンの玉砕

トラック諸島が丸裸にされた南洋群島の失陥

マーシャル諸島クェゼリン環礁には一七〇〇平方キロという世界最大の礁湖があり、大艦隊の泊地に最適だ。米海軍がほしがった理由である。ここから一直線にマリアナまで出撃できる。

日本軍は、クェゼリン主島に秋山門造海軍少将以下約五〇〇〇（うち陸軍約一〇〇〇）、ルオット、ナムル両島に山田道行海軍少将以下約三〇〇〇（航空部隊中心）を駐屯させていた。このほかにもマロエラップ、ウオッゼ、ミレの島々にも飛行場があり、それぞれ部隊が派遣されていた。

一九四四年一月三十日から始まった米軍の上陸前の空爆、艦砲射撃で島の日本軍機はほぼ壊滅、飛行場も破壊された。クェゼリンへは二月一日上陸、守備隊が一斉に反撃し、米上陸部隊はいったん後退した。そして米軍は近くの小島に多数の大砲を据え、陣地を砲撃して沈黙させた。

翌二日、壕に立てこもった日本軍の砲撃に手を焼き、米軍は新兵器を使用した。火焔放射器だった。トーチカ内の日本兵は次つぎに火焔攻撃を受け、そのあとを戦車が押し潰していった。抵抗は海軍が三日まで、陸軍が四日までで、指揮官は自決あるいは戦死した。日本軍は八割以上が戦死、米軍は参加人員二万一三四二名中、一一七名が戦死したにすぎない。クェゼリン島以外の島々の戦闘も同様で、三五六〇名中三二一〇名が死んだ。

すでにクェゼリンは絶対国防圏の外に置かれており、日本軍には積極的に増援する計画はなかったが、たとえあってもそこまで空母を派遣する力はなかった。空母部隊は搭乗員の訓練中だった。

それにしても、クェゼリンの失陥は日本海軍を消沈させた。そこから連合艦隊根拠地のトラック諸島は目と鼻の先だからである。

●クェゼリン沖で米空母「ヨークタウン」の突撃を果たせず被弾した日本軍の雷撃機

●クェゼリン島を占領した米軍はトラック島攻撃の作戦を練る

海軍乙事件

長官はいずこ、壊滅した連合艦隊司令部

米軍空襲を逃れてパラオを脱出したまま行方不明の司令長官

クェゼリンという絶好の艦隊泊地・航空基地を手に入れた米軍は、マリアナ攻略を確実にするため、途中にある日本海軍最大の根拠地トラック諸島を空爆した（一九四四年二月十七日）。そこには空母こそいなかったが、基地航空隊があり、戦艦「大和《やまと》」「武蔵《むさし》」もいたのである。

空母がいなければ逃げるしかない。トラック諸島に駐屯する約四万三〇〇〇の将兵・軍属を置き去りにして、連合艦隊は事前にパラオに退いた。

そのパラオが空爆されたのが三月三十日。連合艦隊司令長官古賀峯一《こがみねいち》大将と参謀長福留繁《ふくどめしげる》中将は別々の飛行艇で脱出し、フィリピンのミンダナオ島ダバオに向かった。だが、天気は大荒れ、果たせるかな古賀機は消息を絶ち、福留機はセブ島（フィリピン）ナガ町沖に墜落した。

古賀機はその後の捜索でも発見できず、行方不明となった。福留機の一行はなんとか泳いで海岸にたどりついたが、住民に捕まり、同島の抗日ゲリラ部隊に引き渡された。当時、ゲリラ部隊は日本軍討伐隊に包囲されており、ゲリラ側は日本軍将官と引き替えに当面の討伐中止を要求した。高級将校とあればしかたがない、四月十一日、福留以下九名はこうして生還できた。

これを海軍乙《おつ》事件という。先に撃墜死した山本五十六長官の事件を海軍甲《こう》事件と称したからだ。

こうして二人目の連合艦隊司令長官も不慮の最期を遂げたが、じつはそれ以上に乙事件は重大だった。福留参謀長が持参していた作戦計画などが入った鞄がゲリラの手に渡ったからだ。そのことを海軍首脳は不問に付したが、書類はただちにマッカーサー司令部で翻訳され、米軍は連合艦隊の兵力と作戦の全貌を知ったのである。

●古賀峯一連合艦隊司令長官

●1944年2月17日、連合艦隊最大の泊地・トラック基地へ米軍は大攻勢を仕掛けてきた

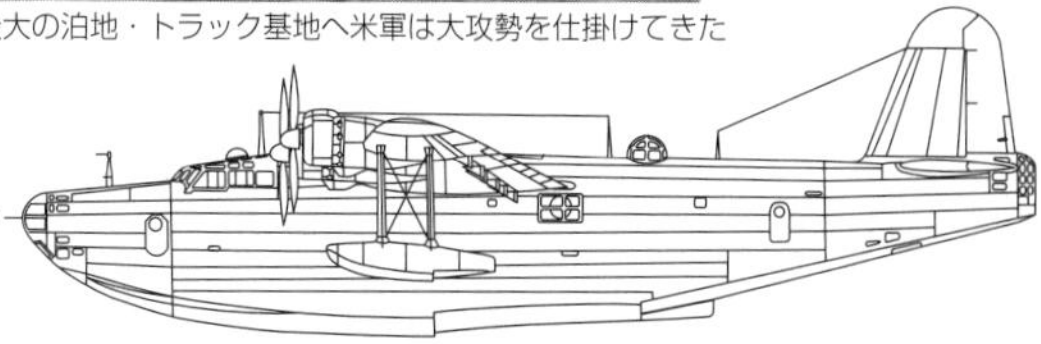

●パラオ脱出に使用された2式飛行艇（2式大艇）

2式飛行艇の飛行ルート
マニラ
セブ島
レイテ島
遭難地点
パラオ諸島
ペリリュー島
予定ルート
ダバオ

●パラオで攻撃を受ける日本艦船

暗号解読で丸裸にされていた連合艦隊

万全の態勢で待ち伏せていた米太平洋艦隊

米軍はついにサイパン島、グアム島攻略の機会をつかんだ。空母一五隻、搭載機九五〇機と多数の艦艇をスプルーアンス大将が引き連れて、上陸部隊を輸送した。

そうはさせじと小沢治三郎《じさぶろう》中将率いる連合艦隊の第一機動艦隊（空母九隻）が、マリアナ沖に進出した。しかし小沢が攻撃態勢を整えたときには、約二万の米軍はサイパンに上陸して（一九四四年六月十五日）四日も過ぎており、守備隊は悪戦苦闘の真っ最中だった。機動部隊の進出がこんなに遅れたのは、米軍はサイパンよりもビアク島（ニューギニア西部）に大挙上陸するのではないかと判断し、そちらに艦隊を動かしていたからである。

サイパン、グアムに来襲する米艦隊を撃滅するために、連合艦隊は付近の島々に五〇〇機前後の戦闘機や爆撃機を配置していたが、米空母機はサイパン上陸前にほとんど壊滅させていた。どこに何機進出しているということがわかっていたからである。その情報源こそ、セブ島のゲリラに奪われた連合艦隊の作戦書類だったのである（前項・海軍乙事件参照）。暗号解読がさらに精度を高めた。

それればかりではない。スプルーアンスの司令部は、小沢機動艦隊が九隻の空母で四六〇機搭載していることや、米空母機が届かない遠い地点からアウトレンジ戦法をとることもわかっていた。すべてはフィリピンの抗日ゲリラが奪った日本海軍の作戦計画書類のおかげだった。もちろん、小沢機動艦隊は自分たちが丸裸にされているとは思いもよらなかった。

スプルーアンスは、自らの任務の第一はサイパンの近くにいて上陸部隊を守ることであるとして、受けて立つ戦術に徹しようとしていた。

●レイモンド・A・スプルーアンス大将

●サイパン上陸作戦の前に、空襲で徹底的に破壊する米軍

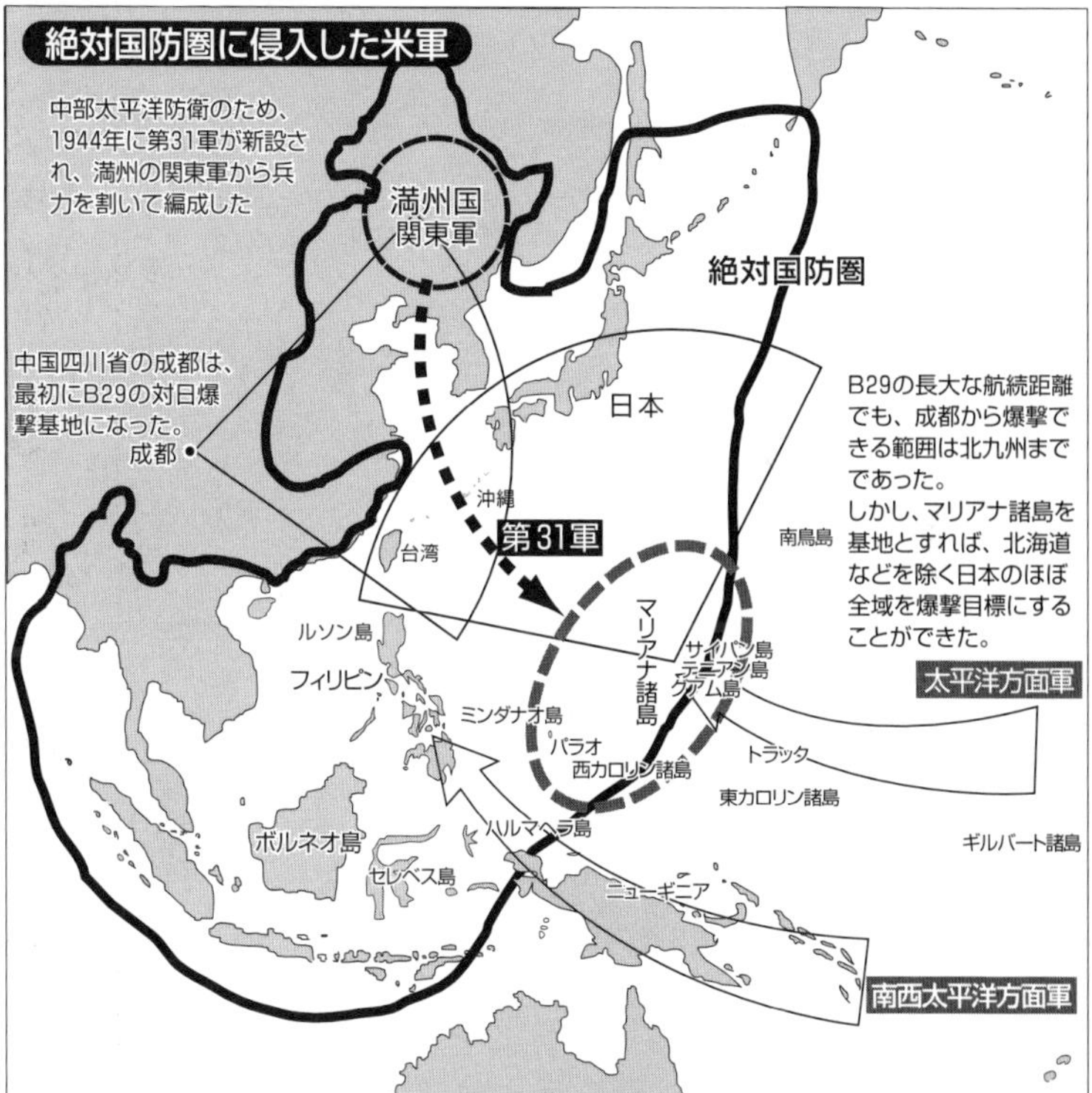
絶対国防圏に侵入した米軍
中部太平洋防衛のため、1944年に第31軍が新設され、満州の関東軍から兵力を割いて編成した
満州国
関東軍
絶対国防圏
中国四川省の成都は、最初にB29の対日爆撃基地になった。
成都
日本
B29の長大な航続距離でも、成都から爆撃できる範囲は北九州までであった。
しかし、マリアナ諸島を基地とすれば、北海道などを除く日本のほぼ全域を爆撃目標にすることができた。
沖縄
第31軍
台湾
南鳥島
マリアナ諸島
ルソン島
サイパン島
テニアン島
グアム島
太平洋方面軍
フィリピン
ミンダナオ島
パラオ
トラック
西カロリン諸島
東カロリン諸島
ハルマヘラ島
ボルネオ島
ギルバート諸島
セレベス島
ニューギニア
南西太平洋方面軍

マリアナ沖海戦2

ああ「マリアナの七面鳥撃ち」

卓上作戦に終わった日本海軍のアウトレンジ戦法

一九四四年六月十九日早朝、十分な索敵で米空母の位置をつかんだ小沢機動部隊は、三二六機を五群に分けて発進させた。距離は約七〇〇キロ。日本機より大型で重い米空母機の飛行（半径）距離は四六〇キロ前後だから、敵空母機に襲われる心配はない。それがアウトレンジ戦法の意味だった。

当時の連合艦隊司令部は軽巡「大淀《おおよど》」で、瀬戸内海の柱島《はしらじま》にいた。小沢艦隊から「無事発進」の報告電が届いたとき、司令長官豊田副武《そえむ》大将以下全員が「成功」「勝った」と確信した。

ところが、結果はまことに意外だった。

第一、米空母の方向に正しく飛行したグループは、その約一〇〇キロの手前で米戦闘機F6Fヘル・キャットの待ち伏せを受け、次つぎに狙い撃ちされた。高々度から追いかけられて、多くは蛇行さえもしないで（未熟ということ）、ただ真っ直ぐに逃げるだけの日本機を、彼らは「マリアナの七面鳥撃ち」とあざけった。

第二に、戦闘機の攻撃を辛うじてくぐり抜け米空母に近づいた日本機は、激しい対空砲火にさらされた。弾は飛行機の手前で炸裂し、弾の破片で飛行機は破壊された。熱を感じて作動するVT信管（近接作動信管）付きの新型砲弾だったのだ。

第三に、発進した攻撃機のうち約四割は米空母を発見すらできなかった。

第四に、アウトレンジしているはずの日本艦隊は潜水艦の攻撃を受け、空母三隻が撃沈された。搭載機は約一〇〇機に激減した。

米艦隊は、空母に損傷なく、戦艦に一発命中、至近弾一発、舷側激突一機の被害を受けただけだった。こうして、粒粒辛苦して再建した日本の機動部隊は一日で壊滅したのである。

信管別に見た砲弾の爆発のしかたの違い

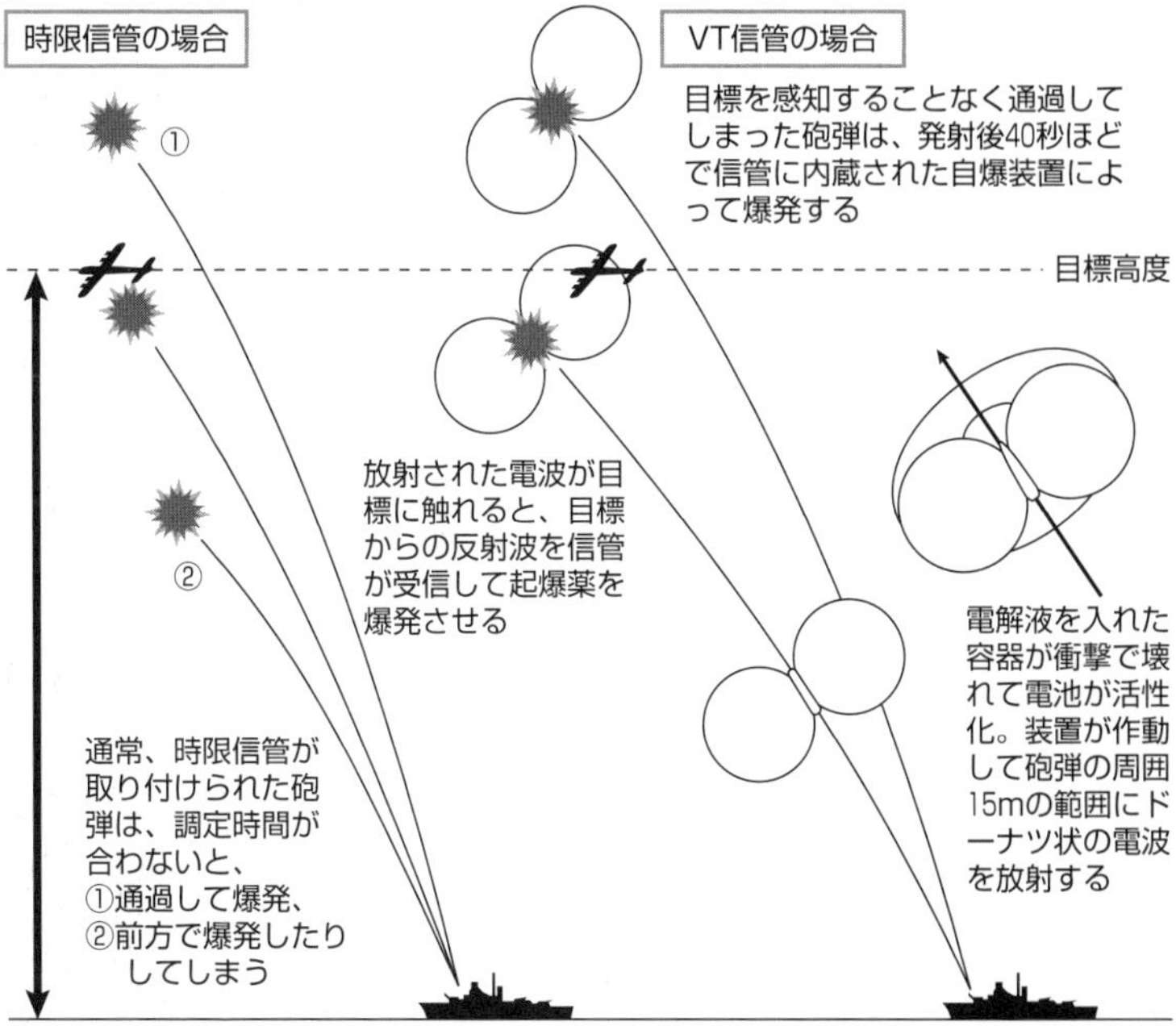
時限信管の場合
①
②
通常、時限信管が取り付けられた砲弾は、調定時間が合わないと、
①通過して爆発、
②前方で爆発したりしてしまう
VT信管の場合
目標を感知することなく通過してしまった砲弾は、発射後40秒ほどで信管に内蔵された自爆装置によって爆発する
目標高度
放射された電波が目標に触れると、目標からの反射波を信管が受信して起爆薬を爆発させる
電解液を入れた容器が衝撃で壊れて電池が活性化。装置が作動して砲弾の周囲15mの範囲にドーナツ状の電波を放射する

●マリアナ沖海戦で航空攻撃される日本の艦船

●火を吹き、撃墜された日本機

日本軍と運命をともにした二万の邦人

民間人も巻き込んだ「バンザイ・クリフ」の悲劇

アメリカがサイパン、グアム、テニアンといったマリアナ諸島の攻略に全力を傾けたのは、そこからなら「超空の要塞・重爆撃機Ｂ29」で東京一帯を爆撃できるからだ（往復約五〇〇〇キロ）。

六月十一日から四日間にわたって連日五〇〇機近い艦上爆撃機がサイパン島に爆弾の雨を降らせた。十三日からは艦砲射撃も始まり、日本軍守備隊の主要な砲台・陣地は破壊された。

サイパン守備隊は、陸軍約二万八〇〇〇、海軍約一万五〇〇〇で、中部太平洋方面艦隊司令長官南雲忠一《なぐもちゅういち》中将（あの真珠湾奇襲部隊の指揮官だった）が総指揮官となっていた。陸軍の総指揮官はパラオ視察中で、最後まで帰れなかった。

六月十五日、米軍はチャランカノア海岸に上陸を始めた。日本軍は伝統に則《のっと》り水際で防ごうとして敢闘、上陸軍二万のうち一割を死傷させた。

日本軍は米軍の橋頭堡《きょうとうほ》に夜襲をかけたが、照明弾が戦場を真昼のように照らし出し、艦砲射撃も加わって失敗した。その後は米軍に追われるようにして北上しつつゲリラ戦を展開、島中央のタッポーチョー山で激しく抵抗した。戦闘一週間、一人の米軍師団長を更迭《こうてつ》させるほどの徹底抗戦だったが、その激戦の最中、大本営はサイパン放棄を決定した（二十四日）。マリアナ沖海戦敗北を知らされたからである。絶対国防圏の東の鎖が破れ、東条内閣総辞職の原因となった。

七月七日、北部のマダンシャで生き残り将兵が〝バンザイ突撃〟を敢行、サイパンは玉砕した。

避難帰国が遅れた約二万の邦人も北へ逃げ、北端のマッピ岬で絶望のあまり多く（八〇〇〇人とも一万二〇〇〇人とも）が岬から身を投げた。岬はいまでも「バンザイ・クリフ」と呼ばれる。

●サイパン在住の日本民間人は、北の岬に追い詰められ、断崖から次々と身を投じていった。のちに米軍はこの断崖を「バンザイ・クリフ」と呼んだ

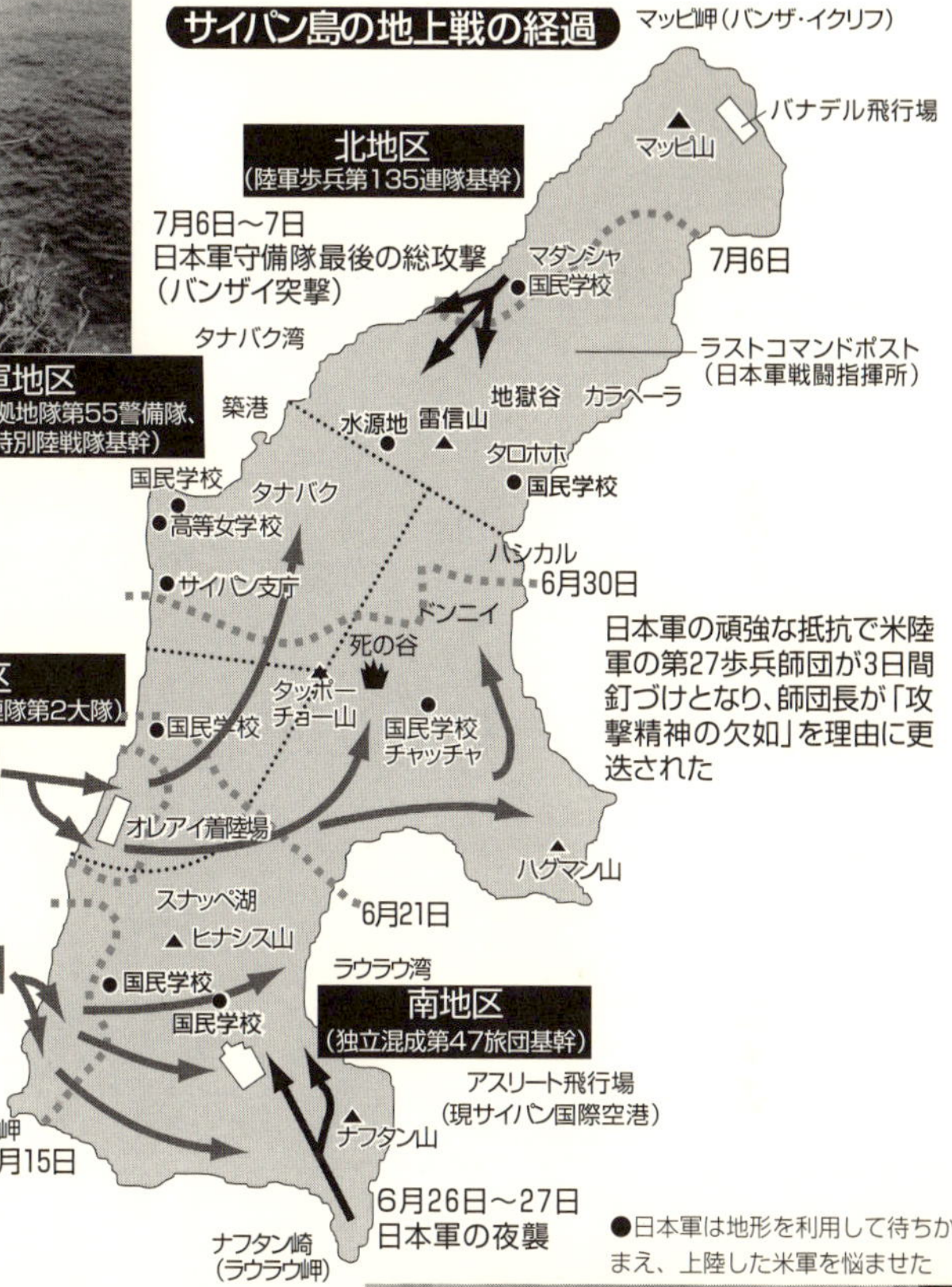
サイパン島の地上戦の経過
マッピ岬（バンザ・イクリフ）
バナデル飛行場
マッピ山
北地区
（陸軍歩兵第135連隊基幹）
7月6日〜7日
日本軍守備隊最後の総攻撃
（バンザイ突撃）
マダンシャ
国民学校
7月6日
タナバク湾
ラストコマンドポスト
（日本軍戦闘指揮所）
海軍地区
（陸軍歩兵第5根拠地隊第55警備隊、
横須賀第1特別陸戦隊基幹）
築港
地獄谷
カラベーラ
水源地
雷信山
タロホホ
国民学校
国民学校
タナバク
高等女学校
ハシカル
サイパン支庁
6月30日
ドンニイ
日本軍の頑強な抵抗で米陸軍の第27歩兵師団が3日間釘づけとなり、師団長が「攻撃精神の欠如」を理由に更迭された
死の谷
中地区
（陸軍歩兵第136連隊第2大隊）
タッポーチョー山
国民学校
国民学校
チャッチャ
第2海兵師団
オレアイ着陸場
ハグマン山
スナッペ湖
6月21日
ヒナシス山
第4海兵師団
ラウラウ湾
国民学校
国民学校
南地区
（独立混成第47旅団基幹）
ランディング・ビーチ
（米軍上陸地点）
アスリート飛行場
（現サイパン国際空港）
アギーガン岬
6月15日
ナフタン山
6月26日〜27日
日本軍の夜襲
ナフタン崎
（ラウラウ岬）

●日本軍は地形を利用して待ちかまえ、上陸した米軍を悩ませた

●米軍に保護されたサイパン住民

台湾沖航空戦

四〇〇機の攻撃機を失った大混戦の真相

「米機動部隊壊滅!」――幻の大戦果はこうしてつくられた

サイパンやグアム、テニアン（いずれも玉砕）を占領した米軍は以後、わがもの顔で進攻作戦を行なった。対する日本軍は完全にヒステリックになり、事実を正しく見ようとする目を完全に失った。その最初の例が台湾沖航空戦である。

一九四四年（昭和十九）十月十日、沖縄の那覇市が大空襲され焼け野原となった。ハルゼー大将率いる空母一七隻を擁する大艦隊の攻撃だった。十二日には台湾の新竹基地も空襲された。

これに対し台湾や九州南部、フィリピンの日本軍基地から反撃の航空部隊が出撃した。多くは夜間出撃で、十五日までの四日間に延べ約六五〇機が出撃した。その戦果を大本営は「空母一一隻を撃沈、八隻を撃破し、多数の戦艦、巡洋艦を撃沈、撃破」と発表した。つまり、米機動艦隊を壊滅したと同様であると公表したのである。

しかし事実は、空母は一隻も沈んでいなかったし、わずかに巡洋艦二隻が少々やられた程度だった。誤った戦果発表は、戦地から帰ってきた搭乗員の報告をひたすら信頼し、ただ積み上げていったからだった。夜間の戦果確認は難しい。味方機が海中に突っ込んで火柱が上がっても敵艦轟沈《ごうちん》と見間違うらしかった。

連合艦隊は戦果の大誤報にしばらくして気づいたが、すでに祝賀の提灯行列も出ており、天皇陛下からもお褒《ほ》めの言葉を賜《たまわ》っていた。「真っ赤なウソでした」と言い出す勇気はなかった。大本営発表で正しかったのは「飛行機未帰還機三一二機」だけで、実際はもっと多かったろうといわれる。

沖縄・台湾空襲は目前に迫ったフィリピン上陸作戦の援護であり、戦果を誤認させ、多数の飛行機を失わせたハルゼー大将はご満悦だった。

台湾沖航空戦の「絵付き」発表内容

昭和19年10月17日発表（途中経過の戦果発表）

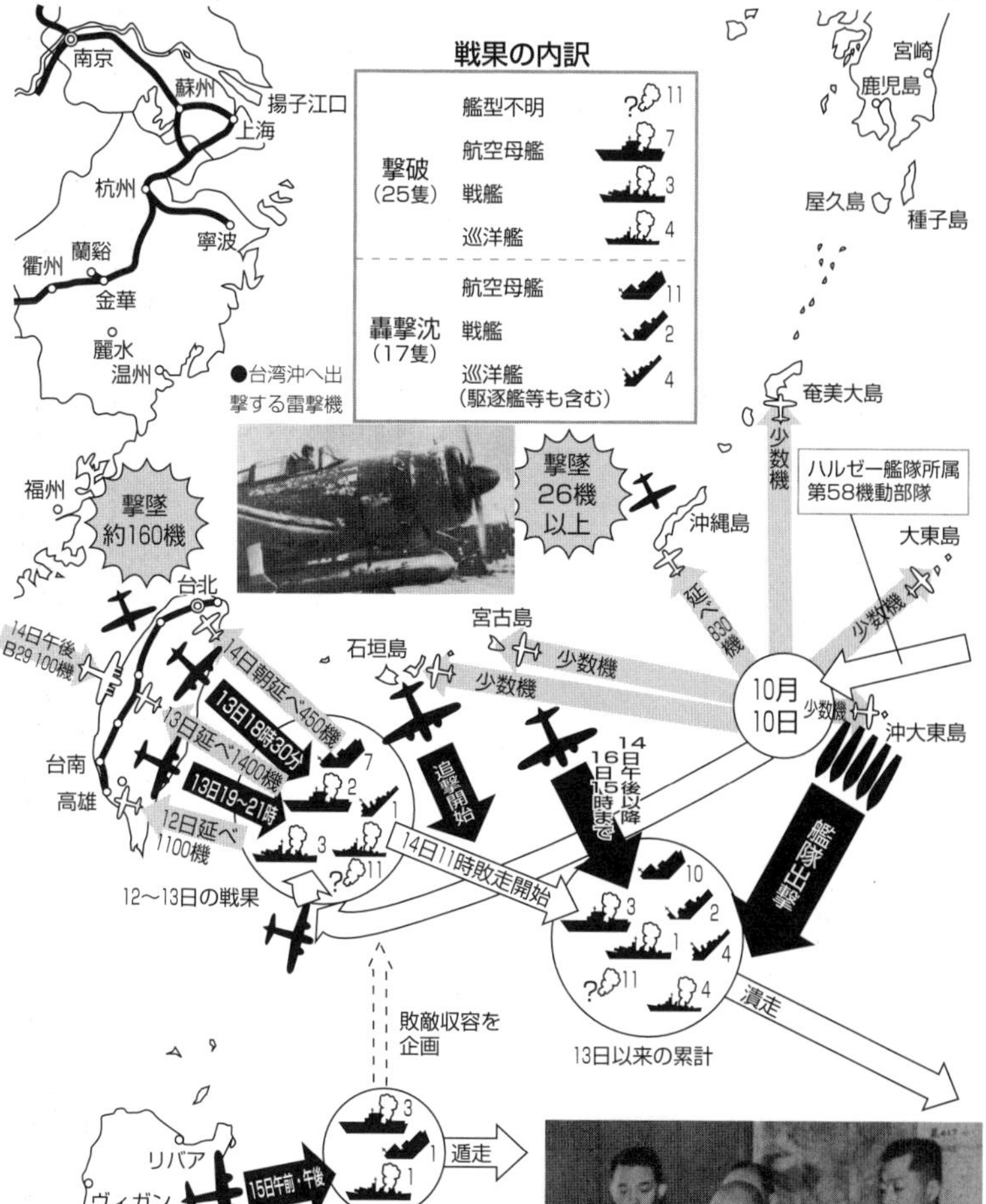

戦果の内訳
撃破（25隻）
艦型不明 11
航空母艦 7
戦艦 3
巡洋艦 4
轟撃沈（17隻）
航空母艦 11
戦艦 2
巡洋艦（駆逐艦等も含む） 4
南京
蘇州
揚子江口
上海
杭州
寧波
蘭谿
衢州
金華
麗水
温州
福州
撃墜 約160機
撃墜 26機以上
宮崎
鹿児島
屋久島
種子島
奄美大島
少数機
ハルゼー艦隊所属 第58機動部隊
沖縄島
大東島
延べ830機
少数機
宮古島
石垣島
少数機
少数機
10月10日
少数機
沖大東島
台北
14日午後 B29 100機
14日朝延べ450機
13日18時30分
13日延べ1400機
13日19~21時
12日延べ1100機
台南
高雄
追撃開始
14日午後以降16日15時まで
艦隊出撃
14日11時敗走開始
12〜13日の戦果
13日以来の累計
潰走
敗敵収容を企画
リバア
ヴィガン
15日午前・午後
遁走

●台湾沖へ出撃する雷撃機

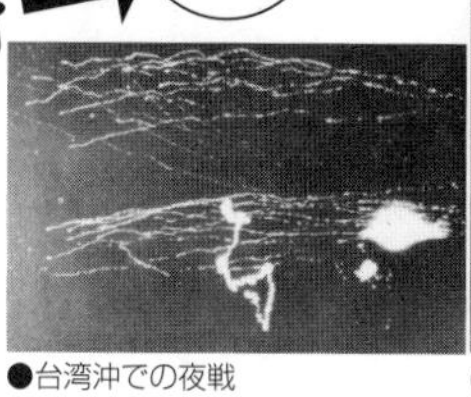

●台湾沖での夜戦

●台湾沖航空戦の「大戦果」を発表する大本営

捷一号作戦1

レイテ決戦はなぜ行なわれたのか?

台湾沖航空戦の勝利を信じた寺内軍司令官の愚挙

台湾沖航空戦で天皇陛下にほめられたばっかりに、アメリカの機動部隊を全滅させたのは「真っ赤なウソでした」と言い出せなかった海軍の態度は、その後、重大な影響を与えた。それを信じきった陸軍が、レイテ島に上陸した米軍に対し、「神機到来」として決戦を挑んだのだ。

日本軍はその直前に、米軍がフィリピンに上陸したらルソン島で決戦することに決定し、その準備を進めていたのである。だから、レイテ島には米軍が上陸したタクロバン付近に一個師団程度しかいなかった。あらためて決戦するには大軍をレイテ島に派遣しなければならない。

フィリピン防衛の最高指揮官山下奉文《ともゆき》大将は、フィリピンに飛来する米軍機の数がまったく減らないことから、米機動部隊の全滅は誤報であると考えた。それを全面的に支持したのは、台湾沖航空戦に出撃したパイロットから直接事情聴取した大本営陸軍部の情報将校堀栄三少佐だけだったが、やがてフィリピンで捕まった米軍パイロットに対する憲兵の尋問で誤報が裏づけられた。

それでも南方軍総司令官寺内寿一元帥はレイテ決戦を山下大将に命令した。やむなく輸送船でルソン島から続々と決戦部隊が送られた。しかし輸送船は大半が途中で撃沈され、辛うじて上陸した部隊も、完全武装の米軍にさんざんに撃破された。十一月~十二月(一九四四年)のレイテ決戦の戦死者は約一〇万である。

そんな無謀な戦いを挑もうとしている陸軍に、海軍は台湾沖航空戦の真相を知らせなかった。これはもう犯罪としか言いようがない。各種情報を添えてレイテ決戦の無謀さを訴えた山下大将の直言に耳を貸さなかった寺内元帥もまた同罪だ。

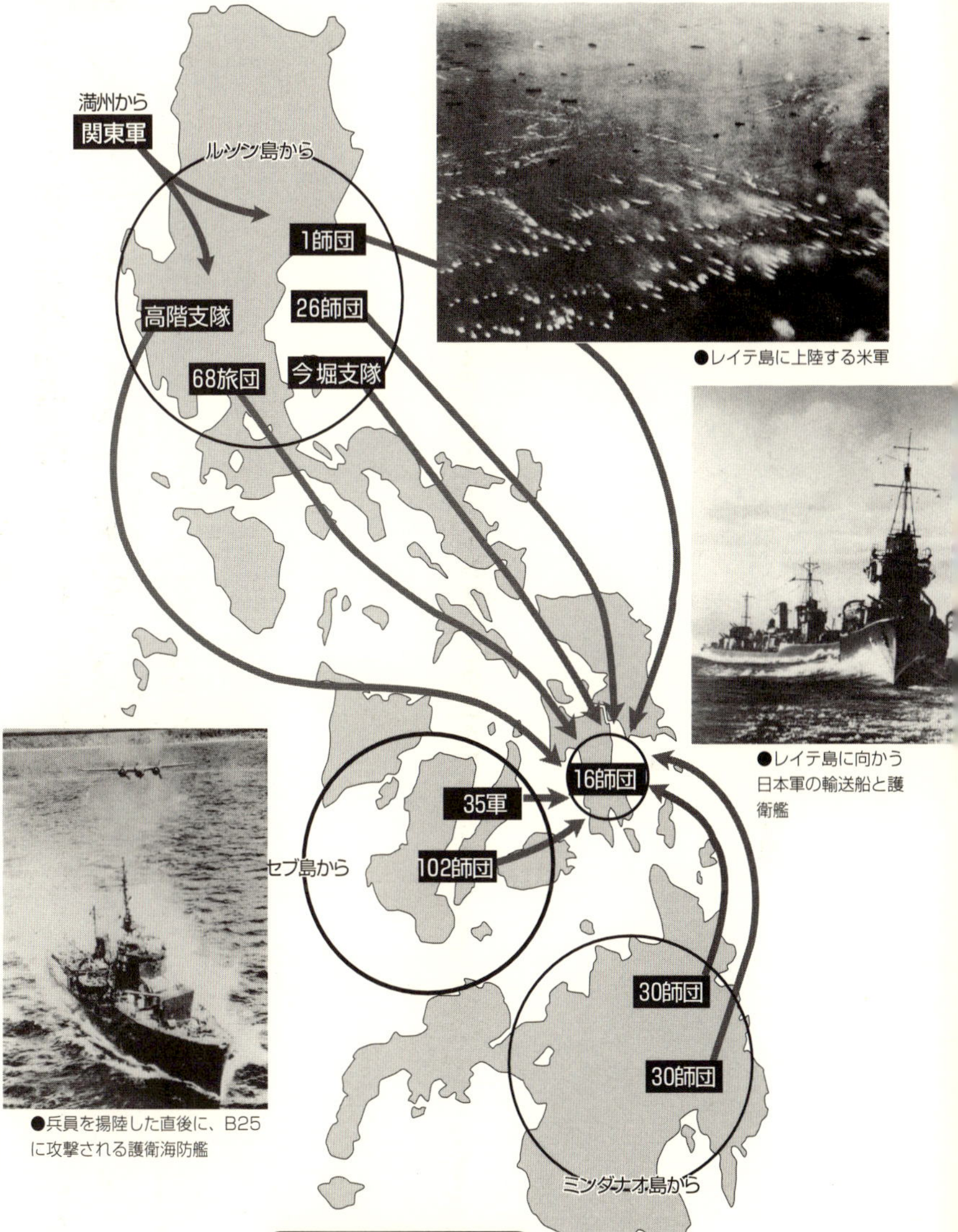
満州から
関東軍
ルソン島から
1師団
高階支隊
26師団
68旅団
今堀支隊
16師団
35軍
セブ島から
102師団
30師団
30師団
ミンダナオ島から

レイテ島への兵力投入

●レイテ島に上陸する米軍

●レイテ島に向かう日本軍の輸送船と護衛艦

●兵員を揚陸した直後に、B25に攻撃される護衛海防艦

捷一号作戦2

フィリピン上空に乱舞したカミカゼ

米軍を恐怖に陥れた体当たり戦法の狂気

一九四四年十月二十日、マッカーサー大将指揮の米軍が大挙してフィリピンのレイテ島に上陸したとき、台湾沖航空戦と直接の航空基地爆撃で、日本軍のルソン島クラーク基地（第一航空艦隊）にはわずかな飛行機しか残っていなかった。堂々と編隊を組んで出撃するにはほど遠かった。

米軍上陸直前に司令長官として赴任したのが大西瀧治郎《たきじろう》中将だった。まもなく連合軍の進攻をフィリピンで阻止するため決戦を挑むという「捷《しょう》一号作戦」（捷は勝）が発令された。大西は軍令部との打ち合わせどおり、飛行機ごと敵艦艇に体当たりさせる戦法を部下に「相談した」という。

神風《しんぷう》特別攻撃隊が編成された。カミカゼの誕生である。零戦に爆弾を積んで二十一日から出撃した。最初の戦果が加藤豊文兵曹長以下の菊水隊二機で、空母二隻に体当たりして大火災を起こさせた。関行男大尉以下の敷島《しきしま》隊五機は空母三隻の体当たりに成功、うち「セント・ロー」は格納庫が爆発して沈没した（いずれも十月二十五日）。

これがきっかけで続ぞくと特攻隊が編成され、やがて陸軍航空隊も参加した。翌年一月中旬、航空部隊がフィリピンを離れるまでに陸海合わせて約八〇〇機が特攻機となった。

体当たり機の出現はさすがに米軍を驚愕させ、恐怖に陥れた。一機や二機が偶然にやむなく突っ込んでくるのではない。出撃のときからその気でやってくるのを避けるのは難しかった。特攻機を発見して思わず素手で甲板にタコツボを掘ろうとした米兵もいたという。

カミカゼの出現はもはや日本が戦争遂行能力を失ったことを意味していたが、「体当たり」してでも特攻を止めようとした者は一人もいなかった。

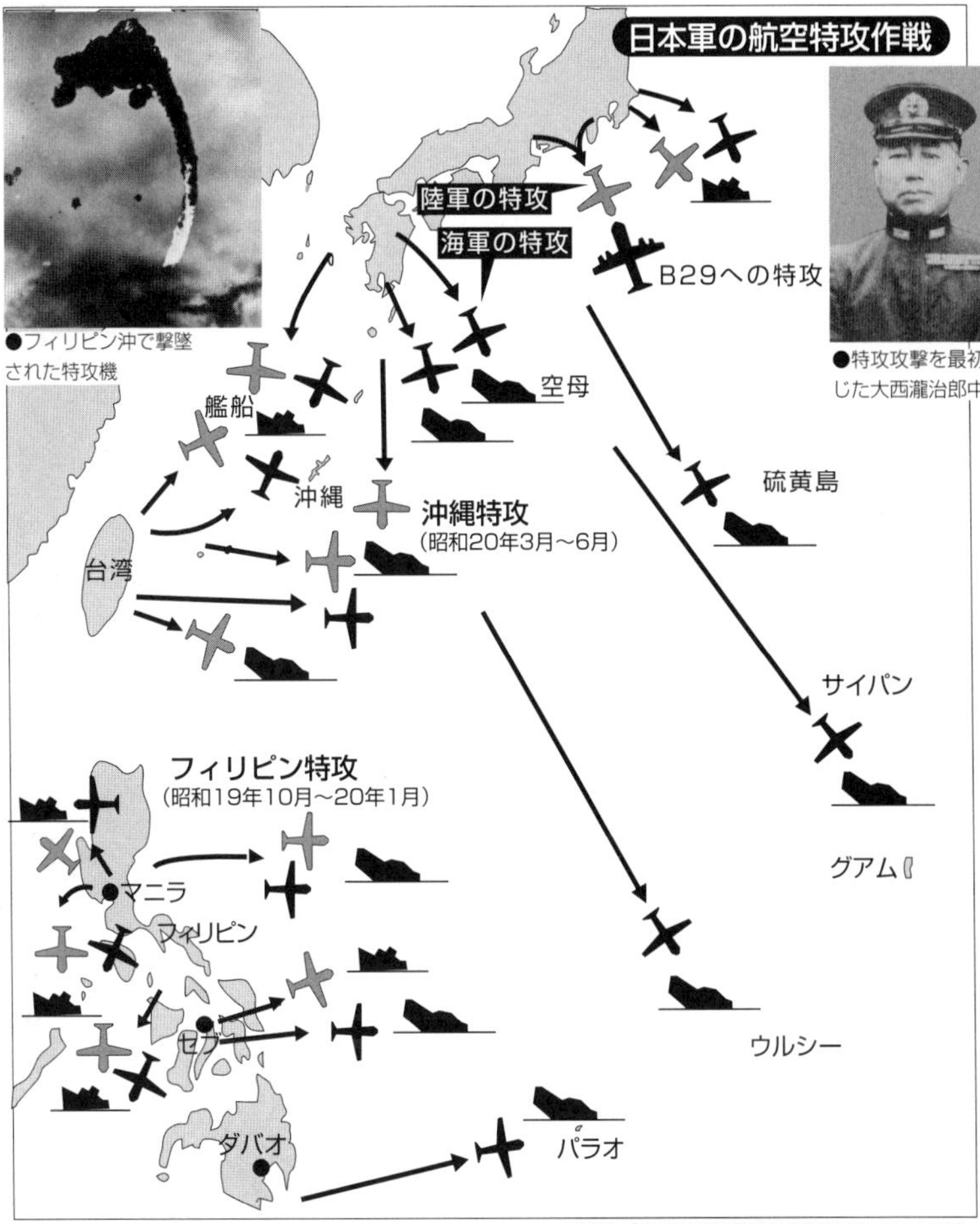

日本軍の航空特攻作戦
陸軍の特攻
海軍の特攻
B29への特攻
空母
艦船
沖縄
沖縄特攻
(昭和20年3月～6月)
硫黄島
台湾
サイパン
フィリピン特攻
(昭和19年10月～20年1月)
グアム
マニラ
フィリピン
セブ
ウルシー
ダバオ
パラオ

●フィリピン沖で撃墜された特攻機

●特攻攻撃を最初に命じた大西瀧治郎中将

●敷島隊が体当たりし炎上する米護衛空母「セント・ロー」

●前代未聞の体当たり攻撃に米兵は怯えた

日本海軍最後の大作戦「レイテ沖海戦」

米軍も混乱――「第三四任務部隊はいずこにありや」

マリアナ沖海戦で空母部隊こそ全滅したが、日本海軍にはまだ戦艦九隻と重巡一四隻が残っていた。開戦以来、戦艦は三隻、重巡は四隻しか沈んでいなかったからだ。航空戦中心で戦ってきたから、十分な使い道がなかったのである。

このような情況のもと、米軍がレイテ島上陸作戦を敢行してきた。連合艦隊は持てる戦艦・重巡を総動員して上陸地点を襲い、敵の軍艦や輸送船を壊滅させる作戦に出た。ただし航空支援はない。

艦隊は三群に分かれて出動した。主隊は栗田艦隊（栗田健男中将指揮）である。途中、内海のシブヤン海で米空母部隊の空襲を受けて、巨艦「武蔵」（「大和」と同型艦）が撃沈された。その後もレイテへ向けて進撃したが、外洋に出たところで米護衛空母部隊と遭遇、海戦となった。「大和」と「長門《ながと》」が自慢の主砲を発射したのはこの海戦が初めてだったが、数隻の軍艦を失った。

「武蔵」を沈めた艦隊は、ハルゼー大将指揮下の「第三八任務部隊」だが、ハルゼーはその後、小沢中将の空母部隊を撃滅するため、艦隊を北上させた。小沢は空母四隻を率いていたとはいえ、その航空隊は訓練未熟で戦力にならない。それでも出撃したのは米空母部隊を引きつけるための囮《おとり》だったのだ。ハルゼーはまんまと引っかかる。

ハルゼーは北上にあたって、栗田艦隊がそれでもレイテへ向かうのであれば「第三四任務部隊」を編成して迎撃させるとした。だが、部隊は編成されなかった。レイテへ向かう栗田艦隊と米護衛空母部隊の海戦が始まったとき、ハワイのニミッツ長官は「第三四任務部隊はいずこにありや、世界は訝《いぶか》っている」とおおげさに打電、ハルゼーは面目を失った。米軍も相当混乱していたのだ。

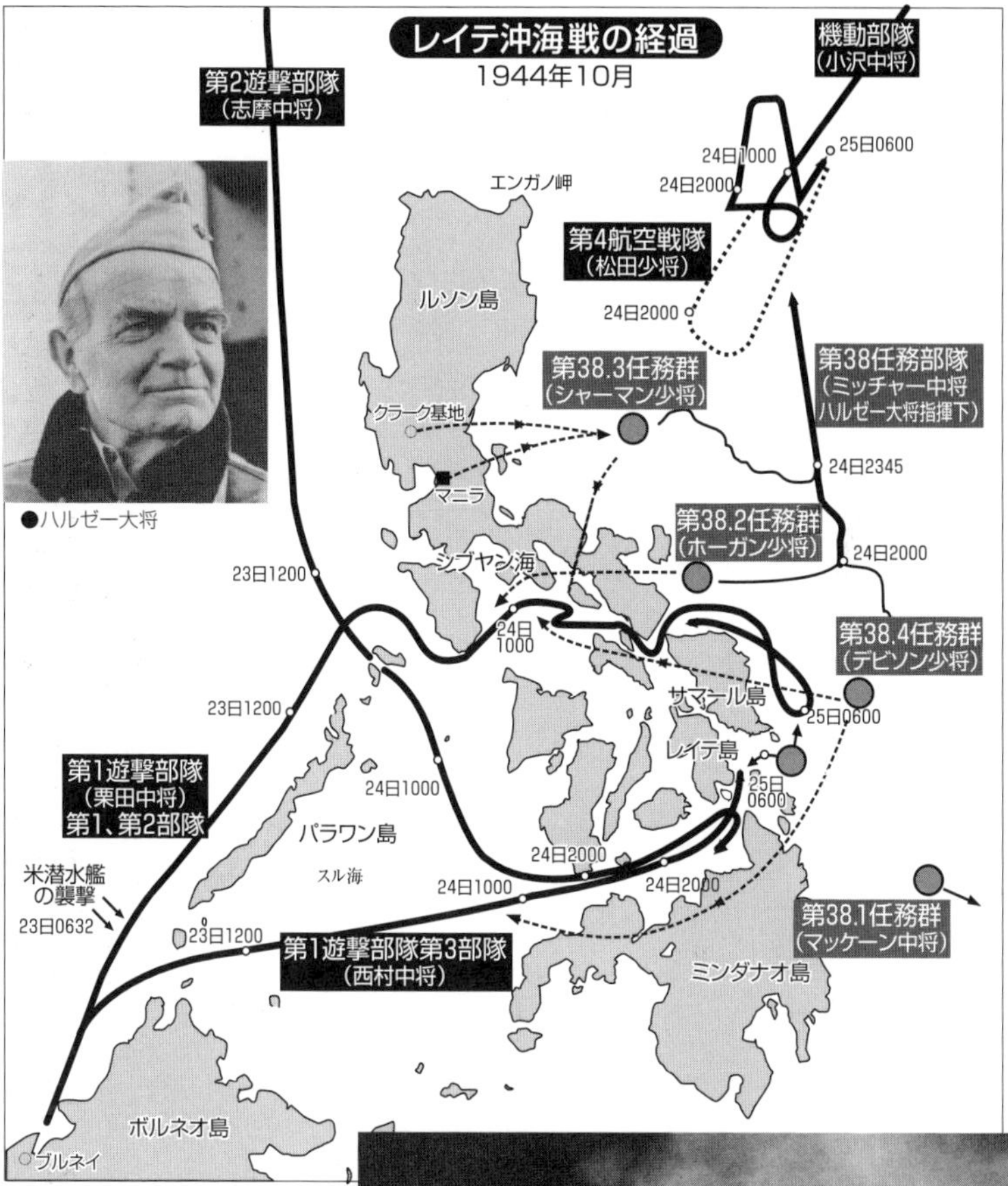
レイテ沖海戦の経過
1944年10月
第2遊撃部隊
(志摩中将)
機動部隊
(小沢中将)
24日1000
25日0600
24日2000
エンガノ岬
第4航空戦隊
(松田少将)
24日2000
ルソン島
第38.3任務群
(シャーマン少将)
第38任務部隊
(ミッチャー中将
ハルゼー大将指揮下)
クラーク基地
マニラ
24日2345
第38.2任務群
(ホーガン少将)
24日2000
シブヤン海
23日1200
24日
1000
第38.4任務群
(デビソン少将)
23日1200
サマール島
25日0600
レイテ島
25日
0600
第1遊撃部隊
(栗田中将)
第1、第2部隊
24日1000
パラワン島
24日2000
米潜水艦
の襲撃
スル海
24日1000
24日2000
第38.1任務群
(マッケーン中将)
23日0632
23日1200
第1遊撃部隊第3部隊
(西村中将)
ミンダナオ島
ボルネオ島
ブルネイ

●ハルゼー大将

●栗田艦隊の追撃から必死に遁走する米空母「ガンビア・ベイ」

捷一号作戦4

栗田艦隊はなぜ反転したのか？

敵前脱出——いまだ明かされない「太平洋戦争の最大の謎」

栗田艦隊と米護衛空母部隊との海戦は「サマール（島）沖海戦」（一九四四年十月二十五日）といわれる。問題のレイテ島はサマール島のすぐ西側にある。「レイテ沖海戦」はこのサマール沖海戦を含めて四つの海戦の総称だ。

栗田艦隊は出撃時、軍艦（戦艦、重巡、軽巡など）一七隻、駆逐艦一五隻だったが、サマール沖海戦が終わったとき軍艦八隻、駆逐艦一〇隻に減っていた。それでも気をとり直し、艦艇を集合させて最大の目的であるレイテ湾に向け進撃した。

午後一二時三〇分（二十五日）、レイテまで約八〇キロという地点に到達した。いよいよなぐり込みである。

ところが突然、栗田長官は「突入中止！　反転……北へ変針」と命令した。傍らの幕僚たちが驚き、つかみかからんばかりに「なぜ！」「長官、逃げるのですか！」「航海長、血迷うな、レイテはあっちだ！」（変針命令は航海長から操舵手に伝達される）などと詰め寄った。しかし、栗田は反転命令を取り消さない。捷一号作戦の水上部隊による最大の目的はここで放棄された。

栗田は戦後、反転の理由について真相を詳しく述べないまま死んだ。米国戦略爆撃調査団の質問には、狭い湾内では艦隊の動きが窮屈で、十分な戦果が得られない、それよりも外海で強力な艦隊と戦うほうがよいと思った、と答えている。

その強力な艦隊とは、米空母部隊が北方至近距離にいるという三時間前の電報のことを指していた。しかしながら、その電報はいまだに発信者不明であるという。ナゾは深まるばかりだが、栗田と中学同級で、有名な海軍記者だった伊藤正徳には「非常に疲れていたので」と語ったという。

レイテ沖海戦10月25日午前の状況

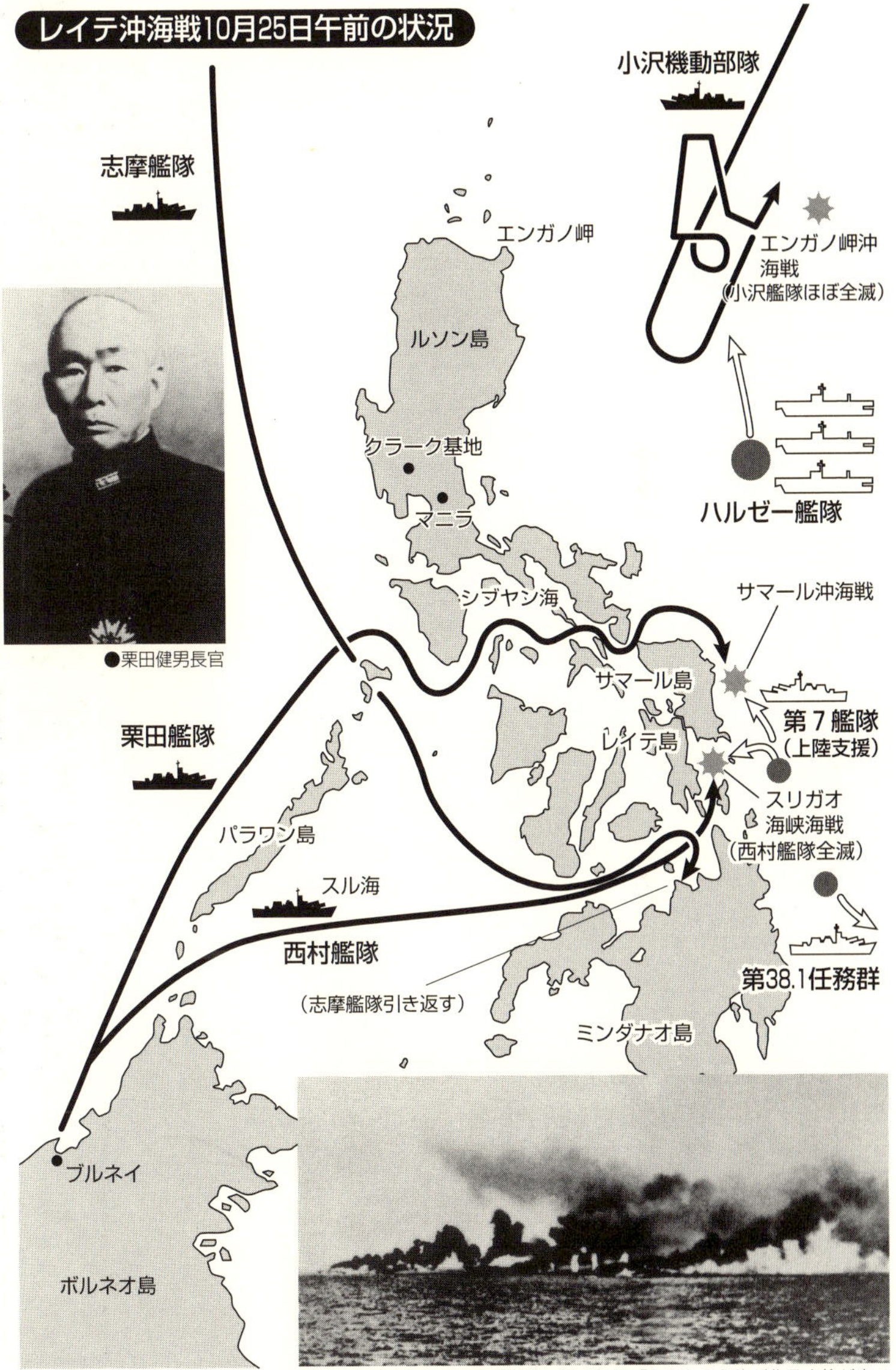
小沢機動部隊
志摩艦隊
エンガノ岬
エンガノ岬沖
海戦
（小沢艦隊ほぼ全滅）
ルソン島
クラーク基地
マニラ
ハルゼー艦隊
シブヤシ海
サマール沖海戦
サマール島
栗田艦隊
第７艦隊
（上陸支援）
レイテ島
スリガオ
海峡海戦
（西村艦隊全滅）
パラワン島
スル海
西村艦隊
第38.1任務群
（志摩艦隊引き返す）
ミンダナオ島
ブルネイ
ボルネオ島

●栗田健男長官

●煙幕を張って姿を隠そうとする米駆逐艦。近くには「大和」の主砲が作る水柱が立つ

捷一号作戦5

戦場に初出撃した戦艦「大和」「武蔵」

日本が熱望した「艦隊決戦」はなぜ起きなかったのか？

「大和」は昭和十六年（一九四一）十二月、開戦直後に完成した。「武蔵」の完成は翌年七月。ともに満載時で七万二〇〇〇トン、世界最大の戦艦だった。その四六センチ主砲は仰角四五度で発射すると砲弾は一万一九〇〇メートルまで上がり、九〇秒後に四万メートル先の敵艦に命中するようにできていた。実際の戦闘では四〇秒に一発撃つことになっていた。四万メートル先の敵艦を一五メートル測距儀《そっきょぎ》という光学器械で測ったが、半分は勘だったという。

そんな「大和」「武蔵」が初めて実際の戦闘に参加したのがレイテ沖海戦だった。四ヵ月前のマリアナ沖海戦（一九四四年六月十九日）にも出撃したが、ほとんど戦闘をしていない。「大和」も「武蔵」も、大艦隊が攻めてきたときに、相手の主砲が届かないところから主砲をガンガン撃って、敵艦を沈めるという発想で造られた。しかし、現実には米艦隊は戦艦や重巡だけの艦隊で押し寄せるということはなく、空母の護衛としてついてきた。「大和」「武蔵」には出番がなかったのだ。

レイテ沖海戦は両艦とも栗田艦隊に属したが、空母はなく、フィリピン各航空基地からの航空支援もまったくなかった。だから、捷一号作戦での「大和」「武蔵」、その他の総出撃は苦しまぎれの、これしか方法がないから行なわれたにすぎない。「大和」「武蔵」が健在なのに、「もう戦えません」とは口が裂けても言えなかったのだ。

途中のシブヤン海でまず「武蔵」がやられた（シブヤン海海戦）。続くサマール沖海戦で、米護衛空母（主に飛行機輸送を担当）部隊と遭遇し、「大和」は実戦で初めて主砲を本格的に発射したが（最大距離三万七〇〇〇メートル）、具体的戦果はわからない。

●シブヤン海で米機動部隊艦載機の攻撃を受け、逃げまどう戦艦「武蔵」

●戦艦「大和」。1941年竣工後公試運転中のもの

インパール作戦

無能指揮官が生んだ「白骨街道」

飢餓地獄の将兵を尻目に〝敵前逃亡〟した最高指揮官

インパールは、ビルマ国境に近いインド領で英軍基地があった。そこを攻略してビルマ防衛を固め、あわよくばそこからディマプールにでも攻め込もうとしたのがインパール作戦（一九四四年三月～七月）だった。だからチャンドラ・ボースのインド国民軍（70頁参照）も参加した。

インパール作戦は牟田口廉也《むたぐちれんや》中将のごり押しで一年がかりのすったもんだの末、ようやく決まったいわくつきの作戦だった。部下の参謀長や師団長はコゾッテ反対し、上級部隊の司令官も最初は賛成ではなかった。問題は二つ。一つはチンドウィン河を渡り、アラカン山脈を踏破《とうは》するには補給が続かないことがはっきりしていたこと、一つはこの時期（一九四三年秋から四四年）、そもそもインド攻略に何の意味があるのか、いまさら進攻作戦ではないという根本的疑問だった。

それでも牟田口は更迭《こうてつ》されず、作戦が始まった。二週間もすると案の定、食糧がなくなった。食糧用に万を超える牛を徴発、連れて行ったが、途中でほとんど死んでしまった。一時はインパールを半ば孤立させるほどに迫ったが、攻撃しようにも弾薬がなかった。英軍は飛行機で補給を続けた。

やがて雨季になった。撤退命令が出されたとき、出撃三個師団の将兵は飢え、疲労困憊《こんぱい》していた。追撃の英印軍にも打ち倒され、多くの将兵が山中に、路傍に倒れた。「定員一万六〇〇〇内外の各師団の実兵力は、作戦の終末には三〇〇〇～五〇〇〇に激減し、火砲も大半を失った」のである。

牟田口第一五軍司令官はやっと更迭されたが（〝参謀本部付〟という無役）、腹をすかし、病気となって白骨街道を退却しつつある部下をそのままにして、参謀本部のある東京に逃げ帰ったのだ。

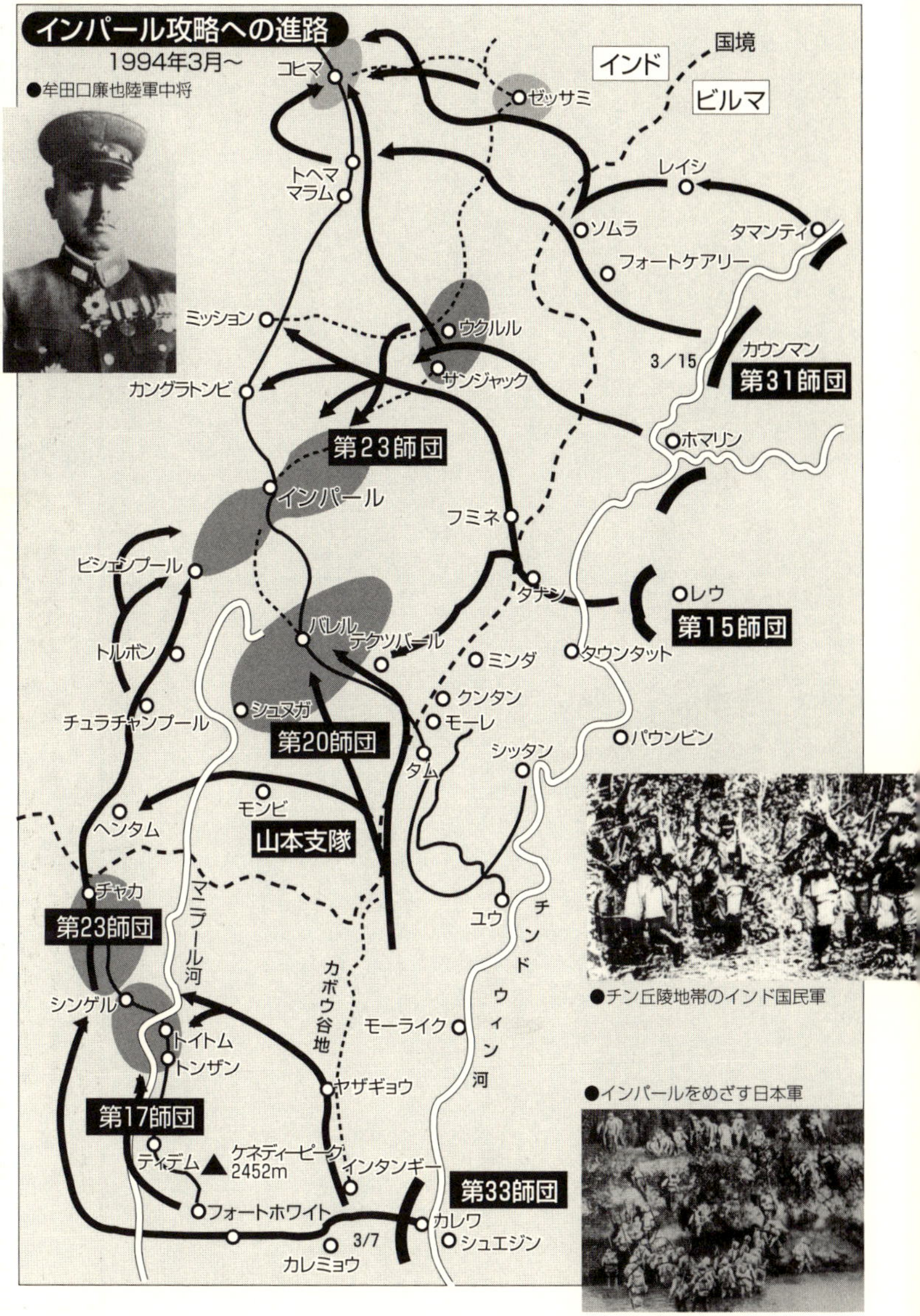
インパール攻略への進路
1994年3月～
コヒマ
ゼッサミ
インド
ビルマ
国境
トヘマ
マラム
レイシ
ソムラ
タマンティ
フォートケアリー
ミッション
ウクルル
サンジャック
カウンマン
3／15
第31師団
カングラトンビ
ホマリン
第23師団
インパール
フミネ
ビシェンプール
タナン
レウ
第15師団
バレル
テクツバール
トルボン
ミンダ
タウンタット
シュヌガ
クンタン
チュラチャンプール
モーレ
第20師団
パウンビン
シッタン
タム
モンビ
ヘンタム
山本支隊
チャカ
ユウ
マニプール河
第23師団
カボウ谷地
チンドウィン河
シンゲル
モーライク
トイトム
トンザン
ヤザギョウ
第17師団
ティデム
ケネディーピーク
2452m
インタンギー
第33師団
フォートホワイト
カレワ
3/7
シュエジン
カレミョウ

●牟田口廉也陸軍中将

●チン丘陵地帯のインド国民軍

●インパールをめざす日本軍

一人十殺主義、増援なき全滅戦

全島を要塞化した日本国土初の徹底抗戦

一九四五年二月十九日朝、硫黄島《いおう》に米軍が上陸した。前年六月から八ヵ月にわたる断続的な空襲の末、実施されたのである。

日本軍守備隊は栗林忠道《ただみち》中将が指揮する約二万一〇〇〇（うち海軍約八〇〇〇）。守備隊は全島に交通壕を掘り巡らし、ところどころに大きな洞窟を造った。そして地下陣地に完全に潜り込み、ときどき地上に出ては戦車に体当たりした。

栗林中将は赴任するとき東条首相（兼陸軍大臣、兼参謀総長）から「どうかアッツのように戦ってくれ」と言われたという。増援は送れないから玉砕するまで戦えという意味だ。栗林が島に着いてまもなくマリアナ沖海戦（一九四四年六月十九日）があり、日本海軍の空母部隊が消滅した。

栗林は一段と地下壕建設を督励し、「一人十殺」を誓わせ、「最後の一人となってもゲリラとなって戦わん」などと毎日斉唱させて士気を鼓舞した。

米軍上陸後、千葉県から出撃した特攻隊が突っ込み、護衛空母「ビスマルク・シー」を撃沈するなどしたが、焼け石に水。米軍は壕の入り口から火焔放射攻撃を加え、順々に焼いていった。

三月四日、東京へ向かうサイパン発のB29が不時着し、戦闘機部隊も進出してきた。米軍の硫黄島攻略はひとえに日本本土空襲の中継基地を獲得することだった。それがわかっていたから守備隊も一日でも長く徹底抗戦しようとしたのだ。

栗林が訣別《けつべつ》電報を打ったのが三月十七日だった。NHKは女学生のコーラスを放送した。守備隊の勇戦を讃え、我らもあとに続くというメッセージである。日本軍戦死者は約二万、米軍の戦死者約六八〇〇、戦傷者二万二〇〇〇。米軍死傷者が日本軍を上回った戦場はここしかない。

硫黄島最後の抵抗線

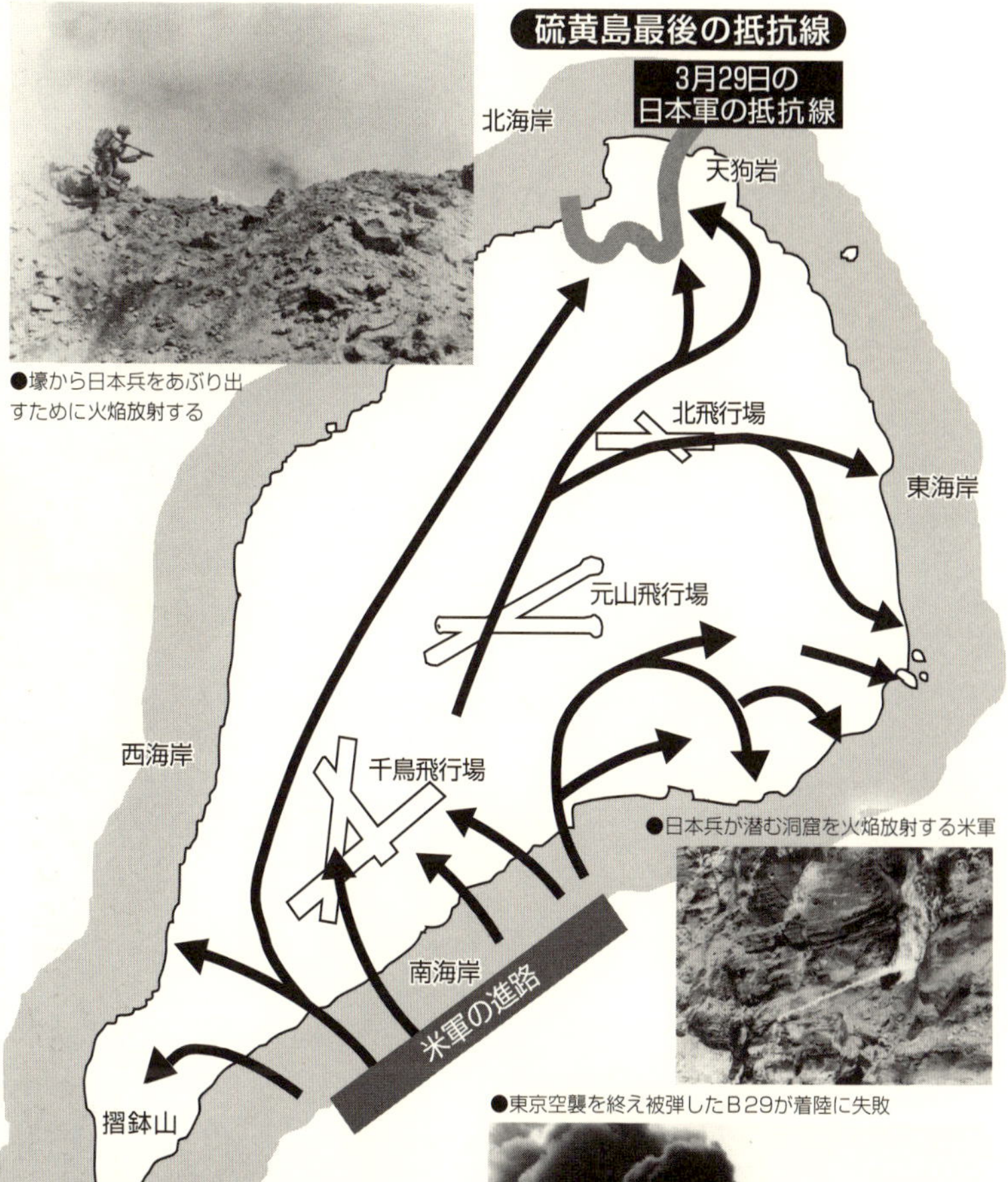
3月29日の
日本軍の抵抗線
天狗岩
北海岸
北飛行場
東海岸
元山飛行場
西海岸
千鳥飛行場
南海岸
米軍の進路
摺鉢山

●壕から日本兵をあぶり出すために火焔放射する

●日本兵が潜む洞窟を火焔放射する米軍

●東京空襲を終え被弾したB29が着陸に失敗

●摺鉢山を占領し星条旗を立てる5人の米兵。5人は英雄となり、戦後もなにかと話題になった

日本上空でB29を何機撃墜したか

「超空の要塞」に体当たり攻撃も敢行した日本の防空隊

ボーイングB29スーパー・フォートレス（超空の要塞）が日本本土を初空襲したのは昭和十九年（一九四四）六月十六日、北九州・八幡《やはた》（新日鉄の前身八幡製鉄所があった）だった。中国・四川省の成都から発進したのだ。このときの被害は小さかった。

B29は高度一万メートル以上を飛べる。日本の戦闘機はそこまでは上がれないし、高射砲の弾も届かなかった。八月二十日、やはり成都発の六一機が波状的に八幡を襲った。山口県小月基地の陸軍飛行第四戦隊が迎撃し、「一六機撃墜、四機不確実、一三機撃破」（『今日の話題』第三七集「B29撃墜記」）した。そのうち二機は体当たりによる撃墜だった。この日の高度は七〇〇〇。

やがてB29の編隊はサイパンやグアムから東京、名古屋、大阪と主要都市を空襲し始めた。昭和二十年三月十日が死者一〇万という東京大空襲だ。

東京の陸軍航空隊も体当たりを敢行した。一万メートルまで上昇するには、銃器を外して身軽にし四〇分から一時間もかかった。昭和十九年十一月二十四日が東京初空襲だが、早くも飛行第四七戦隊（東京の成増基地）の一機が体当たりした。同戦隊は翌年一月九日にも五機撃墜し、二機は体当たり、一機は基地から見えるところだった。

東京・調布の飛行第二四四戦隊も四月までに一八回体当たりし七名が戦死した。後ろから体当たりして落下傘で生還する者もいたのだ。そのほか、飛行第二四六戦隊（大阪の大正基地）でも七名が体当たりし、二名が生還した。幸運なその二名は八月十四日（終戦前日）の空中戦で戦死した。

日本を襲ったB29は延べ三万三〇〇〇機以上だが、日本防空隊は七〇〇機前後を撃墜あるいは撃破し、体当たり機も五〇機を超えると推定される。

●B-29による爆弾投下

●撃墜したB-29のタイヤの大きさに驚く

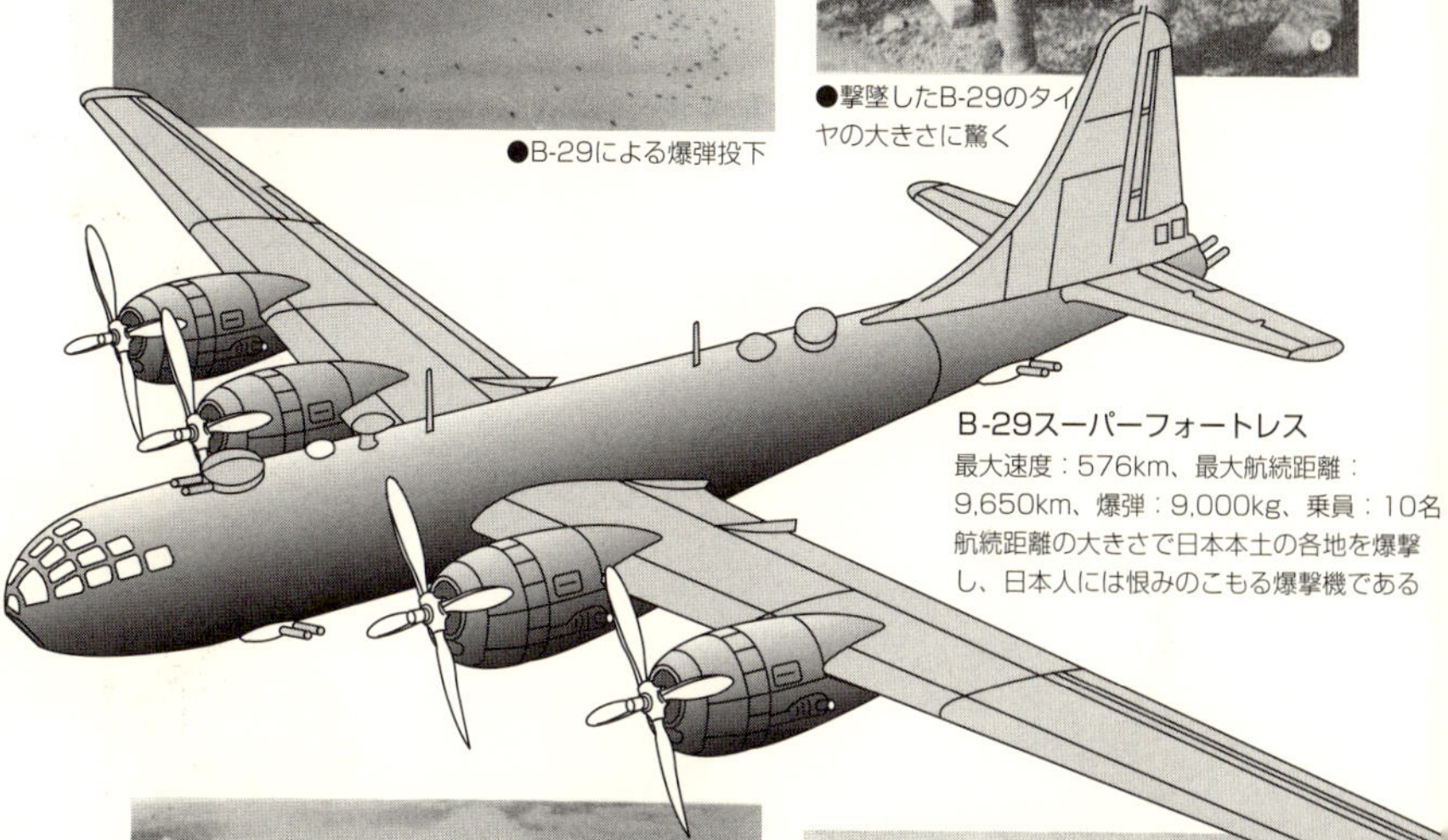

B-29スーパーフォートレス

最大速度：576km、最大航続距離：9,650km、爆弾：9,000kg、乗員：10名

航続距離の大きさで日本本土の各地を爆撃し、日本人には恨みのこもる爆撃機である

●B-29は富士山を目標にして関東に侵入してきた

●展示されたB-29

日本大空襲2

東京大空襲はどうして決定されたか

対日ジェノサイド――精密爆撃から無差別爆撃へ

米軍は最初、B29による爆撃を飛行機工場や兵器工場、石油タンクや港湾など、純粋に軍需施設に限っていた。精密爆撃といわれる。問題は〝効率〟が悪かったことだ。成功したのは一九四五年(昭和二十)一月十九日の兵庫県明石《あかし》市の川崎航空機明石工場だけだったという。

だが皮肉にも、そのときすでに精密爆撃に固執《こしゅう》していた爆撃隊指揮官へイウッド・S・ハンセル准将は更迭が決定されており、カーティス・E・ルメイ少将が発令された。日本の軍需産業は家内工業的要素が強いから、都市そのものを灰燼《かいじん》に帰すような「地域焼夷弾《しょういだん》爆撃」を実施すべきだという意見が航空部隊の上層部(たとえば日本戦略爆撃担当の第二〇航空軍参謀長ノースタッド)に多かったからだ。ルメイはヨーロッパ戦線でドイツに対する都市絨毯《じゅうたん》爆撃を経験済みだった。

ルメイも最初は精密爆撃を実施した。しかし、地上で空襲を受ける側にとっては、工場を狙っても風で流される焼夷弾が頻々《ひんぴん》と住宅地を襲い、無差別爆撃に等しかった。ルメイも三月四日の中島飛行機武蔵製作所(現東京都武蔵野市にあった)への精密爆撃が失敗して、方針を転換した。こうして三月十日の東京大空襲につながったのである。

アメリカは日米開戦前、日本軍が中国の重慶無差別爆撃を繰り返していたことに抗議していたし、第二次大戦初期にソ連がフィンランド侵攻にあたり実施した都市無差別爆撃を「卑劣きわまる行為」と非難していた。やがてドイツがロンドン無差別空襲を行ない、のちに英空軍がお返しにドイツの各都市を無差別爆撃するが、米軍の一部はそれに追随したのだった。ジェノサイド(集団殺戮)非難の精神をアメリカ自身も見失っていた。

●空襲を受け、一面が焼け野原となった東京

●カーティス・E・ルメイ少将

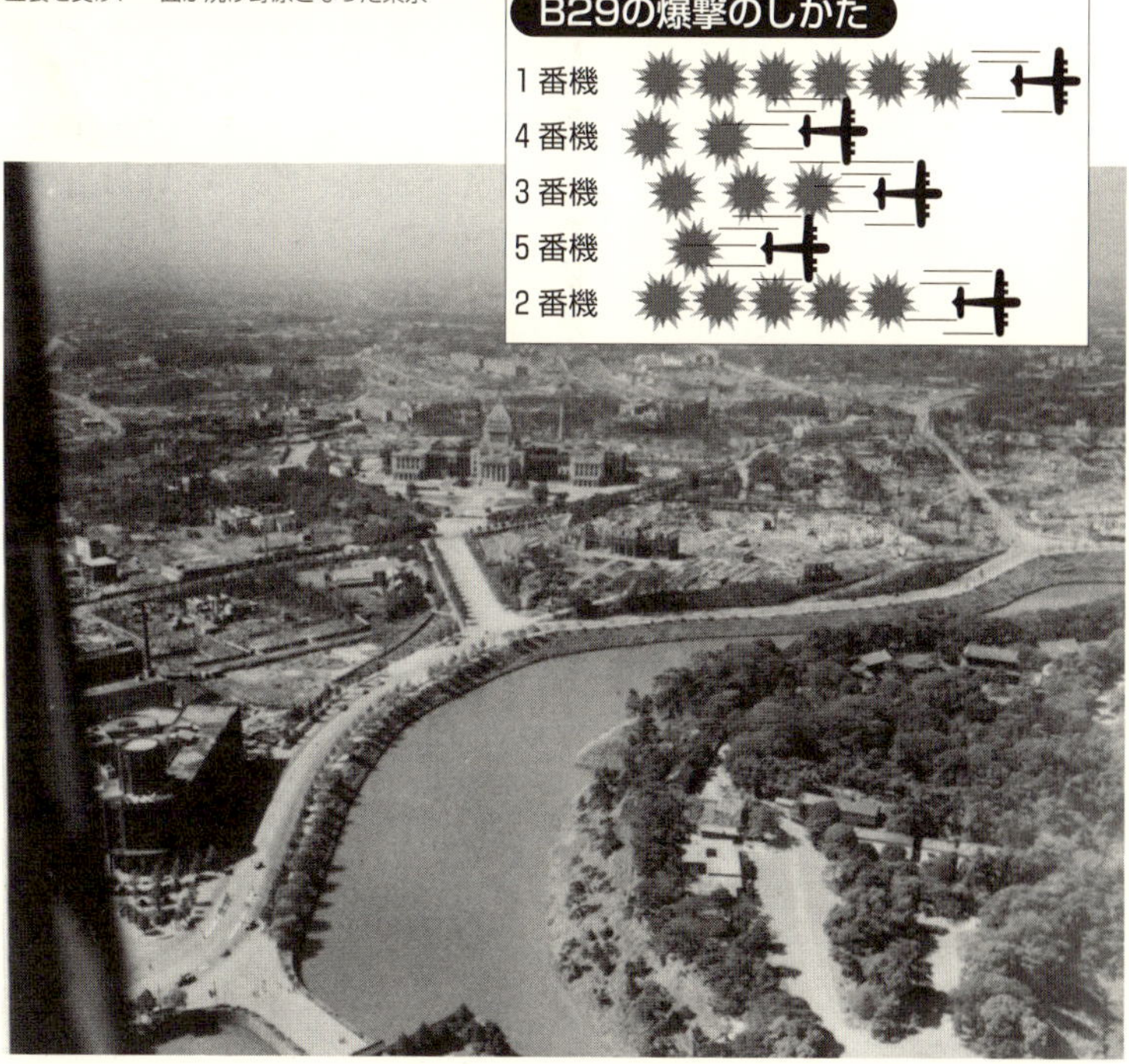
B29の爆撃のしかた
1番機
4番機
3番機
5番機
2番機

沖縄防衛戦

沖縄住民を見捨てた大本営作戦部

鉄の暴風にさらされた住民の悲惨

昭和二十年（一九四五）四月一日、米軍は沖縄本島に上陸した。守備隊は牛島満中将を指揮官とする約九万六〇〇〇（うち海軍一万）。そして沖縄県民のうち、現地召集兵約二万五〇〇〇名のほか、女学生をはじめ、元気な男女はほとんどが軍属や衛生員、看護婦などの名目で徴用《ちょうよう》された。小学生は前年に鹿児島県や宮崎県に集団疎開させられたが、輸送船の一隻「対馬丸《つしままる》」が撃沈され、約一五〇〇名（うち学童七〇〇名）が犠牲となった。

沖縄戦は沖縄県民すべてが戦場に立たされた。かといって、協力を惜しまない県民を、軍が格別大切に扱ったわけではない。琉球言葉を禁じたり（スパイ防止のため）、避難している壕から追い出して部隊が独占したり、集団自決を強いたり（捕まって米軍に協力させないため）、壕の中で泣き叫ぶ乳幼児を殺させたりもした。

米軍の火力は桁違《けたちが》いだった。空から海から惜しげもなく爆弾砲弾を撃ち込み、さながら「鉄の暴風」（同名の沖縄戦記がある）のようであった。

守備隊と県民は主にゲリラ的攻撃の持久戦法に徹した。米軍の本土進攻を一日でも遅らせるためである。鹿児島の知覧《ちらん》や鹿屋《かのや》などからは連日特攻隊が出撃し、三ヵ月で二〇〇〇機近くにのぼった。

守備隊の組織的抵抗は六月二十三日、最高指揮官の自決で終わった。戦後五〇年目の平成七年、守備隊が最後に追いつめられた摩文仁《まぶに》に「平和の礎《いしじ》」が建立《こんりゅう》され、沖縄戦の犠牲者約二三万五〇〇〇名の氏名が刻印された。沖縄県出身者約一四万七〇〇〇名（うち民間人一二万二〇〇〇名）のほか、県外出身者約七万三〇〇〇名、米国約一万四〇〇〇名、韓国約七〇〇名、朝鮮民主主義人民共和国約八〇名、台湾約三〇名という。

沖縄戦での戦死者数

日本	18万8136人	アメリカ	1万2520人
正規軍	6万5908人	陸軍	4675人
防衛隊	2万8228人	海兵隊	2938人
戦闘協力者	5万5246人	海軍	4907人
一般島民	3万8754人		

●米軍に保護された沖縄住民

沖縄での抵抗線

4/13
辺戸
伊江島 4/16
安波
4/11
4/15
備瀬
平良
水納島
名護
4/8
4/5
米軍の第一線
4/8
4/3
守備軍の陣地
米第10軍占領地域
1945年4月3日
金武湾
読谷
嘉手納
沖縄
1945年4月1日
米軍の沖縄本島上陸
4/19
3/26
座間味島
上陸
首里
4/3
3/27
渡嘉敷島
上陸
那覇
慶良間列島
糸満
3/25 攻撃開始
3/27 上陸
6/11
摩文仁
ひめゆりの塔
6/20
6/20
健児の塔
6月23日
日本軍司令官自決
司令部消滅

●上陸した米軍

●上陸前に渡嘉敷島をロケット砲攻撃する米軍

なぜ戦艦「大和」の沖縄特攻は行なわれた？

日本海軍の終焉を象徴した巨艦の片道燃料出撃

米軍が沖縄に上陸して六日目（四月六日）、戦艦「大和」と護衛艦艇九隻が沖縄へ向けて徳山湾を出港した。しかし、これは異常な出撃だった。海上特攻隊だったのだ。だから燃料は片道しか積んでいなかった。米軍上陸地点の海岸に乗り上げて米軍艦艇を撃ちまくるためというが、実際には技術的にそんなことはできない。

「大和」特攻は、沖縄では水上部隊はどうするのか、という天皇の「御下問」に示唆され、唐突に決まった。とはいえ、航空支援のない艦隊が沖縄までたどり着ける成算は万に一つもなかった。艦隊を率いる伊藤整一中将は、出撃に反対した。他の参謀や艦長たちも同様だった。出撃反対などとはおよそ軍隊では考えられないことである。

ところが、連合艦隊参謀長草鹿《くさか》龍之介少将が「どうか一億総特攻の魁《さきがけ》になってもらいたい」と頭をさげると、一転「わかった」と了解した。「われわれは死に場所を与えられたのだ」と伊藤が述べると、参謀・艦長たちも異議を唱えなかった。軍は国民すべてを特攻、玉砕させる腹だったのだ。

四月七日正午頃、「大和」の艦隊は九州・坊の岬沖で米空母部隊の航空隊に発見された。そして延べ約三四〇機の攻撃にさらされ、「大和」以下、五隻が沈没、約三七〇〇名が戦死した。

その頃、陸軍航空隊は「天号作戦」、海軍航空隊は「菊水作戦」と称して、沖縄周辺の米艦艇に対する航空特攻を始めていたが、「大和」海上特攻も、広い意味では菊水作戦の一環であった。

菊水とは楠氏《くすのき》の家紋。当時の軍人は、天皇を守るため足利尊氏《あしかがたかうじ》の軍勢を、負けるとわかっていて湊川《みなとがわ》で迎え撃ち敗れた楠正成《まさしげ》の、いわゆる「楠公《なんこう》精神」を最大の拠《よ》りどころにして戦っていたのだ。

●不沈戦艦といわれた「大和」の防御壁だが、米航空部隊の波状攻撃には持ちこたえることができなかった

●戦艦「大和」の最期

●「菊水作戦」で特攻攻撃を受け炎上する空母「バンカーヒル」

●「菊水作戦」の特攻攻撃で傾く空母「フランクリン」

米軍のオリンピック作戦とコロネット作戦

具体化していた米軍の日本本土進攻作戦

アメリカ統合参謀本部会議は、一九四五年五月十日、オリンピック作戦（九州上陸作戦）の実施を決定した。攻撃予定日は十一月一日である。同時に、オリンピック作戦がうまくいったら、コロネット作戦（関東地区進攻作戦）を翌年三月一日に行なうことも決めた。

ノルマンディ作戦（一九四四年六月）の頃は日本進攻作戦は既定の事実のように考えられていたが、その後の硫黄島戦や沖縄戦における日本軍の徹底抗戦を見て、進攻作戦不可・空襲強化と列島封鎖作戦に傾いていた。それをひっくり返したのがマッカーサー大将で、封鎖と空襲だけでは戦争が長期化し、ドイツ降伏によって連合軍将兵に厭戦《えんせん》気分が蔓延《まんえん》すると警告したことによる。

オリンピック作戦は、鹿児島県薩摩《さつま》半島の吹上浜海岸と宮崎海岸に同時に上陸し、その後薩摩半島南東に別働隊が上陸する。最終的には鹿児島県川内《せんだい》〜宮崎県都城《みやこのじょう》を結ぶ線を占領し関東地区攻略の基地を造ることになっていた。

このオリンピック作戦では約七〇〇〇機と四個軍団約七六万六〇〇〇名の投入が予定された。

コロネット作戦は、まず相模湾に上陸し、八王子・立川・熊谷・古河一帯を占領して東京を孤立させ、次いで九十九里浜上陸を計画していた。

日本進攻による米軍の損害推定はさまざまだが、オリンピック作戦で、最も多く見積もったのは統合参謀本部議長レーヒ提督で、二六万八〇〇〇名とした。沖縄戦で投入兵力の三五パーセントが死傷したので、その比率をかけたのである。

日本進攻作戦は原爆開発状況を睨《にら》みながら進められたが、それを知りうる大統領の幕僚たちは原爆の一、二発では日本は降伏しないと考えていた。

米国の本土侵攻作戦計画の概要と兵力

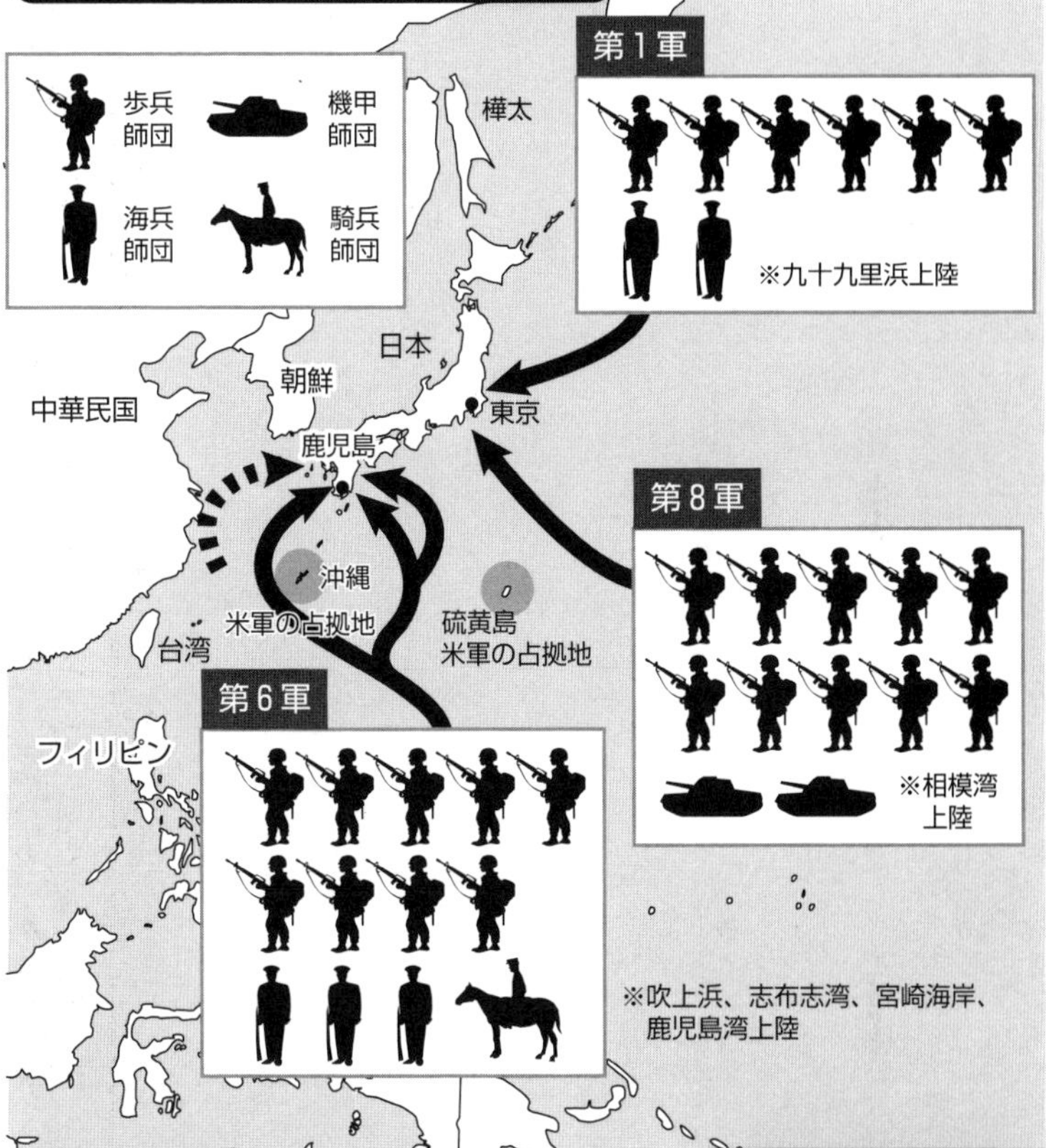
歩兵
師団
機甲
師団
海兵
師団
騎兵
師団
第1軍
※九十九里浜上陸
樺太
日本
朝鮮
中華民国
東京
鹿児島
第8軍
※相模湾
上陸
沖縄
米軍の占拠地
硫黄島
米軍の占拠地
台湾
第6軍
フィリピン
※吹上浜、志布志湾、宮崎海岸、
鹿児島湾上陸
ニューギニア

●本土決戦用に満州から呼び戻された戦車隊

●本土決戦準備で砲撃練習

本土決戦2

大本営が用意した二五〇〇万の本土決戦部隊

鉄砲なく、弾なく、あるのは精神だけの日本の留守部隊

日本は昭和十九年秋から本土決戦の準備に入った。翌年には、総兵力一五〇万の本土決戦要員（後方人員を入れて約二〇〇万）の動員に着手した。国民義勇隊法の成立が三月。これは六十五歳以下の男子、四十五歳以下の女子すべてを職場・地域で義勇隊に編入し、輸送や食糧補給、あるいは通信連絡、監視などを行なわせるもの。もちろん最後は米兵と竹槍で刺し違えることになっていた。

御前《ごぜん》会議で正式に決定したのは六月八日だった。その戦法は「全軍特攻」「一億玉砕」である。その心境を当時の参謀本部作戦部長宮崎周一中将は「頼みは石に立つ矢の信念」と述べている。

こんな本土決戦に備えるために、沖縄航空特攻も、ある時期から兵力温存のため控えめになったし、最初は奨励されたB29爆撃機に対する体当たり戦法もやがて禁止された。

しかし、国民を根こそぎ軍隊に動員しても武器や弾薬はほとんどなかった。日清戦争に使用された青銅製の小さな大砲を渡された部隊もあったが、弾は一発もくれなかったという。海岸沿いに配置された部隊は、模擬爆雷を背負って海からやってくる戦車に潜り込む訓練をやっていた。ある程度、そこそこの大砲を備え、強固な陣地を構築して米軍との本格的戦闘に備えていたのは、鹿児島県志布志《しぶし》湾と千葉県九十九里浜だけだった。

大西瀧治郎軍令部次長は、最後まで本土決戦を主張した一人だが、日本人二〇〇〇万も死ねば相手にも相当死傷者が出るだろうから、占領をあきらめ帰るかもしれないし、少なくとも連合軍の言いなりになる降伏は避けられると踏んでいたふしがある。そういう思いは大西一人にかぎらず、大本営参謀の大部分の思いであり、計算でもあった。

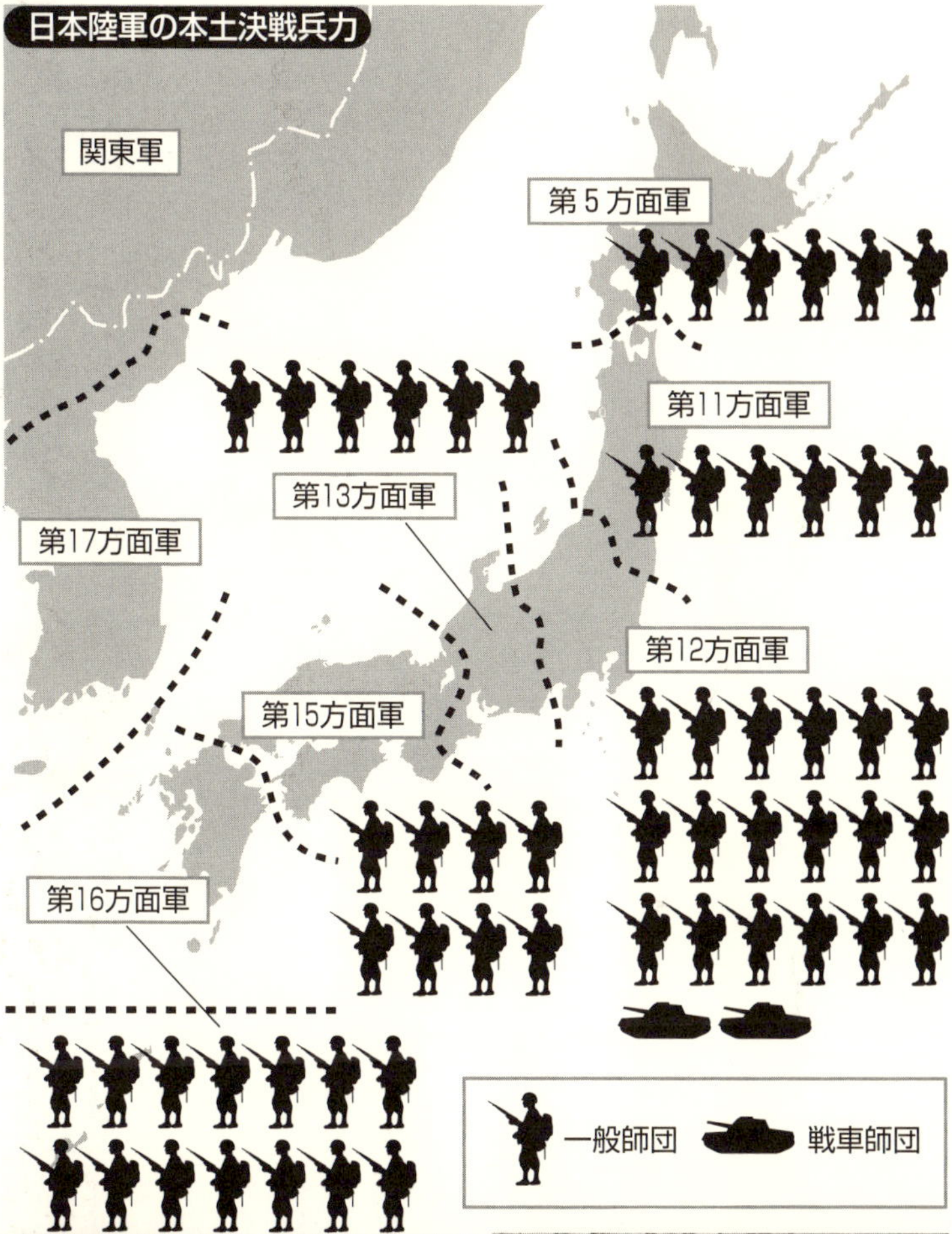
日本陸軍の本土決戦兵力
関東軍
第５方面軍
第11方面軍
第13方面軍
第17方面軍
第12方面軍
第15方面軍
第16方面軍
一般師団
戦車師団

●女学生も立派な戦闘要員。東京音楽学校での訓練

●本土決戦の白兵戦に備える

本土決戦3

松代に造られた大本営と天皇の居室

長野の山間に掘られた本土決戦用の地下秘密基地

来るべき本土決戦を想定し、陸軍省が大本営を信州に移転しようと密かに現地調査を始めたのは昭和十九年（一九四四）五月だった。大本営が移転するということは、首相官邸をはじめとする主要政府機関も移転し、さらには皇居も移転して天皇にも御動座願わなければならないということである。いってみれば首都移転の大事業だった。

白羽の矢は信州の松代《まつしろ》（現長野市）盆地に立てられ、七月中旬には陸軍省建築課によって大地下壕の最初の略設計図が完成した。地下壕は（イ）から（ト）まで七地区に分けられ、そのうちのイロハ三地区が重点地区にされた。

イ地区：象山《ぞうざん》の山腹に二〇本の隧道《ずいどう》を掘り、政府機関やＮＨＫなどの関係者約一万人を収容。

ロ地区：象山の南東、ノロシ山（白鳥山）の山腹に三～五本の本坑と六本の連絡坑を掘り、陸海軍統帥部《とうすい》と大本営を収容、その奥には両陛下の地下御座所と付属施設。収容人員約二千人。

ハ地区：皆神山の山内に二本の本坑を貫通させて、皇族方を迎える（のち目的を変更、食料庫に）。

工事開始は昭和十九年十一月十一日午前十一時。工事はのちに拡大され、使用目的もそれぞれ変更されていくのだが、終戦で工事が中断されたとき、全体の約七〇パーセントが完成しており、仮皇居関係は完成を目前にしていた。そのトンネルの長さは長大で、イロハ三地区の合計だけでも一万三〇六九メートル、有効床面積は四万三〇〇〇平方メートルと東京ドームの四倍もの広さになった。

工事は陸軍省建築課の建技将校の指揮のもと、西松組が請け負って地下建設隊を組織し、作業員は地元の勤労奉仕隊も出動したが、中心は朝鮮から徴用してきた約三千人の作業員だった。

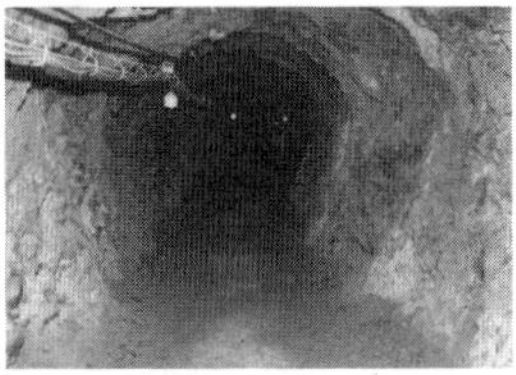

●象山地下壕

●犠牲となった多くの朝鮮人労働者に敬意を表して、慰霊碑の文字は日本語とハングルで刻印された

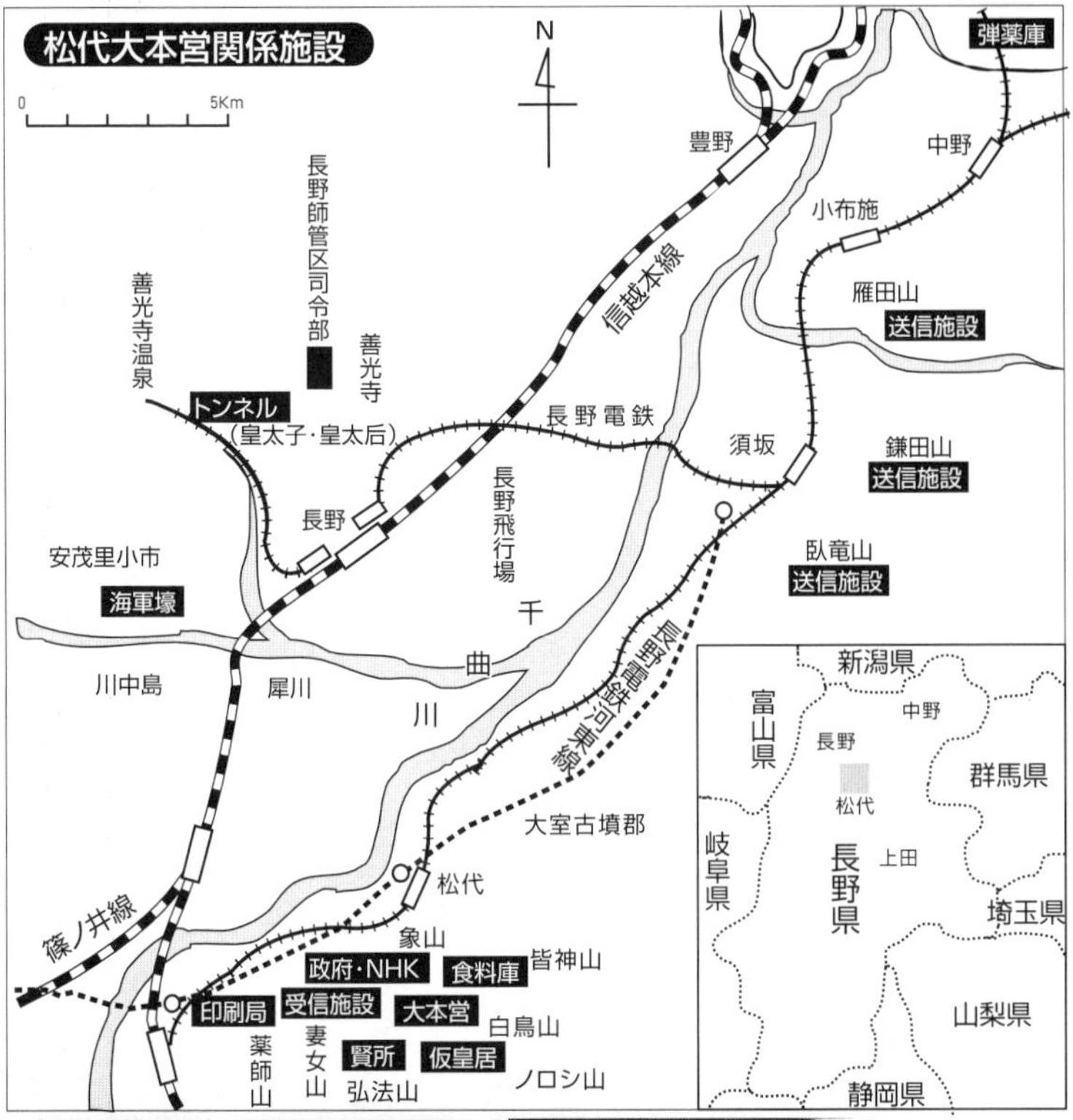

松代大本営関係施設
N
0
5Km
長野師管区司令部
善光寺温泉
善光寺
トンネル
(皇太子・皇太后)
長野
安茂里小市
海軍壕
川中島
犀川
千
曲
川
長野飛行場
信越本線
長野電鉄
豊野
中野
小布施
雁田山
送信施設
須坂
鎌田山
送信施設
臥竜山
送信施設
弾薬庫
長野電鉄河東線
大室古墳郡
松代
篠ノ井線
象山
皆神山
政府・NHK
食料庫
印刷局
受信施設
大本営
白鳥山
賢所
仮皇居
ノロシ山
薬師山
妻女山
弘法山
新潟県
富山県
中野
長野
群馬県
松代
岐阜県
長野県
上田
埼玉県
山梨県
静岡県

●「皇居」跡の現松代地震観測所

ピカドン1

広島と長崎はどうして選ばれたのか

第二の原爆都市になった長崎の不運

原子爆弾の実験成功（一九四五年七月十六日）をうけて、日本のどこに投下するか、大詰めの選定作業が行なわれていた。取り仕切るのはマンハッタン計画総指揮官レスリー・グローブス少将だったが、多くの民間人や軍高官が携わった。そして最後はトルーマン大統領の許可を必要とした。

目標選定委員会は四つの都市を候補に選んだ（五月二十八日）。最大の弾薬工場がある小倉、百万の人口と原爆効果測定に最も適している京都、日本軍の輸送船団集合地である広島、アルミ工場や輸送船の終着港である新潟、であった。

このことを知って「京都を外せ」と異議を唱えたのがスチムソン陸軍長官だった。そして、このスチムソンの異議が具体性を帯びたのは、アーノルド空軍参謀総長が、上司にあたるスチムソン陸軍長官に同調したからである。アーノルド大将はつい先頃まで日本空襲の総指揮をとっていたので、日本の空襲目標に精通していた。彼は即座に「京都の代わりに長崎を考慮すべきだ」とスチムソンに答えた。

グローブスは「長崎は小さすぎて爆発効果が発揮されない」と反対したが、大統領に直接進言できる立場のスチムソンやアーノルドの意見が尊重された。京都は外され、小倉が第二候補、長崎が第三候補と決まった。広島が第一候補にあげられた最大のポイントは「連合軍捕虜収容所がないのは広島のみ」だったからである。

広島へは八月六日午前八時一五分一七秒に、長崎には八月九日午前十一時二分に投下された。この長崎投下は、本来は小倉だったが、その日の小倉上空は雲が多く投弾できなかったため、B29は長崎に迂回したのである。

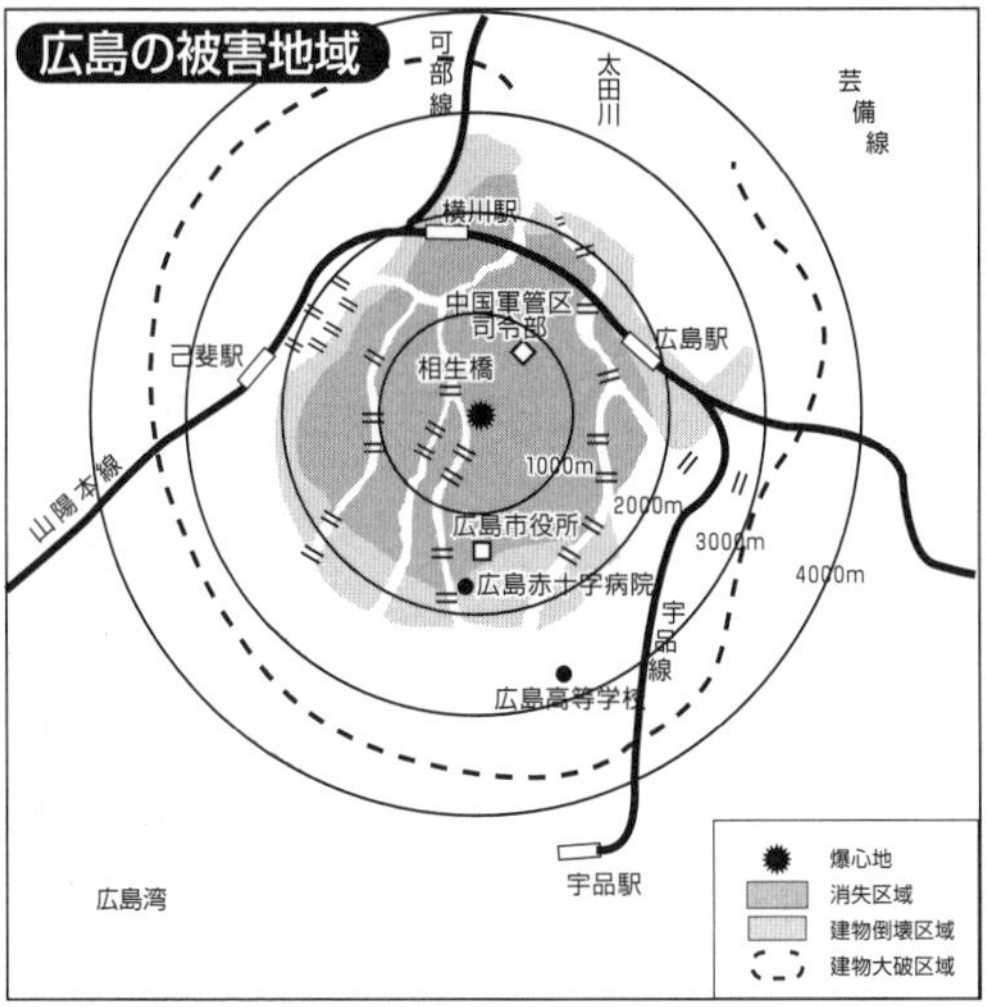

●最初の原爆は広島を襲った

●広島に原爆を投下したエノラゲイ

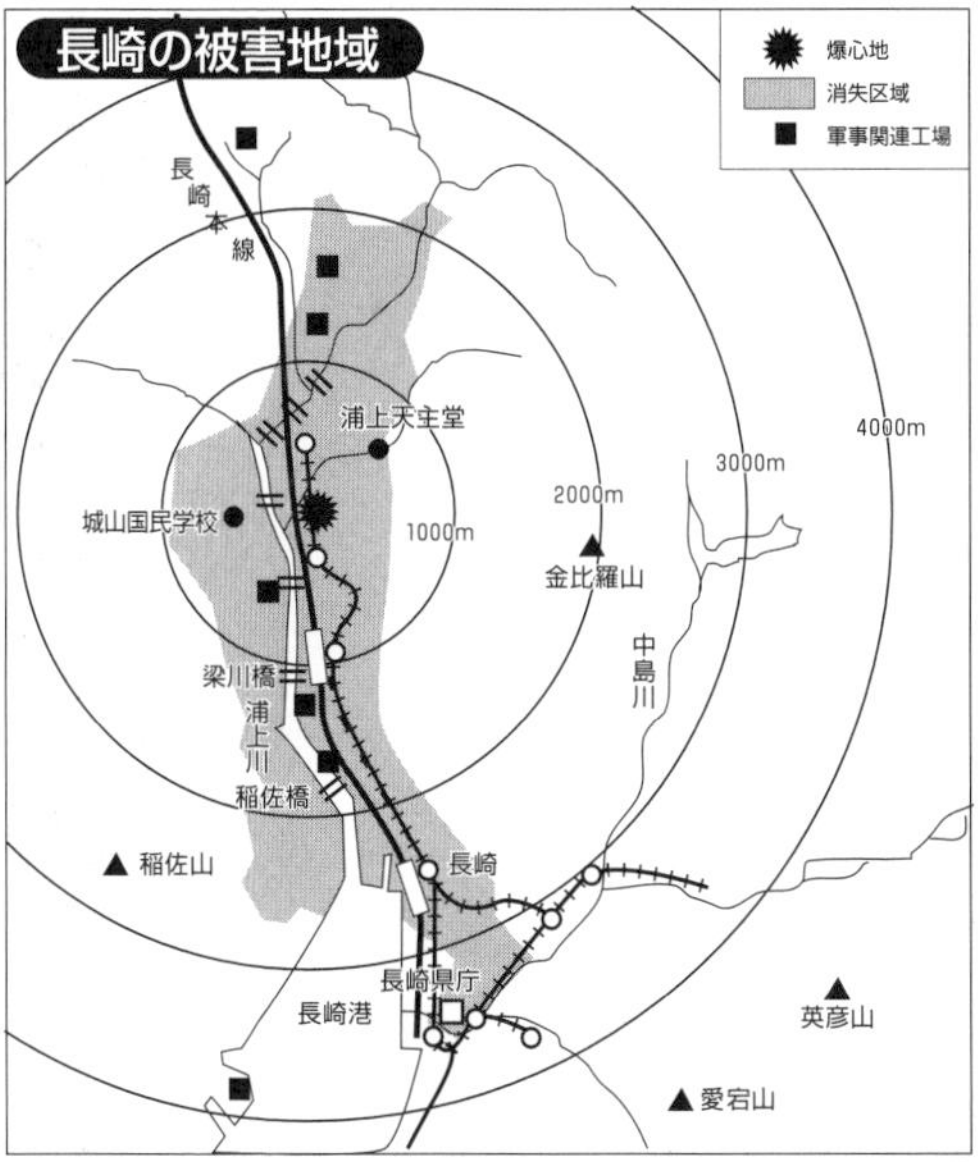

●長崎市街を覆うキノコ雲

●長崎に原爆を投下したキックスカー

ピカドン2

米軍を恐怖に陥れた原爆搭載艦轟沈

伊58潜の魚雷攻撃で消えた重巡「インディアナポリス」

一九四五年七月十六日、米重巡「インディアナポリス」はサンフランシスコを出港してマリアナ諸島テニアン島へ向かった。「インディアナポリス」の積み荷は、広島へ投下予定のウラニウム型原子爆弾の一部だった。あだ名は「リトルボーイ」。ロスアラモスで製造されたそれは、長さ四・五メートルの木箱（中身は原爆内部の大砲）と、高さ六〇センチ、直径四六センチ、内側に鉛を敷いた円筒（中身はウランの弾丸）である。

艦長マックベイ大佐は「艦が沈んでも救命ボートで救うように」と言い渡されただけで、中身は知らされなかった。途中ハワイに立ち寄り、出港一一日目の七月二十六日、無事、テニアン島に着き荷を降ろした。

「インディアナポリス」はすぐフィリピンのレイテ島に向かった。その海域には海戦の手段を奪われた日本海軍の潜水艦が、人間魚雷「回天」を積んで、米艦艇をみつけては発進させるという任務についていた。伊58潜もその一隻だった。七月二十七日、グアム～レイテ航路上で大型油送船に向けて回天二隻を発進させている。

七月二十九日、伊58潜はレイテ～グアム航路とパラオ～沖縄航路の交点に進出した。午後十時半、伊58潜は「インディアナポリス」を発見、魚雷戦と回天戦を準備した。まず距離一五〇〇メートルで魚雷六本を発射した。三本の火柱が上がり、重巡は轟沈《ごうちん》した。回天戦は不要となった。

「インディアナポリス」沈没を四日後に知った米軍は、同艦が原爆搭載艦だったことを知って日本軍は攻撃したのではないかと驚愕した。終戦直後、橋本以行《もちつら》潜水艦長をアメリカに召還して尋問したのも、情報漏れの有無を確認するためだった。

●重巡洋艦「インディアナポリス」

原子爆弾の構造

広島型原子爆弾（リトルボーイ）

2箇所に配置されたウラン235を火薬で衝突させ、核分裂を起こす。

長崎型原子爆弾（ファットマン）

プルトニウム239をケースに入れ、周囲の火薬の爆発力で核分裂を起こす。

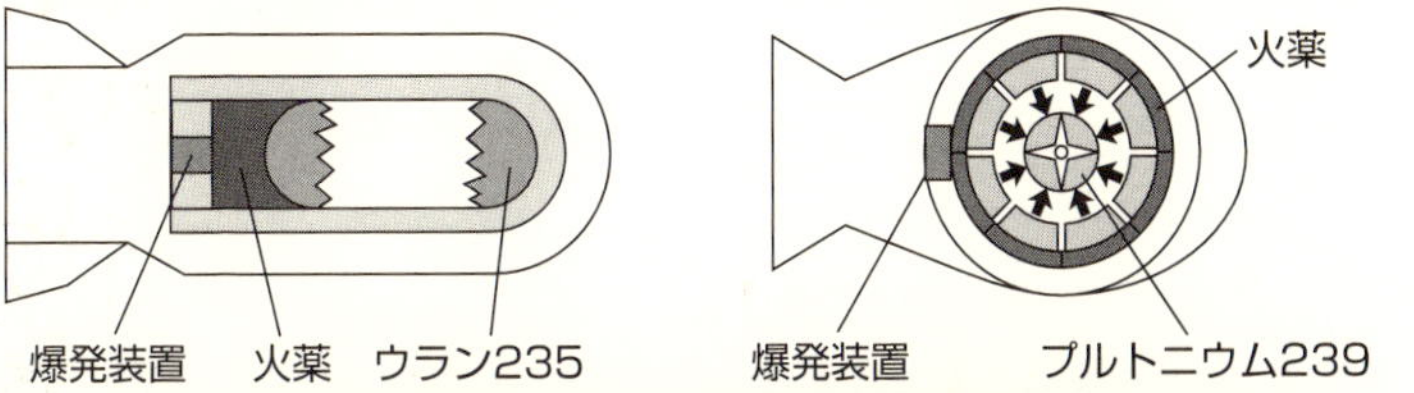

●一面、焼け野原となった長崎。爆心地からほど近い長崎医科大学の惨状

3 戦略単位――師団と連隊の関係

師団は歩兵連隊や砲兵連隊などさまざまな兵種の部隊で編成されていて、戦場のどんな状況にも応じられるように作られていた。戦略単位といわれる理由である。総兵力は約一万から一万五〇〇〇名、戦時には三万を超えることがあった。

日中戦争開始前には常設師団一七個だったが、戦争開始とともに数が増え続け、太平洋戦争が終わった時点で一六九個師団が存在していた。

師団を構成する連隊は、歩兵連隊（三、四個）、砲兵連隊、工兵連隊、捜索連隊、輜重兵《しちょうへい》連隊（補給・輸送）などがあり、このほか通信隊、衛生隊、野戦病院などがついていた。連隊のなかで最も人数が多いのが歩兵連隊で、しかも大体は郷土ごとに編成されていた。一個歩兵連隊は二五〇〇～三〇〇〇名程度。終戦時の歩兵連隊は四四〇個だった。

一般師団に属さない各種砲兵連隊も数多く編成され、終戦時一二七個。うち、高射砲連隊の三六個、野戦重砲兵連隊の二九個、重砲兵連隊一九個、要塞重砲兵連隊一〇個などが主なものであった。■

▼歩兵第34連隊（静岡）の連隊旗。軍旗は歩兵連隊と騎兵連隊に、その創設時に天皇自ら手渡した。連隊長の命よりも大切に扱われた

第4章 検証・なぜ日本は負けたのか

対米戦争は負けるべくして負けたのか

山本五十六大将の予想どおりになった日本の末路

開戦当時、連合艦隊司令長官だった山本五十六《いそろく》大将は、中佐、大佐時代に二回、ワシントンの日本大使館に勤務した。

山本は、アメリカ在勤中によくアメリカ国内を旅行した。その結論として「デトロイトの自動車工業と、テキサスの油田を見ただけでも、アメリカを相手に無制限の建艦競争など始めて、日本の国力で到底やり抜けるものではない」と、親しい者に語ることが多かったという。

日露戦争後から第一次大戦中にかけて日米英仏伊の建艦競争は最高潮に達したが、当然ながら各国の財政を圧迫した。アメリカが音頭をとって海軍軍縮を提案したのがワシントン会議だ（大正十～十一年＝一九二一～二二）。加藤友三郎海軍大臣は「アメリカとは戦争しないのが得策」という政略を前提に、戦艦など主力艦の対米英六割を受諾した。

山本もこの加藤の考え方と同じだった。むしろ、よくぞあの国力絶大のアメリカが日本の六分の一〇で我慢したものだという思いである。そういう一連の軍縮条約を日本は昭和十一年（一九三六）末に脱退した。そして日本は「大和《やまと》」「武蔵《むさし》」の建造に着手し、アメリカも膨大な建艦計画を実行に移した。日米開戦はそれから五年後である。

山本長官は開戦二ヵ月前に永野修身《おさみ》軍令部総長と会い、「このような成算の少ない戦争はしてはならない」と直言した。同じ頃、海兵同期の元海軍中将掘悌吉《ていきち》宛に「個人としての意見（対米避戦の意）と正反対の意見（対米開戦の意）を固め、その方向に（連合艦隊司令長官として）一途邁進《まいしん》の外なき現在の立場は誠に変なものなり」と書いている。日本は、山本など少数ではあったが日米避戦派の危惧《きぐ》したとおりの末路をたどったのである。

日・米兵器生産力の比較（昭和16〜20年）

航空機

（万機）
30
28
26
24
22
20
18
16
14
12
10
8
6
4
2
0
29万
6万8,000
アメリカは
日本の
4.3倍
アメリカ
日本

戦車

（千両）
26
24
22
20
18
16
14
12
10
8
6
4
2
0
2万5,000
4,000
アメリカは
日本の
6.2倍
アメリカ
日本

小銃

（100万挺）
18
16
14
12
10
8
6
4
2
0
1,700万
260万
アメリカは
日本の
6.5倍
アメリカ
日本

砲弾

（10万発）
40
39
0
400万
7,400
228
アメリカは
日本の
524倍
アメリカ
日本
陸軍
日本
海軍

火砲

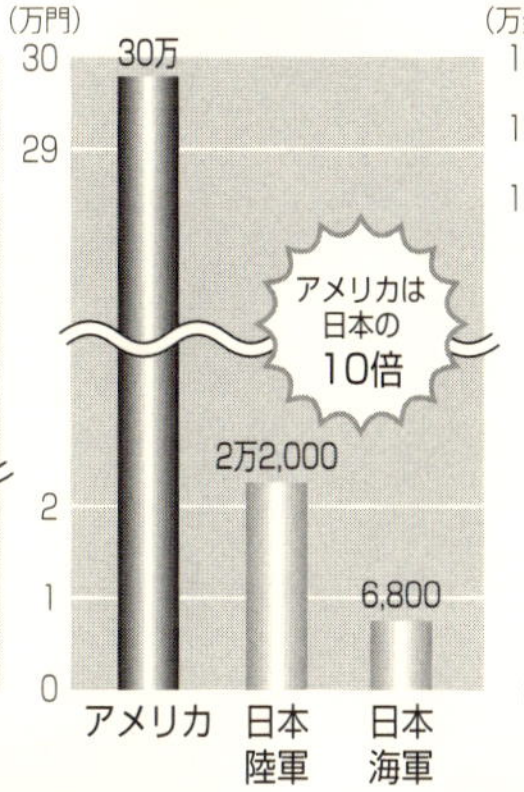
（万門）
30
29
2
1
0
30万
2万2,000
6,800
アメリカは
日本の
10倍
アメリカ
日本
陸軍
日本
海軍

砲一門あたりの砲弾

（万発）
14
12
10
1
0
13万
2,300
280
アメリカは
日本の
50倍
アメリカ
日本
陸軍
日本
海軍

●爆撃機の大量生産ライン（米国、右も）

●500ポンド爆弾の大量生産ライン

日米のGNP比較は語る

長期戦を予想できなかった日本軍指導部の戦略眼

現在、国力の物差しとしてはGNPあるいはGDPなどが使われるが、当時はそういうものは一般的ではなかった。だから、アメリカをじかに見聞した軍人が、あんなすごい潜在生産能力のある国と戦争しても負けるに決まっているという論理は説得力がなかったともいえる。第一、日本の国民総生産高を知っている者はいなかった。

森本忠夫氏は、昭和十五年（一九四〇＝開戦前年）の日本のGNPを約九二億ドルと計算し、同時期のアメリカのGNPは約一〇〇〇億ドルと指摘している（『魔性の歴史』）。その差は実に一〇・九倍。

日本は前年の昭和十四年でGNP成長の限度を迎えていた。十二年七月から始めた中国との戦争は、十四年までに北京、上海、南京、徐州、武漢など主要都市を押さえ、中国全土の四七パーセント（満州国を除く）を占領した。兵隊の大動員、武器弾薬に集中した産業の軍需化を進めて目一杯頑張っても、そこまでが生産力の限界だったのだ。

以後、日本のGNPはほぼ横這いに終始したが、アメリカのGNPは開戦の年ですでに日本の一三倍、昭和二十年では一八倍にも開いてしまった。

海軍には日米避戦派は多かった。「日米戦争は暴《ぼう》虎《こ》馮《ひょう》河《が》である」と叫んだ者もいた（吉田善吾海軍大臣）。しかし、陸軍首脳に対して正式に「日本は勝てない」と言った者はなく、また新聞やラジオで意見を述べ警告するという社会的慣習もなかった。

早いうちに大戦果をあげて講和に持ち込むにしかず、と無意識に考えて戦争に踏み切ったが、真珠湾で大打撃を与えても、マレーやシンガポール、フィリピン、蘭印、ビルマを占領しても日本は講和を提案しなかったし、相手も持ち出さなかったのである。常勝で負けないと錯覚したのだ。

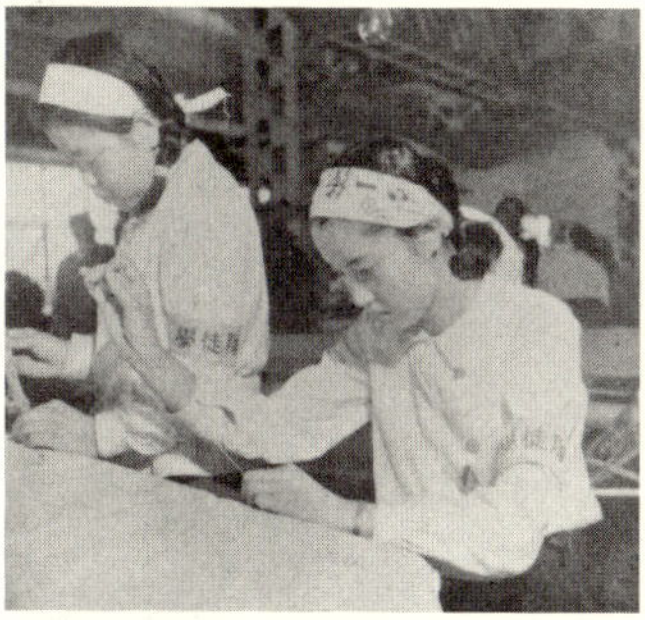

●木製飛行機の翼の布を縫っている女学生

●特攻用木製飛行機の翼を作る中学生

日・米のGNP比 （昭和15～19年）

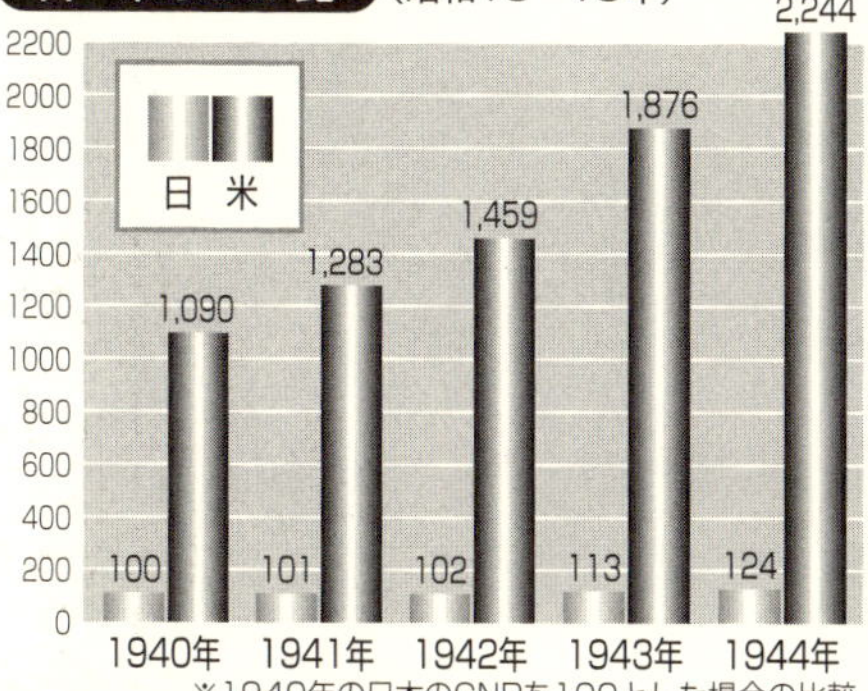

日
米
2200
2000
1800
1600
1400
1200
1000
800
600
400
200
0
100
1,090
101
1,283
102
1,459
113
1,876
124
2,244
1940年
1941年
1942年
1943年
1944年

※1940年の日本のGNPを100とした場合の比較

●都会では街路も開墾されて畠となった

日・米のGNP成長率 （昭和15～19年）

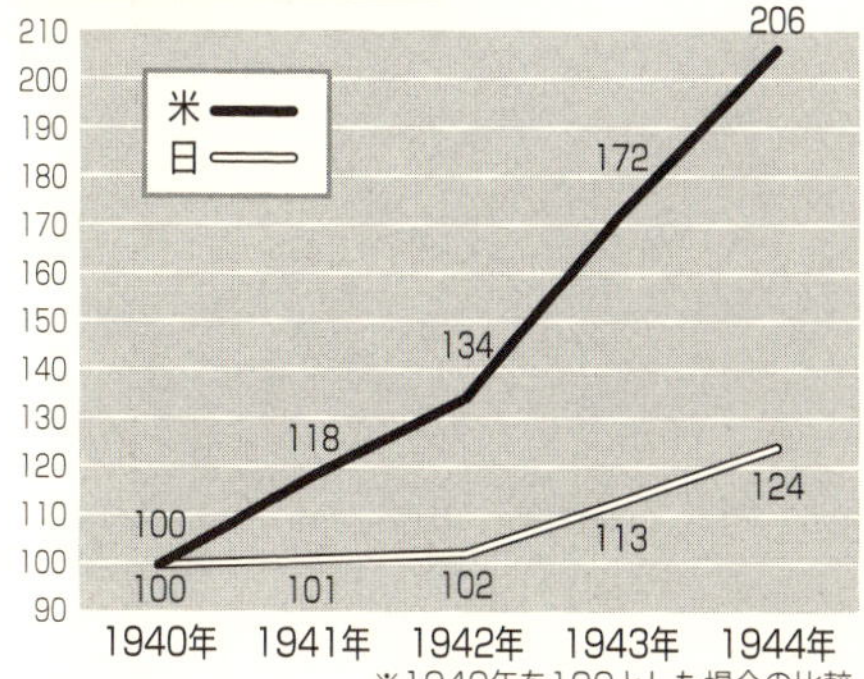

米
日
210
200
190
180
170
160
150
140
130
120
110
100
90
100
118
134
172
206
100
101
102
113
124
1940年
1941年
1942年
1943年
1944年

※1940年を100とした場合の比較

●深刻な金属不足で、国民の生活用具を供出

近代戦の真相3

米国の自動車産業がもたらしたもの

〝戦場の機械化〟で日本軍を圧倒したアメリカのインフラ

アメリカは日本と開戦したとき、すでに車社会に入り、車は一般家庭にほとんど普及していた。だから軍隊にも自動車がまんべんなくゆき渡り、補給部隊、砲兵部隊はもちろん、歩兵部隊も各種のトラックやジープを配備していた。工兵部隊もブルドーザーやローラー、クレーン車で効率よく道路や飛行場を建設した。

また、運転のための技術を改めて教えることもなく、整備も一般に機械慣れしているからほんの少しの教育訓練で修得できたのである。

ところが日本では自動車は貴重品だった。軍隊では補給部隊、砲兵部隊の大部分が馬に頼っていた。戦争になると二万五〇〇〇人ほどになる一個師団には約八〇〇〇頭の馬をつける決まりになっていた。大砲も馬が引き、食糧弾薬も馬が運んだ。しかし馬は暑さに弱く、南方戦線の米軍と戦った戦場には馬はほとんど連れていけなかった。大砲や食糧の運搬は人力に頼るしかなかったのだ。

「連合軍の絶対制空権下、四〇キロを超す重装備を背にひたすら歩くしかない。砲兵部隊はもっと大変だ。砲を分解搬送しての夜を日につぐ急進で約一ヵ月かかった」（福家隆氏）

東部ニューギニアのフィンシュハーヘンに米軍が上陸したとき、四〇〇キロ西のマダンから歩いて戦場にかけつけた第二〇師団の将校はこう書いている。背負う装備が五〇キロにもなると、立ち上がるのに人の手助けが必要だった。

ガダルカナルでもサイパンでも、米軍のブルドーザーやジープを初めて見て、驚きと羨望《せんぼう》の目を見張った日本兵が多かった。そういう機械文明の結晶が地上では戦車だった。米軍戦車は日本軍の対戦車砲を跳ね返すほど頑丈にできていたのだ。

日本の主力戦車

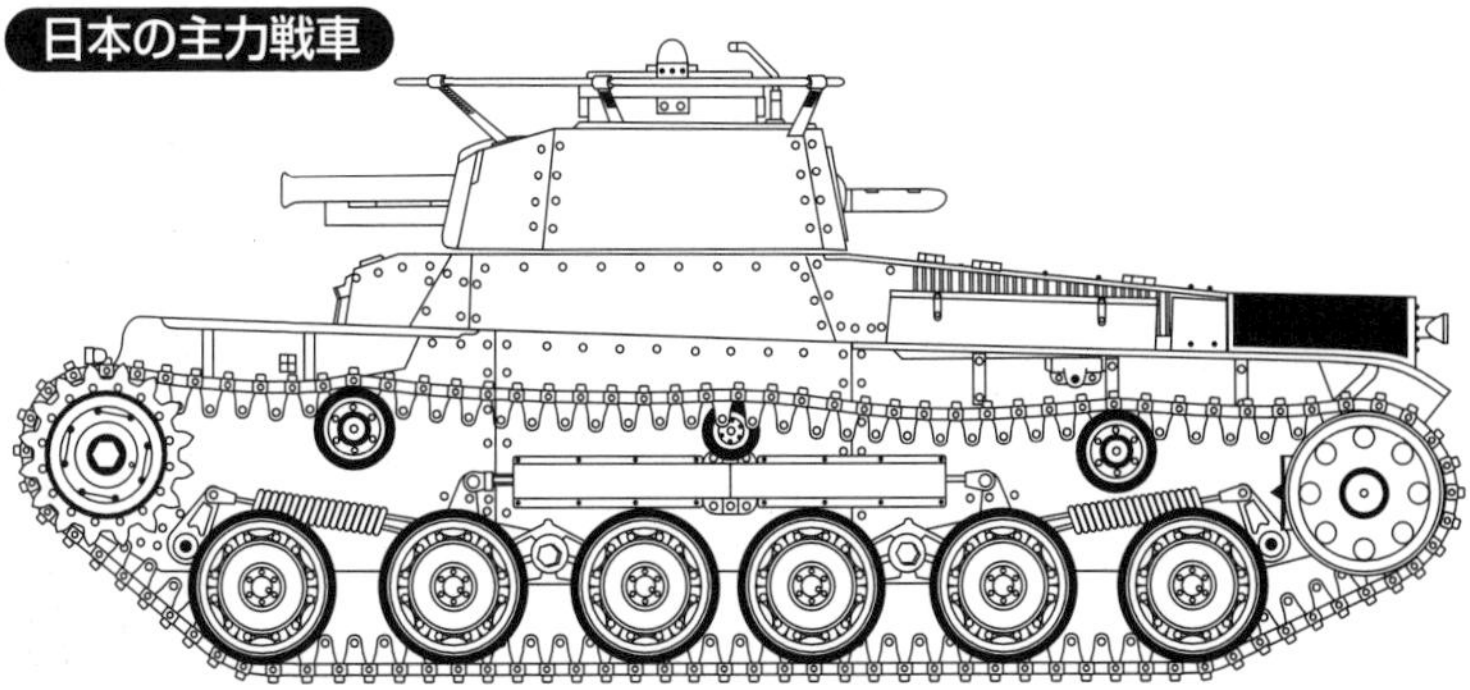

日本　97式中戦車

乗員	4 名
重量	15 t
全長	5.56 m
全幅	2.33 m
全高	2.23 m
速度	38 km/h
武装	57 mm砲1門, 7.7 mm機銃2挺
装甲	最大25 mm

●アメリカの戦車生産ライン

アメリカ　M4中戦車

乗員	5 名
重量	30.3 t
全長	5.9 m
全幅	2.6 m
全高	2.7 m
速度	33.6 km/h
武装	75 mm砲1門, 12.7 mm機銃1挺 7.62 mm機銃2挺
装甲	最大89 mm

アメリカの主力戦車

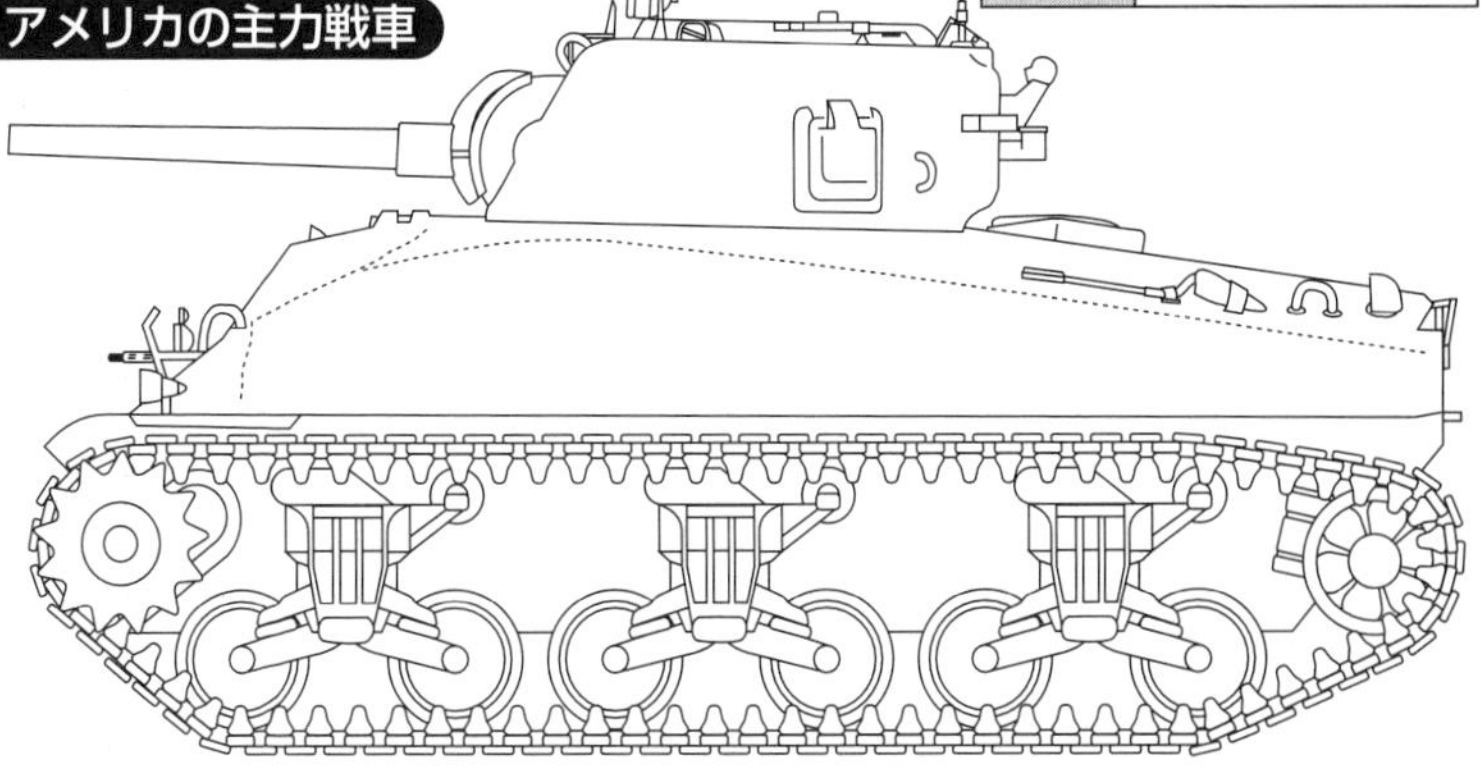

石油を米国に依存していた日本の誤算

ホワイトハウスの手玉に取られた日本の外交戦略

アメリカは日中戦争が始まって二年半後（昭和十五年＝一九四〇年一月）に日米通商航海条約を破棄した。日本の中国侵略に伴う米英の中国国内に存在する権益侵害に対する強烈な経済制裁である。

アメリカは少しずつ軍需産業用の資源・資材・機械の輸出規制を行なったが、不思議なことに石油輸出だけはほぼ日本の要求に応じて認めてきた。当時の日本は石油の八～九割をアメリカから輸入していたのだが、石油だけは気前よく売ってくれるので、アメリカと戦争をしたらどうなるか、という問題は最後まで真剣に顧みられなかった。

日本での石油の最大消費者は海軍だったが、石油の輸出を止めれば日本海軍はたちまち干上がるということを、アメリカは知り抜いていた。干上がるとわかれば、日本は必ず油田のある蘭印（現インドネシア、当時オランダ植民地）を襲い、占領するだろう。そうなれば戦争だが、アメリカとしては戦争するまでに少し時間がほしかったのだ。

「そこで、言ってみれば、われわれ自身の利益のために、……南太平洋での戦争防止を期待して、日本に石油を供給するという『手』があったわけで、この『手』は二年間役にたった」（戦史叢書『大本営海軍部大東亜戦争開戦経緯2』）。

一九四一年七月二十四日、全米義勇協会委員会代表の前で、こう語ったのは米大統領ルーズベルトだった。その日は、日本がサイゴンなど仏印（フランスの植民地）南部に軍を進駐させる協定を認めさせた日である（実際の進駐は二十八日）。

翌日、アメリカは日本の在米資産を凍結、八月一日、対日石油輸出を全面停止した。日本が戦争に踏み切ってもかまわない、受けて立つ準備は整った、との決意表明であった。

世界の石油生産 (昭和15年)

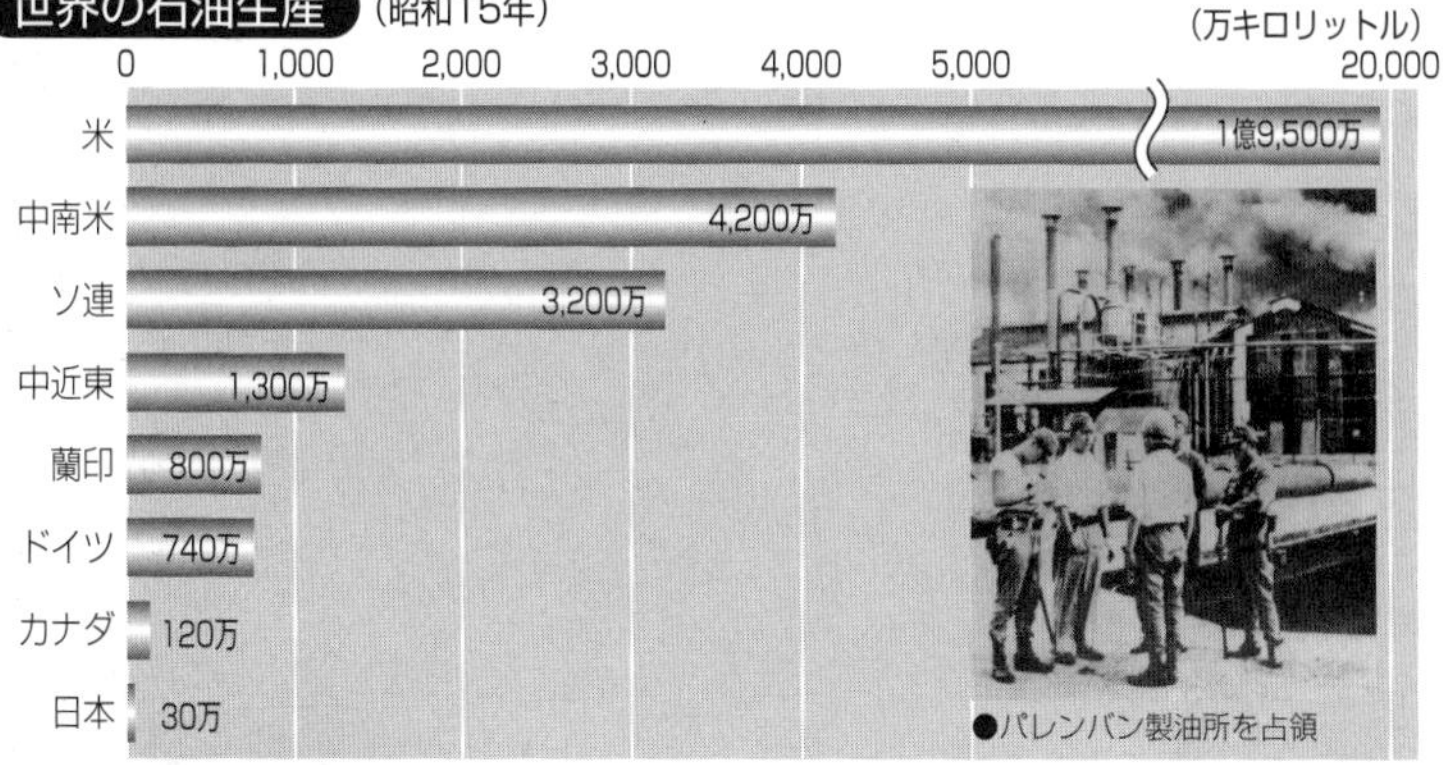
(万キロリットル)
0
1,000
2,000
3,000
4,000
5,000
20,000
米
1億9,500万
中南米
4,200万
ソ連
3,200万
中近東
1,300万
蘭印
800万
ドイツ
740万
カナダ
120万
日本
30万

●パレンバン製油所を占領

原油生産高の推移 (昭和15〜20年) 単位は万キロリットル

国＼年	15	16	17	18	19	20
米国	19,500	19,000	18,300	19,000	22,000	23,000
中南米	4,200	5,000	3,400	4,000	5,000	6,300
ソ連	3,200	3,800	3,600	2,900	3,900	2,200
中近東	1,300	1,000	1,400	1,540	1,990	2,400
蘭印	800	800	500	750	450	150
ドイツ	740	700	740	710	480	610
カナダ	120	110	130	130	130	120
日本	30	30	25	25	25	20
合計	29,890	30,440	28,095	29,055	33,975	34,800

中南米、中近東、ドイツは以下の国を含む。中南米＝ベネズエラ、メキシコ、コロンビア、アルゼンチン、ペルー
中近東＝エジプト、イラン、イラク　ドイツ＝ドイツ、ルーマニア、ハンガリー

●スマトラのパレンバン製油所を制圧するため降下した日本の落下傘部隊

●製油所制圧にパレンバンへ向かう

軍隊教育1

アメリカ式合理主義が勝因？

将兵の生命を第一にしたアメリカの人道的合理性

パットン将軍といえばヨーロッパ戦線で勇猛を謳《うた》われた米陸軍の指揮官だ。あるとき後方の陸軍病院を慰問して、一人の兵隊に質問した。兵隊の答えがどうも曖昧《あいまい》で、戦場の恐怖から仮病をつかって病院に逃げ込んだらしいと察したパットンは「臆病者め！」と怒鳴って兵隊を叩いた。従っていたカメラマンがそれを撮影、全米に報道され、パットンへの非難が嵐のように巻き起こった。

ビンタをはじめ暴力が日常化していた日本陸海軍では考えられないエピソードである。日本軍では、暴力によって合理的判断を停止させていた。

米軍も日本流に夜戦も行なったたし、臆病な指揮官をその場で更迭《こうてつ》することも珍しくはなかった。しかし、基本的には十分な兵站《へいたん》（後方の補給基地）を築くまでは積極的な攻勢には出なかった。攻勢も、遠くから砲撃を繰り返し、日本軍が陣地から離脱するか、へとへとになっていると確信してからでないと、歩兵部隊を前進させなかった。

攻撃は普通は早朝から夕方まで。夜は休息するのを原則とした。将兵を支えていたのはもちろん「国家に対する忠誠と任務達成」ではあったが、「勝たずば断じて已《や》むべからず」（日本兵が暗唱させられた『戦陣訓』の一節）の一点張りではなかった。

日本空襲に出撃するB29搭乗員には、不幸にして墜落し捕まったら、我を張らずに尋問する日本軍人を「神の如く扱い」、自分の知っていることは隠さず述べて生き延びよ、と教えた。

また、米軍機は防御に工夫をこらし、弾が命中しても容易に落ちなかったが、零戦や陸攻は弾が当たればすぐ火を噴いた。アメリカの合理性は、兵隊の命を守るという信念に貫かれていたのである。命を守る工夫を、日本は臆病、卑怯と感じた。

●安全徐行運転の道路標識までユーモアが溢れている

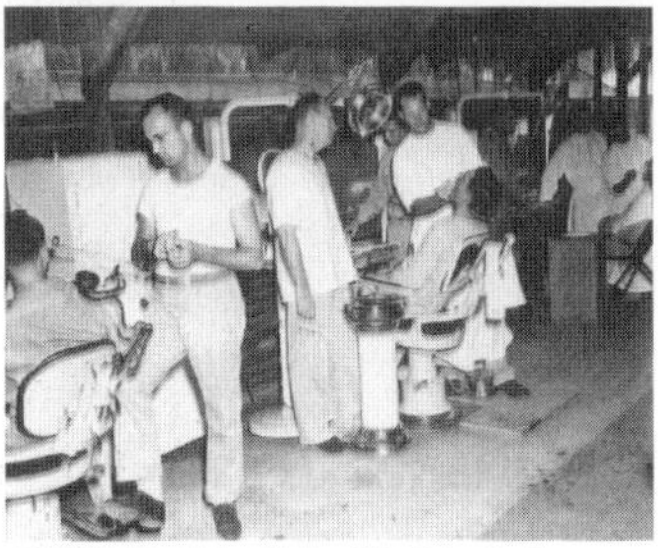

●米軍は歯医者まで前線へ送り込んでいた

●米軍は看護婦ではない婦人部隊も進出させた

●2〜3マイル先では戦闘が行なわれている最前線で米本土への放送をする余裕もあった

●米軍兵舎では女性のピンナップを壁一面に貼ってある

軍隊教育2

日本軍が重視した「大和魂」の功罪

科学力には勝てなかった武士道精神

沖縄特攻たけなわの頃、連合艦隊航空参謀だった淵田美津雄《ふちだみつお》大佐は、小沢治三郎《じさぶろう》長官に言った。「これ（常態となった特攻）は地獄絵ですよ。戦《いくさ》は厳しいものでしょうが、無制限にやらなければならないものでもないでしょう。神州不滅とは一億玉砕の阿鼻叫喚《あびきょうかん》ではないと思いますが」

これに対して小沢は「（日本は）負けたことがないんでね、どう負けたらいいか見当がつかないんだよ」と寂しく笑ったという。

特攻や玉砕は、大和魂《やまとだましい》の最も典型かつ最高の発露と考えられていた。戦いの場で勇ましいこと、潔く戦って死ぬことである。まさに〝武士道とは死ぬことと見つけたり〟だった。それは「皇軍精華の発露」などとも表現され、天皇に対する無限の忠誠・至誠を示すものと考えられていた。

それで相手が戦いをやめてくれればまだしも、勝利目前の敵が鉾《ほこ》を収めるはずがない。となると、負けるとわかっていても最後の一人まで勇ましく戦って、潔く死ぬしかないのだ。

昭和二十年（一九四五）四月、大本営陸軍部が一般に配布した『国民抗戦必携』は、やがて上陸するだろう米軍との戦い方を次のように指南した。

「銃、剣はもちろん刀、槍《やり》、竹槍から鎌、ナタ、玄能《げんのう》、出刃包丁、鳶口《とびくち》に至るまで、これを白兵戦闘兵器として用いる。刀や槍を用いる場合は斬撃《ざんげき》や横払いより背の高い敵兵の腹部目がけてぐさりと突き刺した方が効果がある（中略）格闘になったら『みずうち』を突くか、睾丸《こうがん》を蹴る。あるいは唐手《からて》、柔道の手を用いて絞殺する。一人一殺でよい。とにかくありとあらゆる手を用いて何としてでも敵を殺さねばならない」

大和魂の武士道は、国民共有の民族精神だった。

●あたかも戦国時代の一揆のような写真であるが、竹槍で上陸してくる米兵と戦わせようとしたのである

日本とアメリカの師団編成の装備比較

日本軍は最良師団の例だが、アメリカ軍は平均的師団の装備

日本		アメリカ
14,294	人　員	18,893
4,500	小　銃	14,386
468	機関銃	1312
324	重擲弾筒	―
48	7.5cm以上の砲	335
54	7.5cm以下の砲	198
26	戦　車	149
―	ジープ	1,020
360	トラック	742

●軍部では「師団は師団であり、どこの国の師団も同じである」としたが、現実にはこんなにも内容が違っていた

●街中には戦意を高揚させる標語が溢れていた

軍隊教育3

「日本海海戦」に学べなかった日本海軍

アメリカ将校から「兵隊は一流、指揮官は三流」と言われた日本軍

「日本の軍人の進級は別に戦争にかかわりなく、規則による封建的なものである。したがって日本の兵は強いが、日本の軍中央部は必ずしも恐れるにたりない」

これはダグラス・マッカーサー元帥の回想。いうまでもなく、彼は日本占領時代の最高司令官だ。

戦場で相まみえた連合軍指揮官も同様の印象をもった者は多く、「日本陸軍の下士官・兵は優秀だが、将校は凡庸《ぼんよう》で、特に上にいくほど愚鈍だ」と書き残した将校は少なくない。

日本は日露戦争で、満州のロシア軍を奉天《ほうてん》（現瀋陽《しんよう》）以北に押し返し、日本海海戦でバルチック艦隊に完全勝利をあげ、以来、列強の末席に座った。日露戦争は英米の支援を取り付け、最新式の艦隊を整備し、敵失にも助けられ、猛訓練の結果としてなんとか「勝利者の立場」で講和にこぎつけたにすぎない。あの旅順《りょじゅん》大要塞の攻略も肉弾戦による夥《おびただ》しい犠牲者があったとはいえ、最後は二八センチ榴弾砲《りゅうだんほう》という巨砲が止《とど》めを刺したのだ。

ところが日本陸軍は、戦争は大砲など武器弾薬の量（火力）で決まるという単純な理屈を忘れ、むやみに精神力を強調して、白兵戦主義を戦闘の中心に据えたまま日米戦争を迎えた。

海軍も、最新式兵器の軍艦があったから勝てたという「勝因」を忘れ、それから三九年後の戦争も最新式＝最重量の軍艦で勝てると錯覚していた。三九年後の最新式兵器とは飛行機であり、航空戦を支える産業や科学技術であり、それを運用するシステムであることに気づかなかった。

もっとも、陸海軍将校がそういう変化にほんとうに気づいていたら、日米戦争など始めなかっただろうが……。

●日露戦争の日本海海戦では、世界最新鋭の軍艦を持ったことが勝利の決め手となった

●日露戦争の旅順攻略での勝利の決め手は、28cm榴弾砲であった

戦略・戦術1

日本軍に名戦略・戦術家はいたのか?

大きな戦略がなかったからよい戦術も生まれなかった

日中戦争は米英が中国を支援し、蔣介石はそれに頼りつつ、抗日戦を継続していた。いつかは日本が米英と衝突して、米英が日本を敗北させれば、我が中華民国も対日戦の勝利を手にすることができると考えていた。延安の中国共産党軍も、日本は太平洋で必ず米英と戦争を起こす、それまでの辛抱だと思っていた。

日本は中国がそんな戦略を抱懐《ほうかい》しているとはつゆ知らず、「蔣介石を支援する米英はけしからん!」の一点張りであった。そしてとうとう蔣介石や毛《もう》沢東《たくとう》の読みどおりに米英と戦争しなければならなくなった。米英にはドイツ以外の、いってみれば世界中の国がつきしたがっていた。世界中を相手に戦争をして勝てると思うのは中学生以下の戦略眼である。

石油がほしかったから戦争に踏み切らざるを得なかった、というのが、最も直接的な開戦理由である。しかし、石油産地の蘭印(現インドネシア)を占領したあとも、戦線を無意味に拡大した。オーストラリア占領まで夢想さえした。伸びきった戦場ガダルカナル島と東部ニューギニアで、陸海軍はヘトヘトになるまで戦い、そして敗れた。この頃になると戦争の目的を忘れ、眼前の敵に負けてたまるかという感情だけで戦うようになっていたとしか思えない。

敗勢になると、もう戦略も戦術もない。特にサイパン戦以降は、死ぬことが戦いの目的に転化した雰囲気となった。フィリピン防衛戦で航空特攻が実施され、常態化されるとその考えが加速した。その延長線上に、全員特攻・全員玉砕の本土決戦準備があった。兵隊は屈強だったが、日本軍にそれを生かす真の戦略・戦術家はいなかった。

陸海軍将校の昇進例

年	陸軍(杉山　元)		海軍(永野修身)	
1900	11月 陸軍士官学校卒		12月 海軍兵学校卒	
1901	6月 陸軍少尉			
1902			1月 海軍少尉	
1903	11月 陸軍中尉		9月 海軍中尉	砲術練習所
1904				
1905	6月 陸軍大尉		1月 海軍大尉	砲術練習所
1906				
1907				
1908		陸軍大学校		
1909				海軍大学校
1910			12月 海軍少佐	
1911				
1912		シンガポール駐在		
1913	8月 陸軍少佐			
1914			12月 海軍中佐	アメリカ駐在
1915				
1916		インド駐在		
1917	8月 陸軍中佐			
1918			12月 海軍大佐	
1919				
1920				
1921	6月 陸軍大佐	国際連盟空軍代表随員		
1922				アメリカ駐在
1923			12月 海軍少将	
1924				
1925	5月 陸軍少将			
1926				
1927			12月 海軍中将	
1928		国際連盟陸軍兼空軍代表		
1929				
1930	8月 陸軍中将			
1931				
1932				ジュネーブ軍縮会議全権委員
1933				
1934			3月 海軍大将	
1935				第2次ロンドン軍縮会議全権
1936	11月 陸軍大将			
1937		教育総監		海軍大臣
1938		陸軍大臣		連合艦隊司令長官
1939				
1940				
1941				
1942		参謀総長	6月 元帥	軍令部総長
1943	6月 元帥			
1944		陸軍大臣		
1945		教育総監		

杉山　元参謀総長

永野修身軍令部総長

戦略・戦術2

「大艦巨砲主義者」と「航空屋」の戦い

真珠湾攻撃で実証した「航空主兵」はなぜ生かされなかったのか

開戦当時、米英海軍ともに航空母艦をかなり保有していたが、真珠湾攻撃やマレー沖海戦で日本海軍航空隊が圧勝するまで、米英ともに大艦巨砲主義が主流だった。戦艦同士で数十キロまで近づき、ドカンドカンと大砲を撃ち合って多く沈んだほうが負け、というかたちの海戦である。

これに対して、航空母艦に飛行機を積み、戦艦や巡洋艦、駆逐艦、潜水艦で空母を護衛させ、敵艦隊や根拠地の数百キロ手前から攻撃をしかける戦略を、海軍全体の戦略にすべきだという立場が航空主兵である。陸上にもポイントごとに航空基地を置くことはもちろんだ。

大艦巨砲主義は、飛行機の軍艦に対する攻撃力を軽視していたという点で盲点をもっていた。千早正隆氏は連合艦隊旗艦「長門《ながと》」の高射長だった頃（昭和十五年）、「艦隊の防空に関する研究」を提出し、対空装備の充実と「特設の二隻の航空母艦に戦闘機一〇〇機を積むこと。そして、その戦闘機は敵機の襲来に備え、防空以外に使ってはいけない」（『元連合艦隊参謀の太平洋戦争・千早正隆インタビュー』）という内容の論文を提案し、一応認められたそうである。日米開戦直前という。

しかし、千早提案は実行されなかった。海軍省が関係者にそれを「軍極秘」と配布したのはミッドウェー海戦で主要空母四隻が沈んだあとだった。負けて初めて、大艦巨砲主義の脆《もろ》さと航空主兵の必要性を痛感したわけだ。

しかし、続いて起こったガダルカナル島攻防戦でも、そういう大胆な戦略はとれなかった。空母に積む航空機がやっとだったからである。大艦巨砲「大和」「武蔵」はソロモン海の激闘をよそに、遠くトラック泊地で惰眠《だみん》をむさぼっていた。

太平洋戦争中の日米主力艦の喪失原因

	艦名	喪失年月日	喪失原因
日本	戦艦「金剛」	1944年11月21日	潜水艦の雷撃
	戦艦「比叡」	1942年11月13日	艦隊の砲撃（自沈）
	戦艦「榛名」	1945年7月28日	航空機の攻撃
	戦艦「霧島」	1942年11月15日	戦艦の砲撃
	戦艦「扶桑」	1944年10月25日	戦艦の砲撃
	戦艦「山城」	1944年10月25日	戦艦の砲撃
	戦艦「伊勢」	1945年7月28日	航空機の攻撃
	戦艦「日向」	1945年7月24日	航空機の攻撃
	戦艦「陸奥」	1943年6月8日	原因不明の事故
	戦艦「大和」	1945年4月7日	航空機の攻撃
	戦艦「武蔵」	1944年10月24日	航空機の攻撃
	空母「赤城」	1942年6月6日	航空機の攻撃（自沈）
	空母「加賀」	1942年6月5日	航空機の攻撃
	空母「龍驤」	1942年8月24日	航空機の攻撃
	空母「蒼龍」	1942年6月5日	航空機の攻撃
	空母「飛龍」	1942年6月6日	航空機の攻撃（自沈）
	空母「翔鶴」	1944年6月19日	潜水艦の雷撃
	空母「瑞鶴」	1944年10月25日	航空機の攻撃
	空母「大鳳」	1944年6月19日	潜水艦の雷撃
	空母「信濃」	1944年11月29日	潜水艦の雷撃
	空母「雲龍」	1944年12月19日	潜水艦の雷撃
	空母「天城」	1945年7月28日	航空機の攻撃
	空母「祥鳳」	1942年5月7日	航空機の攻撃
	空母「瑞鳳」	1944年10月25日	航空機の攻撃
	空母「千歳」	1944年10月25日	航空機の攻撃
	空母「千代田」	1944年10月25日	航空機の攻撃
	空母「飛鷹」	1944年6月20日	航空機の攻撃と潜水艦の雷撃
	空母「大鷹」	1944年8月18日	潜水艦の雷撃
	空母「雲鷹」	1944年9月17日	潜水艦の雷撃
	空母「冲鷹」	1944年12月4日	潜水艦の雷撃
	空母「神鷹」	1944年11月17日	潜水艦の雷撃
	空母「海鷹」	1945年7月28日	航空機の攻撃
アメリカ	戦艦「オクラホマ」	1941年12月8日	航空機の攻撃（引き上げ後転覆、沈没）
	戦艦「アリゾナ」	1941年12月8日	航空機の攻撃
	空母「ラングレー」	1942年2月28日	航空機の攻撃（自沈。沈没時は水上機母艦）
	空母「レキシントン」	1942年5月9日	航空機の攻撃（自沈）
	空母「ヨークタウン」	1942年6月6日	航空機の攻撃と潜水艦の雷撃
	空母「ホーネット」	1942年10月28日	航空機の攻撃と水上艦艇の砲撃
	空母「ワスプ」	1942年9月16日	潜水艦の雷撃
	軽空母「プリンストン」	1944年10月25日	航空機の攻撃
	護衛空母「リスカムベイ」	1943年11月25日	潜水艦の雷撃
	護衛空母「セント・ロー」	1944年10月25日	特攻隊の攻撃
	護衛空母「ガンビアベイ」	1944年10月25日	艦隊の砲撃
	護衛空母「オマニーベイ」	1945年1月4日	特攻隊の攻撃
	護衛空母「ビスマルクシー」	1945年2月21日	特攻隊の攻撃

航空機の攻撃　砲撃

戦略・戦術3

最後まで艦隊決戦にこだわった日本海軍

かの山本五十六大将も大艦巨砲主義に逆戻りした?

山本五十六は空母部隊の運用に関して画期的な戦術を実行した。「大和」「武蔵」が計画されていた頃、造艦技師たちに向かっては「悪いけど君らは間もなく失業するぜ」と言い、新造艦に対しては「ま、床の間の飾り物ぐらいの役割はたすだろう」と皮肉っていた。

では山本はほんとうに航空主兵の立場を貫いたのだろうか。そこはなかなか微妙だ。その好例がミッドウェー作戦だった。「大和」や「長門」といった戦艦部隊は、空母部隊の五〇〇キロ以上も後ろに位置した。それでいて空母部隊は単に空襲部隊と命名し、自分が乗っている戦艦部隊を「主隊」と名づけた。航空雷撃の指揮官村田重治《しげはる》少佐は「無用の長物の大砲で何ができると思っているんだ」と怒り、飛行隊長の淵田美津雄中佐は「戦艦の連中がわれわれ（空母部隊）の前にいるんなら作戦に役立つかもしれないが、後ろにいるんでは戦う気があるのかと疑いたくなる」と批判した。「少なくとも、この時点での山本長官は、大艦巨砲主義に逆戻りしていたと批判されても仕方ありませんね」と、千早氏は述べている（『元連合艦隊参謀の太平洋戦争・千早正隆インタビュー』）。

その山本が撃墜死して間もなく、大本営陸軍部が「海軍のやり方は少し土俵が広すぎるのではないか」と批判すると、海軍側は「外郭要地（ソロモン諸島やギルバート、マーシャル諸島など）を守るのは、千早城戦法で敵を引きつけて叩き、洋上戦力はバルチック艦隊邀撃《ようげき》戦法で十分自信はもてる」などと答えた（昭和十八年五月二十九日）。

実際には戦艦群はトラックからもパラオからも逃げるだけだったが、それも最後の艦隊決戦に備えて戦力を温存しようとしたからだった。

●主砲を発射する戦艦

艦隊決戦のエースと
なるはずであった戦艦「大和」
全長：263m、全幅：38.9m、45口径46ｃｍ
砲3連装主砲を3基、副砲は15.5ｃｍ

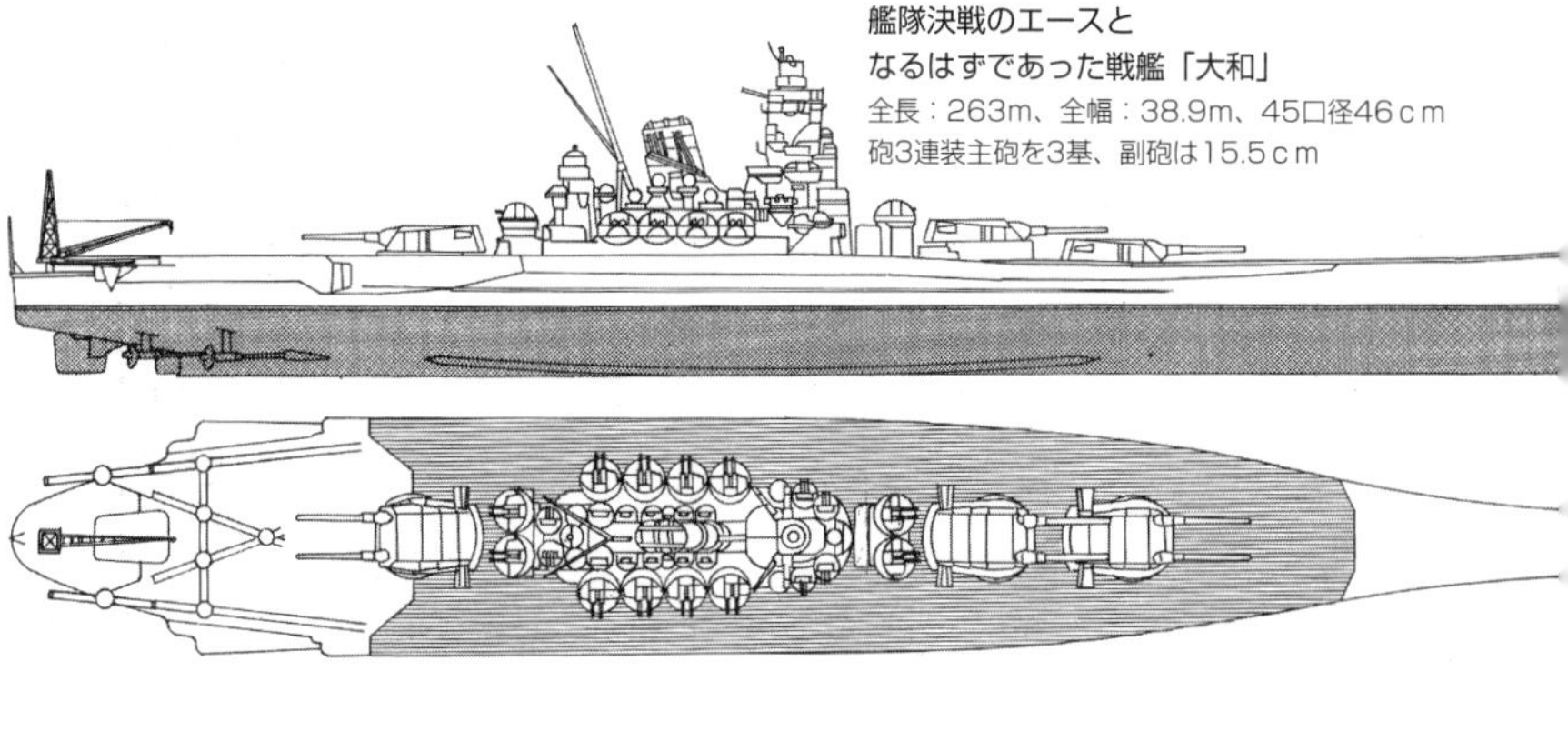

戦略・戦術4

日本にはなぜ「空軍」がなかったのか?

陸海軍統合の航空隊設立構想を葬った日本軍の内部事情

アメリカ軍は陸海軍とも強大な航空部隊をもっていたが、空軍という独立部隊はなかった。ただ海軍とも陸軍とも違う敵前上陸専門の海兵隊というものがあった。

日本でも陸海軍にそれぞれ航空部隊があったが、両軍に独立した空軍は生まれなかった。大西瀧治《たきじ》郎《ろう》が航空本部教育部長時代に〝純正空軍〟創設を提案したことはあったが(昭和十二年七月)、それは海軍内の独立組織としてであった。

日米開戦後にも大西は陸海空軍を統合しようと内々に提案したが、深く検討されるまでもなく沙汰やみとなった。山本五十六などは、海軍航空が陸軍航空より上だと思っており、統合したら全体のレベルが下がることを心配したという。

陸軍航空と海軍航空は目的も訓練法もまったく異なっていたからだ。海軍航空は太平洋の彼方からやってくる米軍を迎撃するのが目的。陸軍航空は中国大陸で作戦することが目的。だから、海軍機は陸地が見えない洋上をコンパスで計算しながら飛行できたが、陸軍機はそれができなかった。

そんな二つの航空部隊を統合するというのは確かに夢物語でしかない。そのうえ、陸海軍は同じ天皇を戴《いただ》く国の軍隊か、と思われるほど仲が悪かった。国家存亡を賭けた日米戦争ではあったが、一皮むけば陸海は互いに足を引っ張り合っていた。だから、飛行機もどこが最も大切な戦場かという本質を離れて、戦争中は陸海軍平等に分け合った。陸軍三万三三〇六機、海軍三万一七一四機だ。陸海軍がケンカをやめれば日本は当時の五倍、年間五万三〇〇〇機生産できると推定された(昭和十八年七月、行政査察官・藤原銀治郎の報告)。

陸海軍は対米・日日の二つの戦争をやっていた。

●空母を発艦する海軍機

航空機生産量の推移（昭和16〜20年）

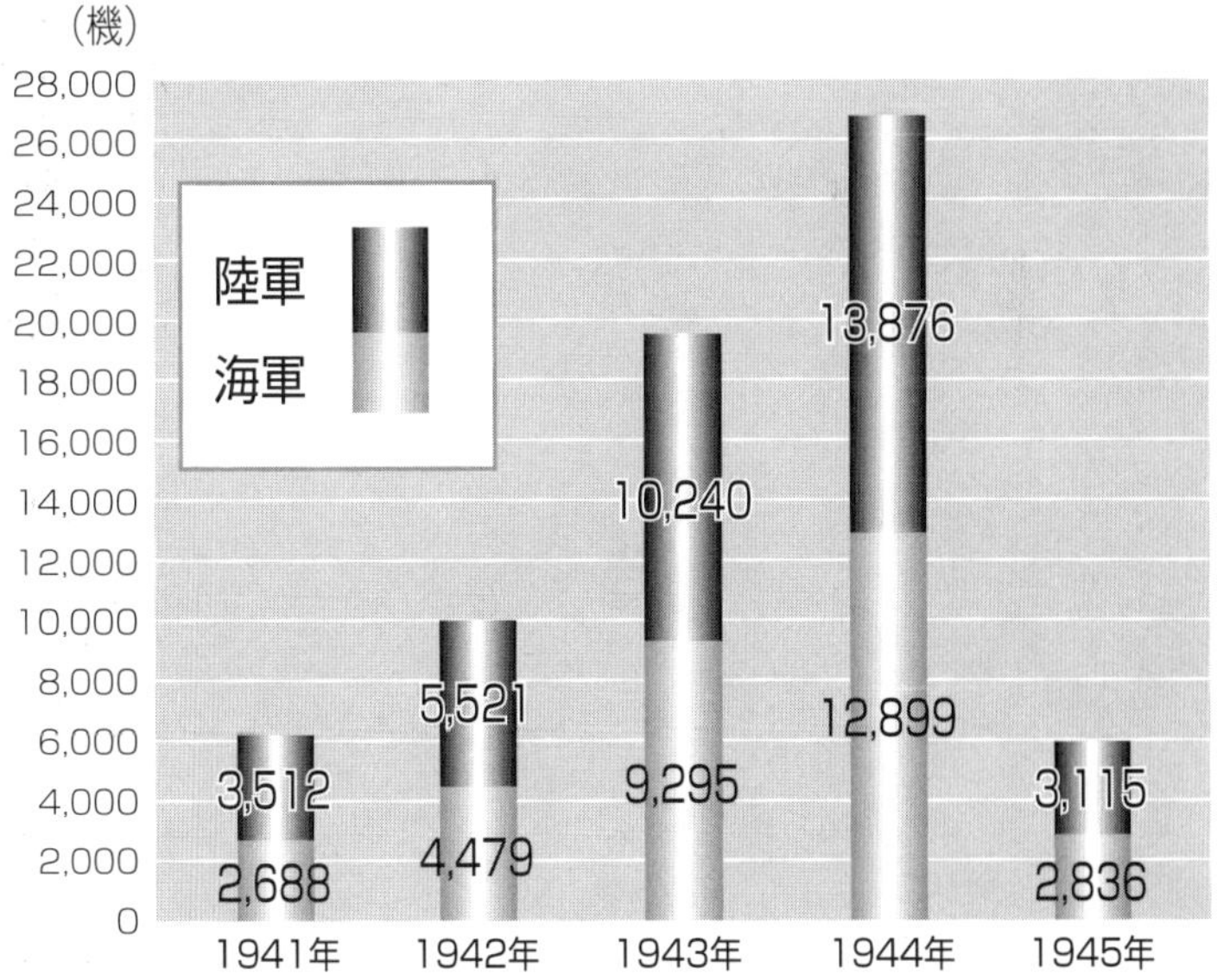
（機）
28,000
26,000
24,000
22,000
20,000
18,000
16,000
14,000
12,000
10,000
8,000
6,000
4,000
2,000
0
陸軍
海軍
3,512
2,688
5,521
4,479
10,240
9,295
13,876
12,899
3,115
2,836
1941年
1942年
1943年
1944年
1945年

戦略・戦術5

パイロット養成を怠った日本軍のツケ

日米開戦三年前にスタートしたアメリカのパイロット大量養成

飛行機はパイロットなしでは飛ばない。日米開戦時の作戦飛行部隊戦力は日本が二七〇〇機、アメリカが一万機強で、一対三程度の開きだったが、パイロットの養成や飛行機生産能力を加味すると、五倍から一〇倍の開きがあったという。

アメリカはイギリスと同様、一九三八年（昭和十三）からパイロットの大量養成に入った。陸軍は年間三〇〇名規模の養成基準だったものを、四一年までに計九万名養成するというもので、米海軍も四、五万を目標とした。

陸軍パイロットの半数は海軍が養成した。その背景は、ナチス・ドイツの侵略的性格が明らかになったからで、それに対応しようという戦略である。まだ日米戦争は視野に入っていなかった。アメリカ陸海軍とも操縦時間約二〇〇時間で実戦部隊に投入し、最初は練度の低さには眼をつぶり、マスプロをめざしたのだった。

日本海軍でも多くの練習航空隊（昭和五年発足。太平洋戦争末期で七〇部隊以上）をつくってパイロット養成に励んだが、それでも開戦の年の昭和十六年に実戦部隊に投入できた新パイロットは日本が三〇〇〇名（過半数が海軍）、アメリカが一万一〇〇〇名だった。

開戦時の空母航空隊のパイロットは練度が高かったことは確かだが、その後の消耗で補充はきかなった。スタンダードなマスプロ養成ではなく、艦隊決戦用の名人教育をめざしたからだった。戦争が進むにつれて、練習隊員は多かったが、こんどは肝心のガソリン不足で練習時間が不足した。終戦時の米パイロット平均飛行時間は六〇〇時間、日本のそれは一〇〇時間だった（アメリカ戦略爆撃調査団報告書）。

●海軍飛行予科練習生たち

●霞ヶ浦航空隊の練習機

予科練（海軍）と少年飛行兵（陸軍）の教育施設

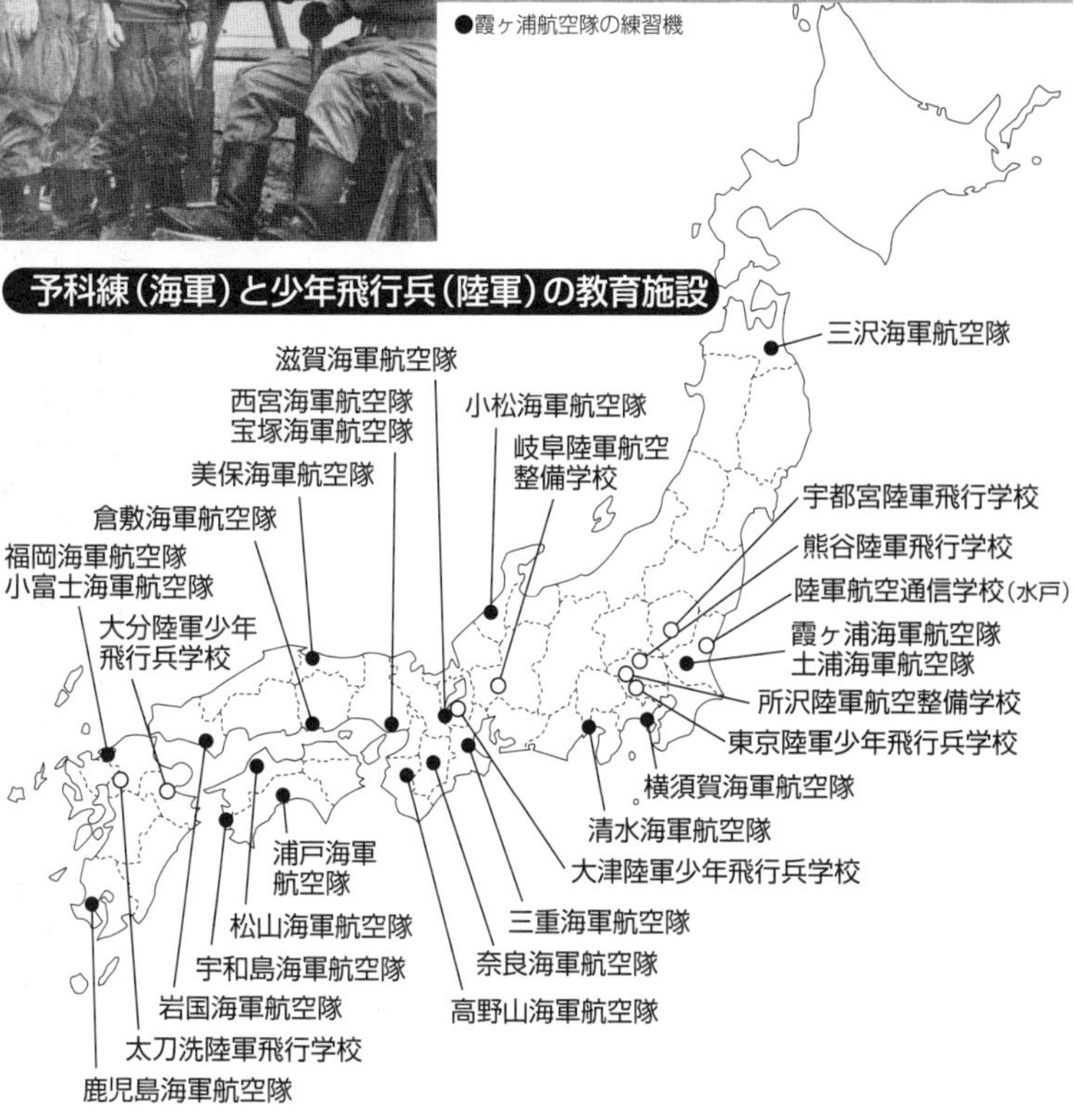
三沢海軍航空隊
滋賀海軍航空隊
西宮海軍航空隊
宝塚海軍航空隊
小松海軍航空隊
岐阜陸軍航空整備学校
美保海軍航空隊
倉敷海軍航空隊
福岡海軍航空隊
小富士海軍航空隊
大分陸軍少年飛行兵学校
宇都宮陸軍飛行学校
熊谷陸軍飛行学校
陸軍航空通信学校（水戸）
霞ヶ浦海軍航空隊
土浦海軍航空隊
所沢陸軍航空整備学校
東京陸軍少年飛行兵学校
横須賀海軍航空隊
清水海軍航空隊
大津陸軍少年飛行兵学校
浦戸海軍航空隊
松山海軍航空隊
三重海軍航空隊
宇和島海軍航空隊
奈良海軍航空隊
岩国海軍航空隊
高野山海軍航空隊
太刀洗陸軍飛行学校
鹿児島海軍航空隊

戦艦建造に現われた日米の国民性

大量生産方式の米国と一艦完璧主義の日本

日米戦争に入ってから、両国はいったいどれほどの軍艦を建造したのだろうか。数字（日米比）で示そう。大型空母（実際に戦場に出て戦闘する空母）は七隻対二六隻、小型空母（飛行機の輸送や護衛）八隻対七六隻、戦艦二隻対八隻、重巡〇隻対一一隻、軽巡五隻対三三隻、である。

いくら国土が広い、資源があるといっても、少し差が大きすぎる。しかし、これが日本の限度だったのだ。戦艦二隻も開戦三年も前からとりかかっていたものが完成したにすぎず（「大和」「武蔵」）、戦争に入ってからは新設計による戦艦はない。空母も開戦後起工し、昭和十九年（一九四四）八月～十月に完成したのは三隻（「雲龍《うんりゅう》」「天城《あまぎ》」「葛城《かつらぎ》」）のみだった。大きい軍艦は完成までに三年ぐらいはかかるのである。

これに比べると小型の駆逐艦建造は容易で、開戦時に一一二隻あったが、戦争中に六三隻完成させた。ただし、一三一隻が戦没したが……。もっと小さい海防艦（九〇〇トン前後）は一六七隻完成させた。工程を七万から三万まで減らし、さらにブロック化を実施したためである。木造の駆潜特務艇（一三〇トン）も同様にして二〇〇隻造った。

潜水艦も六三隻で開戦を迎え、戦時中に一一八隻も完成させた（戦没は一三一隻）。しかし、アメリカはもっとすごかった。五大湖のミシガン湖畔で建造して、浮きドックに入れてミシシッピー河を下らせることまでやったのだ。

すでに自動車産業に代表される、部品の規格化と流れ作業方式の採用により、日米の生産能力格差は大きく開きすぎていたのである。日本は現場の意志を容れて兵器ごとに細かく修正するなど、兵器に対する考え方の違いにもよるものだった。

●呉海軍工廠の造船ドック

●進水を待つ軍艦

●艦の象徴である大砲を磨きあげる

太平洋戦争中の日米艦艇就役数

艦種（日本）	就役隻数（日本）		就役隻数（アメリカ）		艦種（アメリカ）
戦艦		2隻	8隻		戦艦
航空母艦		5隻	26隻	17隻	航空母艦
大型商船改装空母		2隻		9隻	軽空母
軍艦改装空母		4隻	76隻		護衛空母
小型商船改装空母		4隻			
重巡洋艦		—	13隻	2隻	大型巡洋艦
				11隻	重巡洋艦
軽巡洋艦		5隻	25隻		軽巡洋艦
			8隻		防空巡洋艦
駆逐艦		63隻	339隻		駆逐艦
海防艦	167隻	205隻	433隻		護衛駆逐艦
駆潜艇	38隻				
潜水艦		118隻	202隻		潜水艦
合計		408隻	1,130隻		合計

戦略・戦術7

シーレーン防衛を軽視した日本海軍

敵を軽く見、補充計画も甘く見た戦争計画のツケ

シーレーン防衛は当時の言い方では海上護衛。日本はスマトラやボルネオの油田を占領して、日本に石油を運び、戦いを続けるつもりだったから、採掘した原油を確実に輸送しなければならない。

しかし海軍は、アメリカの潜水艦は能力が低いと考えており、したがって大スンダ列島・小スンダ列島（インドネシア）の海峡・水道を守って潜水艦を入れなければよい、と単純に考えた。

しかし実際は、シンガポールから門司《もじ》までの約四七〇〇キロの航路を守りきれなかった。開戦時、護るべき船舶は六四四万トン・二五〇〇隻、直接、海上護衛に当たるべき艦艇は五五隻（旧式駆逐艦一六隻、水雷艇一二隻、掃海艇一九隻、海防艦・施設艦各四隻。数字は森本忠夫『魔性の歴史』）。

これで年間八〇万トン～一〇〇万トンの喪失ですめば、新造船で補充できると計算した。しかし、実際は戦争一年目で一〇〇万トン、二年目で一八〇万トン、三年目で三八〇万トンの船舶が沈められた。これではいくら造っても追いつかない。石油も第二年目までは計画より多く輸送できたが、第三年目は四分の一も輸送できなかった。最初は潜水艦、ついで航空機による撃沈が多かった。

これではならじと海上護衛総司令部が創設されたのが、満二年目の昭和十八年十一月、すでに日本は敗勢に陥っていた。動員された艦艇も旧式駆逐艦一二隻以下の計三二隻。機構はできたが開戦当時より護衛戦力は大きく落ち込んでいたのだ。

もともと日本海軍は、外国からの侵略をいかに防ぐかという目的から創設され、敵艦・敵艦隊に対する戦闘が最優先された。実際、守るべき長大な公海航路をもたなかった。日本海は天皇の浴槽といわれるほど安全地帯だったのである。

●黄海で米潜水艦「ワフー」に撃沈された日本貨物船「日通丸」(2183トン)

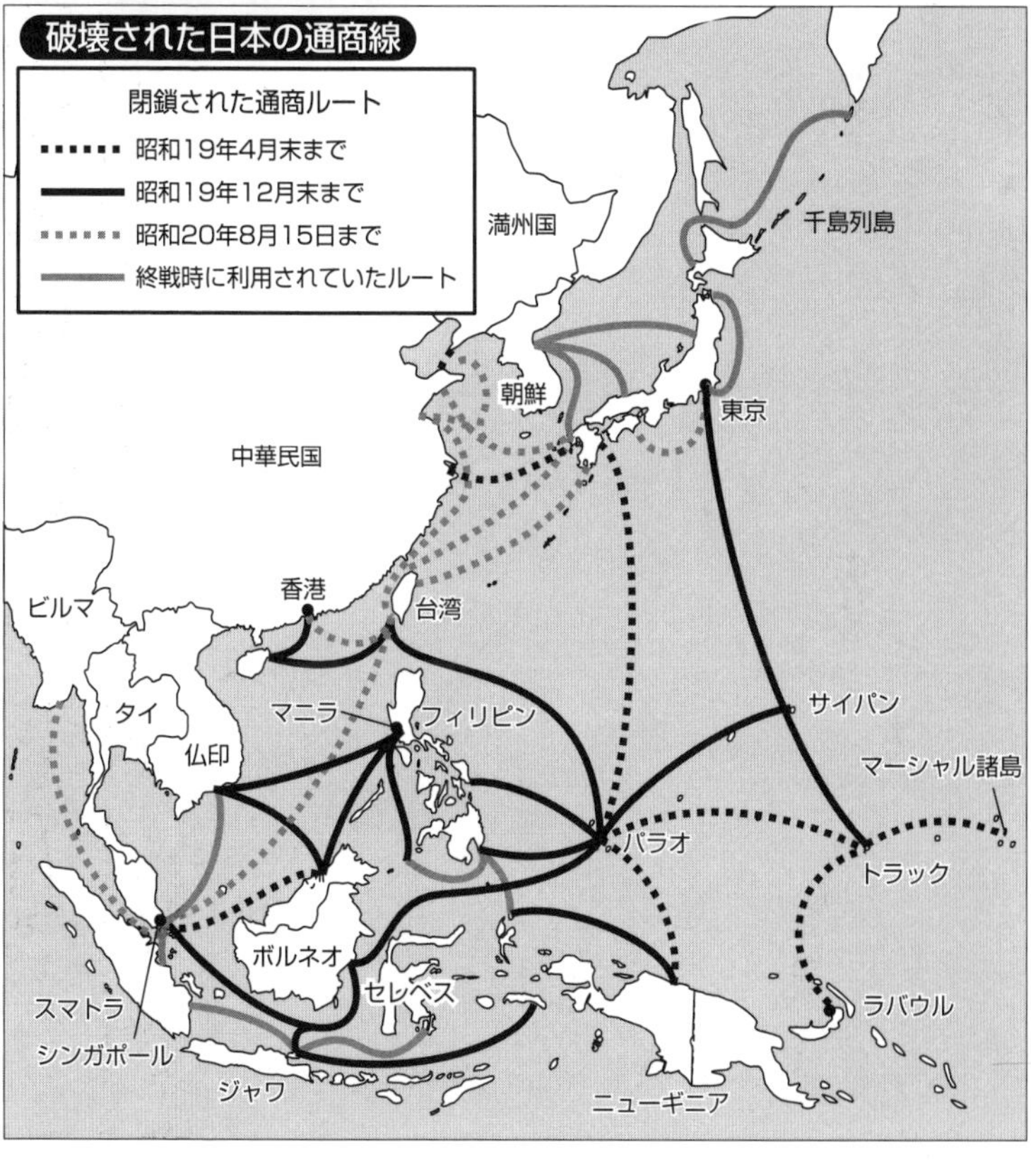
破壊された日本の通商線
閉鎖された通商ルート
昭和19年4月末まで
昭和19年12月末まで
昭和20年8月15日まで
終戦時に利用されていたルート
満州国
千島列島
朝鮮
東京
中華民国
香港
台湾
ビルマ
タイ
仏印
マニラ
フィリピン
サイパン
マーシャル諸島
パラオ
トラック
ボルネオ
セレベス
ラバウル
スマトラ
シンガポール
ジャワ
ニューギニア

情報・謀略戦1

前線の情報戦争でも完敗した日本

オーストラリア軍とマッカーサーが張り巡らせた情報・諜報網

太平洋戦争の悲劇の象徴ガダルカナル。この島をめぐる約半年の攻防で、日本海軍は航空兵力の大半を喪失、以後の作戦をほとんどまともには立てられなくなった。将棋でいえば「指しすぎ」(軍事史研究家・野村実氏)である。

その戦いにおける兵力運用や補給作戦についてはさまざまな議論があるが、情報戦に関してはあまり顧みられない。

米豪軍はブーゲンビル島からガダルカナル島に至る大小さまざまな島に、沿岸監視隊を置いていた。日本軍がツラギ島やガダルカナル島に初めて上陸したときいち早く報告したのも、米海兵隊がガ島へ敵前上陸するに際し、ガ島日本軍の兵力・装備を報告したのもガ島の沿岸監視員だった。また、米軍上陸後にラバウルから発進した日本の第一波航空隊を通報したのはブーゲンビル島の監視員である。ガ島のパイロットは時間を計算し、出撃三〇分前まで、悠々とカードを楽しんでいた。

これら沿岸監視隊は第一次大戦終了後に早くも設置された。日本が「勝利国の一員」として、ドイツ領だった広大な南洋諸島(赤道以北のミクロネシア)を委任統治領としたからである。有色人種の移民を禁じていたオーストラリアの偏見に基づく過剰反応ではあったが、その後は東部ニューギニアにも増設され、開戦時はソロモン諸島も併せて約一〇〇ヵ所・約八〇〇名の監視員が無線機を備えて見張っていたのである。

魚雷艇艇長だったジョン・F・ケネディ中尉(戦後、大統領)が駆逐艦「天霧《あまぎり》」に衝突され沈没したとき、これを通報したのは、コロンバンガラ島の監視員アーサー・レジナル・エバンス少尉である。ケネディは辛くも救助された。

●ガダルカナル地下壕の通信室。ソロモン諸島からの通報を送受信した

●ガダルカナル島の沿岸監視隊員

情報・謀略戦2

米兵たちを幻惑させた「東京ローズ」

戦争に運命を翻弄された対米謀略放送のマドンナ

「太平洋のおばかさん、あなたが血を流している間に、祖国であなたの奥さんや恋人は涙を流すどころか、新しいボーイフレンドと楽しんでいますよ。おかわいそうな兵隊さん」

悪声だが、相手をおちょくるような、じらすような、ときにはささやくような語りかけがＮＨＫ短波放送で流れていた。〝孤児のアン〟こと日系二世のアイバ・戸栗さんである。放送は「ゼロ・アワー（午前零時・軍隊用語で〝今から突撃〟の意）」の昭和十九年十一月から。前線の米兵たちはいつしか〝孤児のアン〟を〝東京ローズ〟と愛称した。

アイバさんはタイピストが本業だったが、悪声とはいえその個性的でコミカルな語り口調は評判を呼び、「戦争に勝って東京に進駐したら、東京ローズに会いたい」というＧＩが多かったという。

「太平洋のみなし児さん。あなたたちのお船は全部沈んじまったのよ。どうやってお家に帰るつもり？　アニーは心からご同情申しあげます」

これは台湾沖航空戦「大勝利」（142頁参照）のときの東京ローズのささやきだ。

米兵に厭戦《えんせん》気分を蔓延《まんえん》させるための、この東京ローズの呼びかけも、米兵が知っている戦局とあまりにもかけ離れていたため、効果はほとんどなかった。が、米兵たちはその口調から、想像上のマドンナを勝手につくりあげ、それなりに米兵に同情し、慰めてくれる東京ローズを「大いに気に入っていた」（『ニューヨーク・タイムズ』）。

戦後、東京ローズは逮捕され、反逆罪で懲役十年。アメリカで服役した。実際にはゼロ・アワーの女性アナは複数いたので、東京ローズをアイバ・戸栗とは断定できなかったそうだが、米人記者に名乗り出たのが逮捕のきっかけだった。

●東京ローズだった
アイバ・戸栗さん

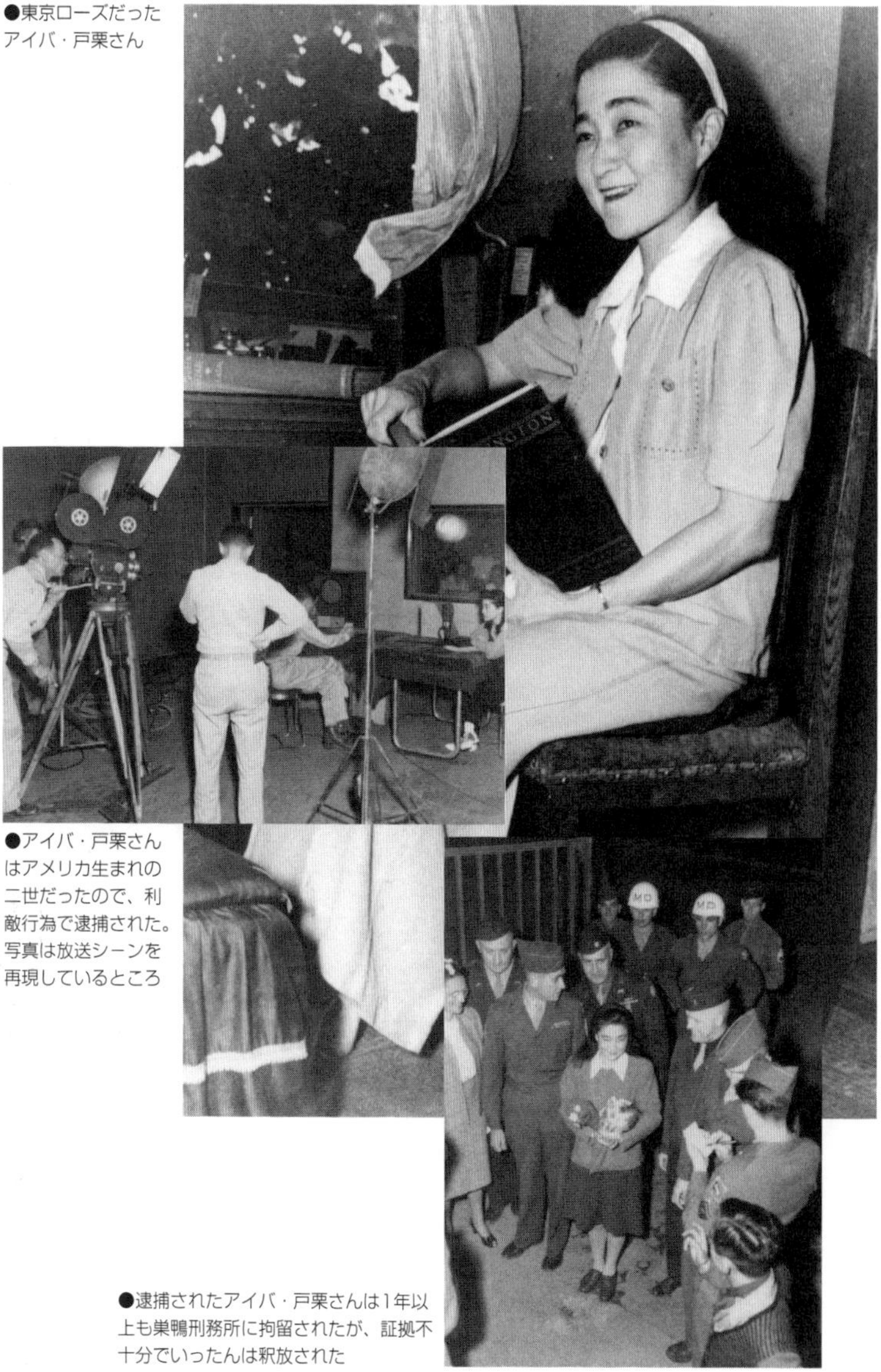

●アイバ・戸栗さん
はアメリカ生まれの
二世だったので、利
敵行為で逮捕された。
写真は放送シーンを
再現しているところ

●逮捕されたアイバ・戸栗さんは1年以
上も巣鴨刑務所に拘留されたが、証拠不
十分でいったんは釈放された

ウソつきの代名詞となった「大本営発表」

日本国民を最後までだまし続けた戦果の中身

「戦艦二隻轟沈《ごうちん》、戦艦四隻大破、大型巡洋艦四隻大破　以上確実、他に敵飛行機多数を撃墜撃破せり　わが飛行機の損害は軽微なり」

これは大本営海軍部の真珠湾奇襲に関する最初の戦果発表である。実際の戦果より控えめになっている。その後も、南方進攻作戦が順調に進んでいる間は、戦果も損害もそれなりに事実に則って発表された。

それがミッドウェー海戦（主要空母四隻沈没、飛行機喪失約二八〇機。米空母一隻撃沈）では「米空母二隻撃沈、一二〇機撃墜」という戦果発表となり、損害は「空母一隻喪失、同一隻大破、巡洋艦一隻大破、未帰還飛行機三五機」という大ウソの発表となったのである。

その後のガダルカナル島攻防戦に関してもまったく実情は発表されなかった。ガ島撤退の際も、「ブナ、ガダルカナルより転進」と発表され、「南太平洋方面戦線　新作戦の基礎確立」とした。実際は餓死者続出のうえ、米豪軍に完敗し、生き残りが辛うじて脱出できたにすぎなかった。

ガ島撤退以後の大本営発表はますますウソの上塗りを続けた。い号作戦、ろ号作戦（ブーゲンビル島沖海戦）という大航空作戦の幻の大戦果発表、壊滅したのは日本の空母部隊だったのに「空母五隻を撃沈」と発表したマリアナ沖海戦、さらには米空母部隊を壊滅させたと発表した台湾沖航空戦など、枚挙にいとまがない。

ときとして戦果発表にウソが入り込むのはアメリカでも同じだったが、大本営の大ウソは度がすぎていた。それもこれも神州不滅を前提として戦ったからである。戦後真相が判明し、「大本営発表」がウソつきの代名詞になったのも当然だった。

●対米英開戦を発表する大本営陸軍報道部長

●真珠湾奇襲成功を発表する大本営海軍報道部

台湾沖航空戦の「大本営発表」と実際の戦果（1944年10月）

日付	大本営発表		実際の米軍の損傷艦
	轟撃沈	撃破	
12日	空母×4	空母×1 艦種不詳×11	駆逐艦×1（同士討ち）
13日	空母×3 巡洋艦または駆逐艦×1	空母×1 戦艦×1 巡洋艦×1	空母「フランクリン」 重巡「キャンベラ」
14日	空母×3 戦艦×2 巡洋艦×3	空母×2 巡洋艦×2 巡洋艦または駆逐艦×1 艦種不詳×2	空母「ハンコック」 軽巡「ヒューストン」 防空巡「リノ」 駆逐艦×2
15日	空母×1	空母×3 巡洋艦×1	空母「フランクリン」
16日		空母×1 戦艦×1	軽巡「ヒューストン」
合計	空母×11 戦艦×2 巡洋艦×3 巡洋艦または駆逐艦×1	空母×8 戦艦×2 巡洋艦×4 巡洋艦または駆逐艦×1 艦種不詳×13	空母×3 重巡×1 軽巡×2 防空巡×1 駆逐艦×3（数字は延べ数）

4 ポツダム宣言受諾——二度の「聖断《せいだん》」が行なわれたわけ

一九四五年七月二十六日、ポツダム宣言が発表された。軍国主義勢力の一掃、占領軍の駐留、朝鮮の独立、かつて中国領土だった地域の返還、日本軍の無条件降伏、軍隊の武装解除と復員、戦争犯罪人の処罰、民主主義の確立、軍需産業の排除などを「無条件で受け入れて」「日本に戦争を終結する機会を与える」というものだった。

鈴木首相は、広島に原爆投下、ソ連の対日宣戦という事態を迎えて初めて受諾を提案した。「皇室の安泰」のみを条件に東郷外相、米内海相が支持したが、阿南《あなみ》陸相ら陸軍は反対、海軍も軍令部総長が反対しまとまらなかった。そこで、鈴木首相は天皇に決めてもらうという非常手段に踏み切った。

八月九日の御前会議で天皇は受諾を聖断、さらに十四日の御前会議で二回目の聖断を行なった。二度にわたったのは、「国体護持の確約」を連合国に照会したが、その返答が天皇の権限は連合国最高司令官に従属する（subject to～）とあり、受諾反対派が最後まで態度を変えなかったからである。

▼1945年8月9日、ポツダム宣言受諾（日本降伏）を聖断した御前会議（絵）。中央が昭和天皇、起っているのが鈴木貫太郎首相

第5章
日米の兵器比較にみる戦争哲学の違い

最高指揮官陣頭に
壯烈・全員總攻擊
十七日夜半 爾後通信絶ゆ
大本營發表（昭和二十年三月二十一日十二時）

戰局・激湍の急調！

一人まで戰はん
"國民總出動"近く決定
小磯首相放送

となるも
重來の魁期す
栗林中將

軍事特別措置法案成る

本土の築城、設營へ
人、物を動員急速整備

大空の主役に踊り出た零式艦上戦闘機

華やかなデビュー戦から太平洋戦争の主役に

ゼロセンとヤマトは誰でも知っている戦闘機と軍艦である。その零戦の正式名称は零式《れいしき》艦上戦闘機。皇紀二六〇〇年（一九四〇年＝昭和十五年）制定だから「零式」、航空母艦で発着艦できるから「艦上」だ。

零戦のデビューは日華事変の重慶《じゅうけい》（四川《しせん》省、中国政府の首都だった）爆撃である。すでに戦争は三年目に入っていたが、奥地の重慶は遠すぎて攻略できない。そこで大がかりな空襲を何度も繰り返した。爆撃機には戦闘機が付き添い、敵の戦闘機の妨害を跳ね返すのが普通だが、当時の九六艦戦では漢口《かんこう》（現武漢、湖北省）～重慶の往復はできなかった。それを一挙に解決したのが零戦だったのである。太平洋戦争開始まで七〇回出撃（延べ五三〇機）、敵機約二七〇機を撃墜破した。

重慶にはアメリカ陸軍航空隊の退役将校シェンノートが義勇隊長の資格でいた。零戦の出現に驚愕し、本国に何回もレポートを送ったが「日本人にそんな飛行機が作れるはずがない」と笑われた。

太平洋戦争が始まり、日本海軍による真珠湾奇襲やフィリピン（当時はアメリカ領土）のクラーク基地攻撃で、アメリカはやっと零戦の恐ろしさに直面した。クラーク基地攻撃は台湾から出撃したが、常識では台湾は遠すぎる。フィリピンのアメリカ空軍は近くに空母がいるはずと、やっきになって捜索した。零戦はゆっくり飛べば（巡航速度）三五〇〇キロ、クラーク基地～台湾南部約七二〇キロはなんでもなかった。

航続距離だけではない。空中戦に不可欠な旋回性能や急上昇できる能力に優れており、アメリカの各種戦闘機を圧倒した。アメリカは一対一のドッグ・ファイトを仕掛けることができなかった。

●中国戦線でデビューした零戦。太平洋戦争に入ってからもしばらくは向かうところ敵なしだった

零式艦上戦闘機21型
最大速度：533km、最大航続距離：3,500km、武装：7.7mm機銃×2、20mm機銃×2爆弾搭載30kgまたは60kg×2

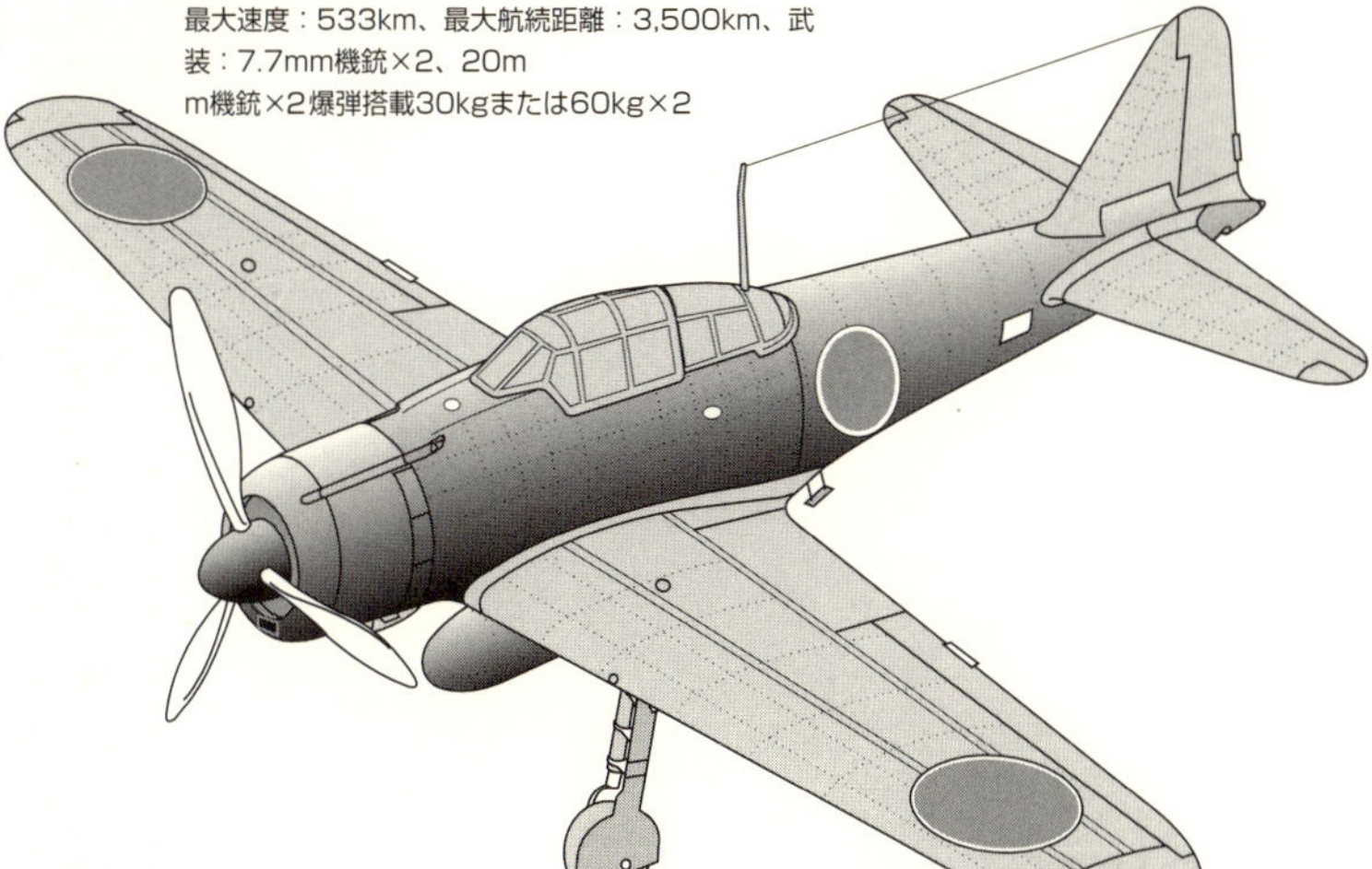

大空の攻防2

零戦と主役を争ったグラマンF4F

華麗に米機を蹴散らした零戦の戦績

零戦の段違いの性能に、アメリカがおおあわてで開発したのがグラマンF4Fワイルドキャットだった。ミッドウェー海戦の頃から徐々に実戦投入され、ソロモン航空戦（ガダルカナル島争奪戦が行なわれた一九四二年八月から約半年間）ではしだいに主役を演じ始めた。しかし、

一、零戦とドッグ・ファイト（一対一の格闘戦）をしない。

二、時速三〇〇マイル（四八〇キロ）以下では、敵の背後にいる以外、零戦を誘い込むな。

三、低速で上昇中の零戦には近づくな。

という〝三つのネバー〟を通達した（米海軍航空技術諜報センター）。「逃げてもよいのは零戦と積乱雲に出会ったときだけ」だった。

F4F登場後もしばらくは零戦一機に対して二機で対抗することを原則としたのだ。F4Fは最大速力は零戦とほぼ同じで二八〇ノット（約五一八キロ）だったが、旋回能力に大きな差があった。零戦なら急上昇してアッというまに宙返りし、F4Fの後ろに回り込む。F4Fにはそういう芸当ができなかった。

しかし、つづくF6Fヘルキャットの完成で零戦は神通力を失った。零戦の二倍のエンジン（二〇〇〇馬力）、機体寸法が一回り大きく（全長全幅がそれぞれ一メートルずつ）、重量も五トン（日本の艦上爆撃機並み）と大きかった。航続力と旋回能力こそ零戦に劣ったが、最大速度では優った。だから、F6Fヘルキャットは猛スピードで接近して、ダダダダッと一撃を浴びせ、猛スピードで逃げ去った。一撃離脱戦法という。

零戦はF4Fまでは圧勝、F6Fからは日本側搭乗員の技量不足もあって、大空の主役を譲った。

●発艦するF4Fワイルドキャット戦闘機

F6Fヘルキャット
最大速度：594km、武装：12.7mm機銃×6、爆弾：90kg
太平洋戦争中盤に登場し強力なエンジンで零戦を圧倒していった

F4Fワイルドキャット
最大速度：515km、武装：7mm機銃×6、爆弾：90kg
太平洋戦争初戦での零戦の好敵手だが、零戦の運動性にはおよばなかった

大空の攻防3

日本海軍はどうやって米本土を爆撃したか？

米軍にはなかった画期的な潜水艦搭載機

日本海軍の潜水艦の一部には、組立式の小型水上機が搭載されていた。潜水艦に飛行機を搭載して遠くまで偵察できるようにしようというアイデアは、日本だけではなくドイツなどでも研究されていたが、実用化したのは日本だけだった。もちろん、アメリカの潜水艦は飛行機など搭載していない。太平洋戦争時に潜水艦に積まれていた水上機は零式小型水上機だ。海軍はそれまでにもいくつかの潜水艦搭載用の水上機を開発・製造していたが、この水上機が画期的だった点は、小さいながらも爆弾を搭載できることだった。

　一九四二年四月十八日、米空母から発進した陸軍爆撃機が東京を初空襲した（86頁参照）。そのせめてもの報復として、日本海軍は米本土を爆撃することを考え、伊25潜水艦で西海岸に接近、水上機を発進させて米本土の森林地帯を爆撃、山火事を発生させるという作戦が立案された。

　九月九日、伊25潜水艦から藤田信雄中尉と奥田省二飛行兵曹の零式小型水上機が発進した。敵の領土に単身乗り込むという困難で危険な作戦であったが、水上機はオレゴン州の森林地帯に爆弾を投下し、無事に潜水艦に帰還した。二十九日にも同所に爆撃を行ない、水上機を収容した伊25潜水艦は十月二十四日に横須賀に帰投した。だが、山火事はボヤ程度で収まったため、決死の爆撃行も大した話題にはならなかった。

　ところが、戦後も十七年以上がたった一九六二年、藤田元中尉に突然、かつて爆弾を投下したオレゴン州のブルッキングス市から招聘《しょうへい》状が届いた。裁判に付されて死刑にされるのでは、と覚悟して渡米してみると、なんと「世界で唯一米本土を爆撃した男」として熱烈な歓迎を受けたのである。

●潜水艦用に改造された91式小型水上偵察機

潜水艦の沈降・浮上のしくみ

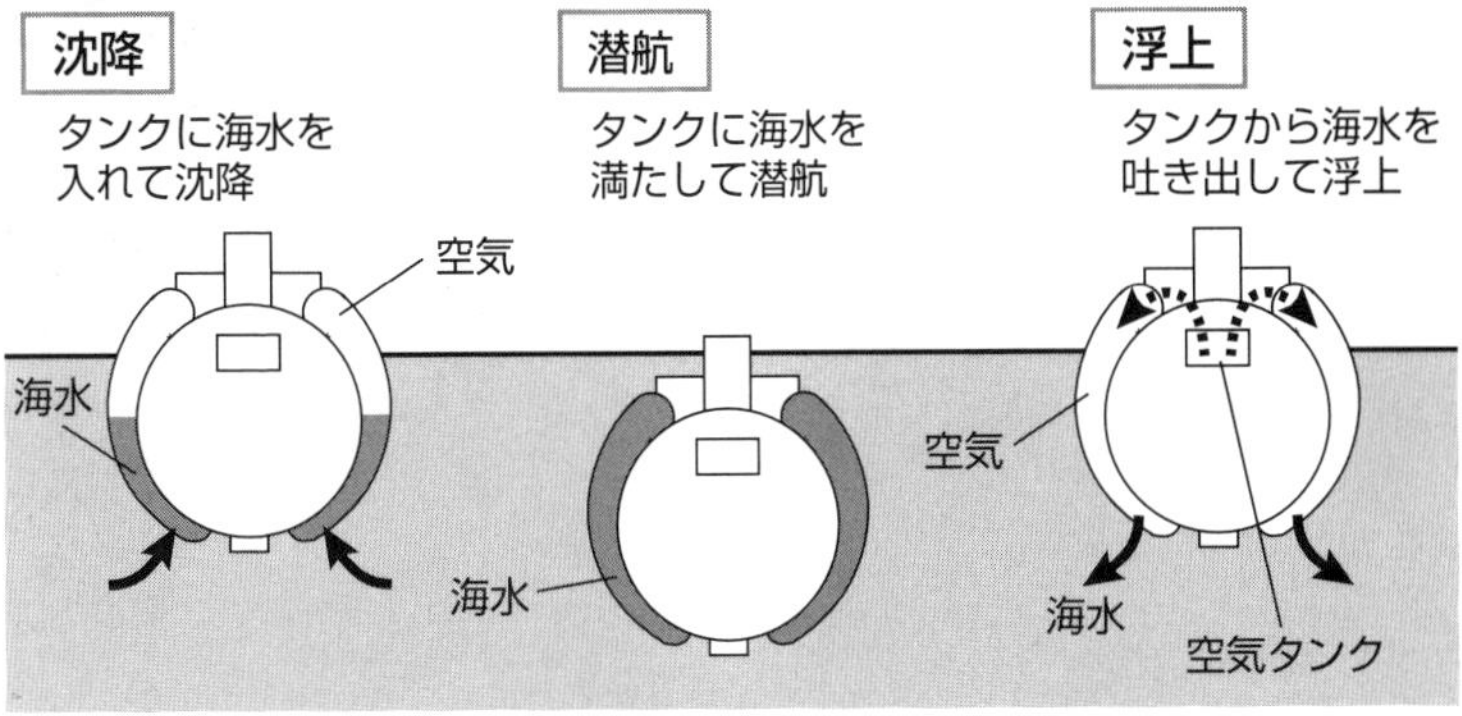
沈降
タンクに海水を入れて沈降
空気
海水
潜航
タンクに海水を満たして潜航
海水
浮上
タンクから海水を吐き出して浮上
空気
海水
空気タンク

伊号400級潜水艦の格納筒の収納状態

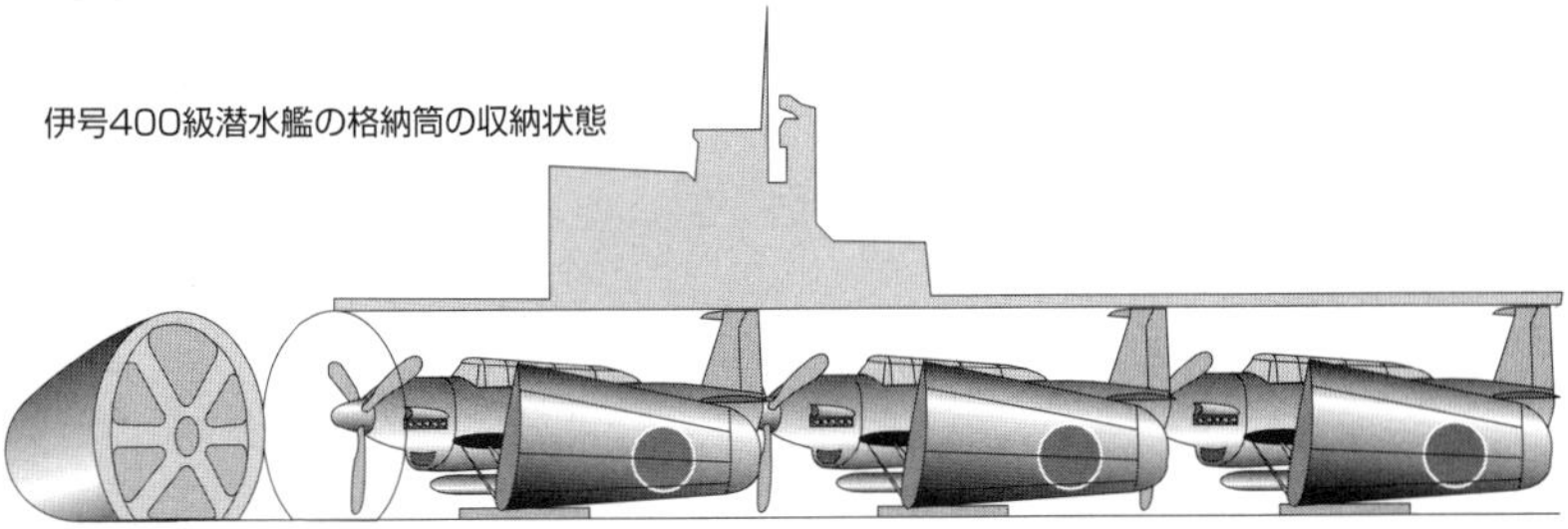

大空の攻防4

不時着した零戦を徹底解剖せよ！

米軍特別プロジェクトが手にした零戦の弱点

「軽すぎる」「防弾装置がほとんどない」「鋲《びょう》の頭が出ていない」「塗装が薄くて丈夫だ」「操縦席のレイアウトがコンパクトで扱いやすい」「胴体と主翼の接合方法が簡単に壊れないような独特な構造だ」

実物の零戦を初めて間近に見たアメリカの航空技術者は、口々に感嘆の声をあげた。一九四二年（昭和十七）七月、カリフォルニア州サンディエゴ航空基地でのことである。

その零戦こそ、アリューシャン列島ダッチハーバーに近いアクタン島の沼地に不時着した「三菱零式戦闘機21型　製造番号4593」だった。ミッドウェー海戦と同時に実施された北方作戦で不時着したものを、原型のまま慎重に運んできたのである。

海軍航空技術課報センター（TAIC）は特別チームを編成した。やがて零戦は完全に復元され、小柄なパイロットが乗り込み（操縦席がせまかった）、模擬空戦が繰り返された。高度二九〇〇メートルで時速五二五キロ、一分間八三六メートルの急上昇力、安定性卓絶、視界良好……こんな戦闘機はアメリカになかった。

どこが弱点か？　あらゆる空戦のケースを想定し、模擬を重ねた結果、六〇〇〇メートル以上と海面近くでは運動性能が落ちることなどを発見、〝三つのネバー〟（216頁参照）を引き出した。

搭載機銃はどうか。ゼロ戦は二〇ミリだ。F6Fも二〇ミリでいくべきか？　結果は、格闘戦を避ける〝一撃離脱〟をとるかぎり、予定どおり一二・七ミリ六挺と結論した。二〇ミリは初速が遅く、距離が開くほど重力の影響を受け、弾丸が下方へ流れることを恐れたのだった。

●アクタン島に墜落した零戦は状態がよく米軍は貴重品扱いで本国へ持ち帰った

●復元した零戦の試験飛行と模擬空戦を繰り返して操縦性能を確かめた

日米の戦闘機能力の比較

零戦21型を100として比較

米海軍F4F-3

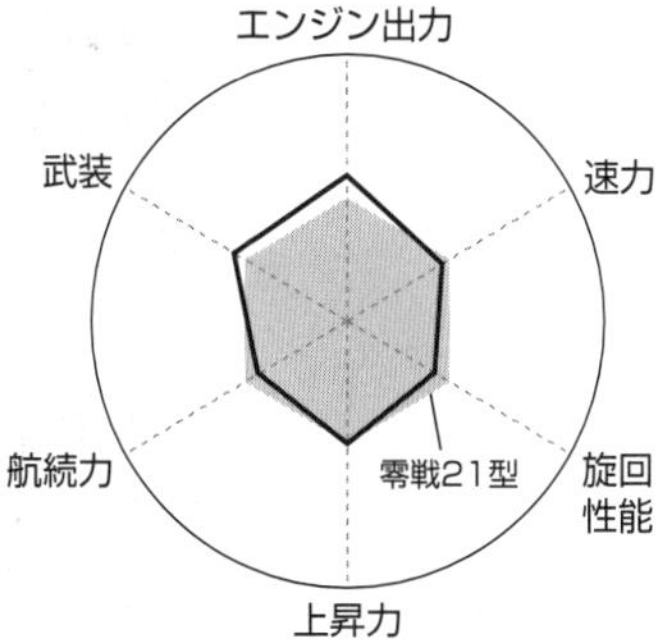
エンジン出力
速力
旋回
性能
上昇力
航続力
武装
零戦21型

米海軍F2A-3

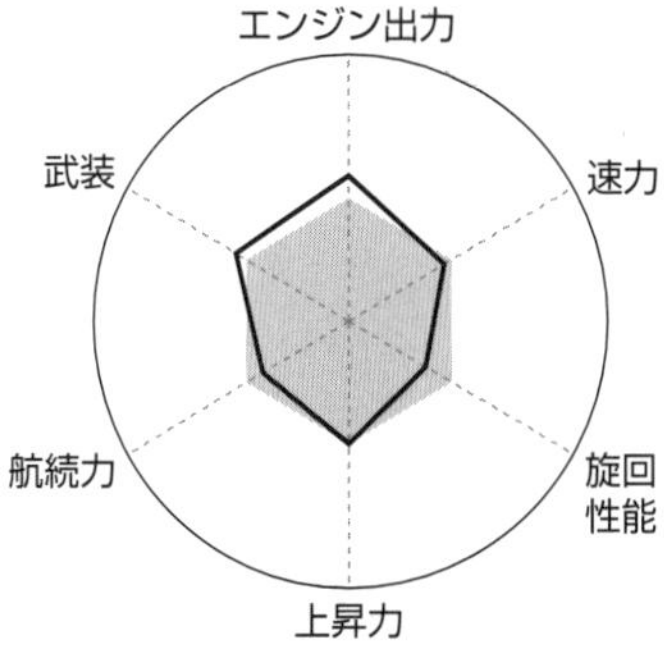
エンジン出力
速力
旋回
性能
上昇力
航続力
武装

米海軍F6F-3

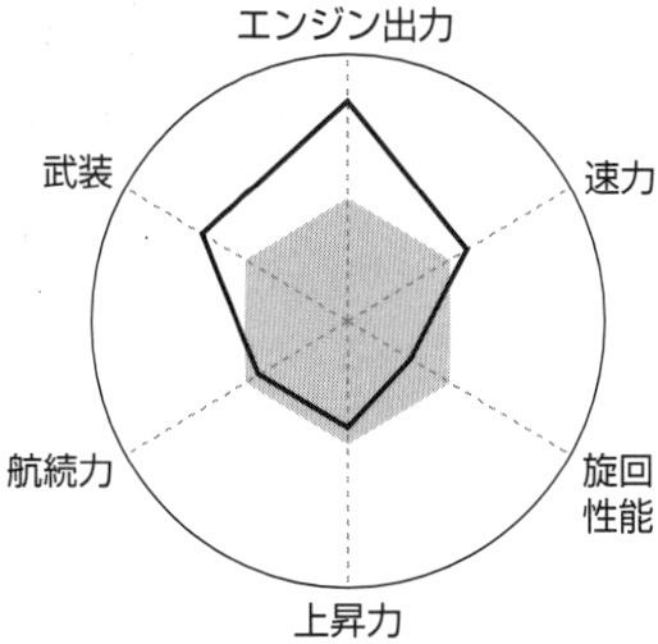
エンジン出力
速力
旋回
性能
上昇力
航続力
武装

米海軍F4U-1A

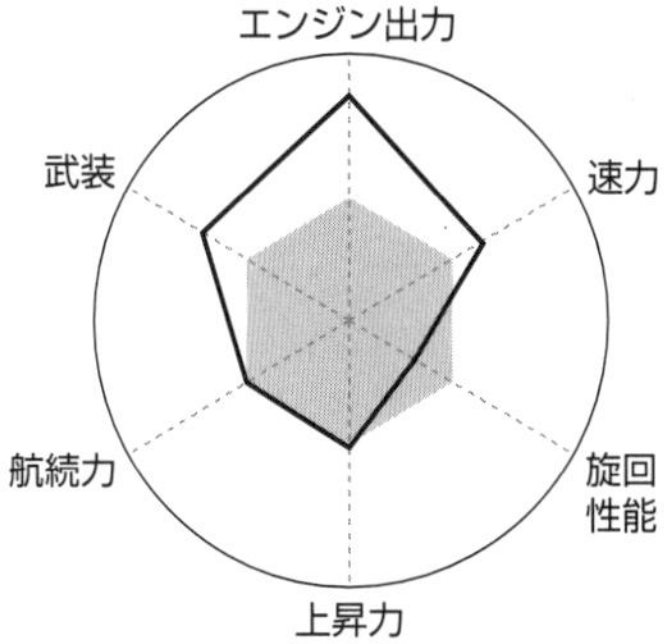
エンジン出力
速力
旋回
性能
上昇力
航続力
武装

大空の攻防5

「一式ライター」陸攻の日本的事情

限りなく速く、身軽に、遠くへ飛ぶために犠牲にされたもの

陸攻は陸上攻撃機の略称で、海軍機。空母からは発進できない大きさで「陸上基地から発進」する爆撃機の意味。有名な陸攻は二機種で、日華事変の主役だった中攻、すなわち九六陸攻（九六式陸攻）と、太平洋戦争で主役だった一式陸攻（皇紀二〇〇一年＝一九四一年採用）だ。中攻が約一〇〇〇機、一式陸攻が約二四〇〇機製造された。

このうち一式陸攻は主翼そのものを燃料タンクにした。翼の部分に燃料を積むことは常識だが、一式陸攻は防護壁そのものを取り去り、ガソリンを積めるだけ積んだのである。インテグラルタンクと呼ばれた。

そのため九六陸攻よりも全長が三メートル以上長い（全幅は一一センチ短いだけ）だけだったが、一・五倍もの装備を積めた。機銃の数や八〇〇キロ魚雷一本、爆弾八〇〇キロは同じだったが、最大速度は三五キロ速い時速四五〇キロ、航続距離はほぼ同じだった。

その代わり弾丸が翼に当たると防護壁のない悲しさ、パッと火がついた。「ワンショット・ライター」とか「一式ライター」と呼ばれた所以《ゆえん》がそこにある。

燃料タンクに命中してもそう簡単には火災を起こさせない技術は十分あった。実際、日本の戦闘機が攻撃したB17やB29爆撃機などは、機銃で命中させてもケロッとしているケースが多かった。防護を無視して「限りなく速く」「限りなく遠くまで」を追求するやり方は、零戦など日本の軍用機生産に共通する大きな特徴だった。零戦も陸攻も、機体のあちこちを機体重量の一〇〇万分の一単位、つまり二、三グラム単位で減らしに減らしていったのである。

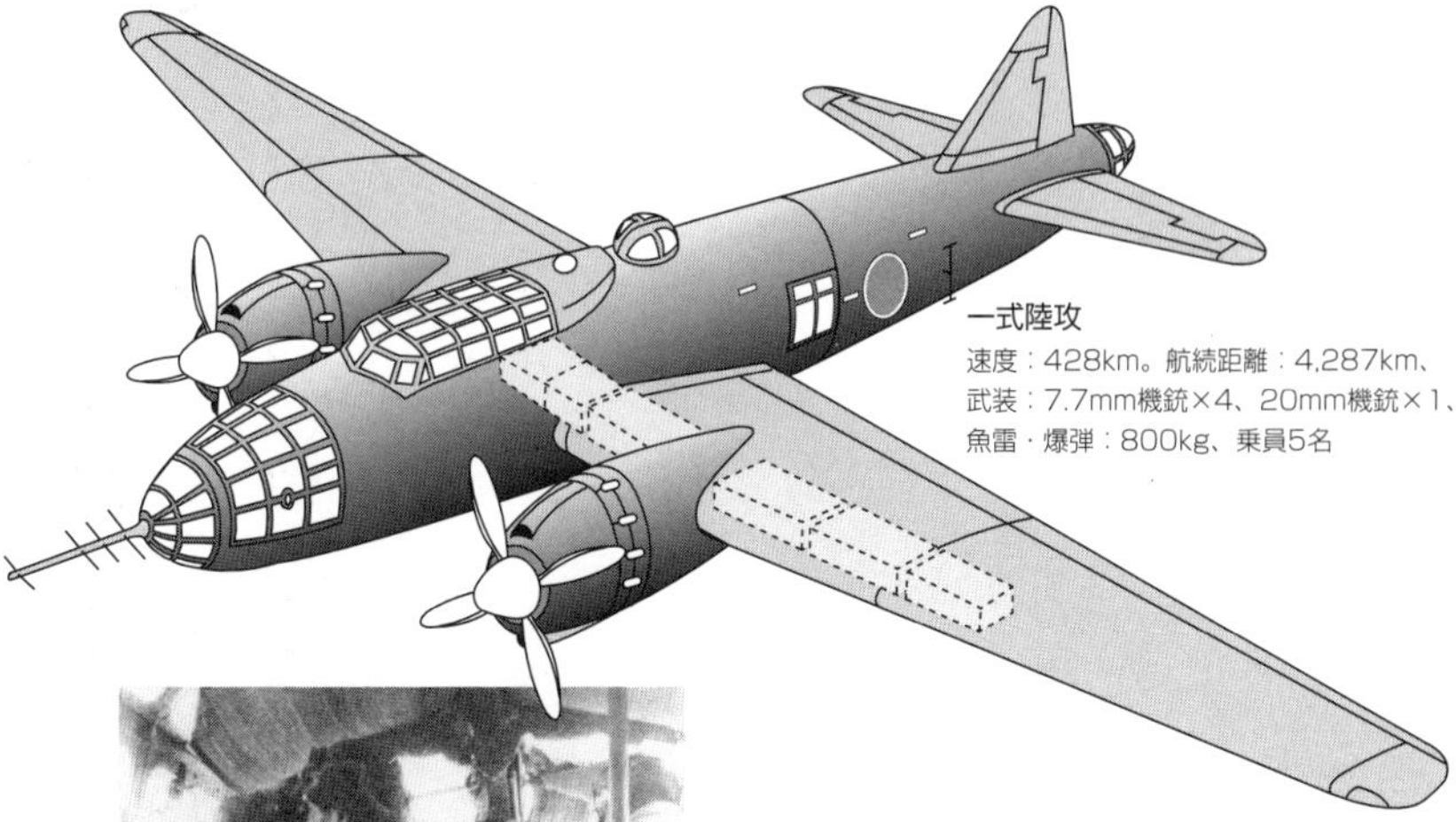

一式陸攻
速度：428km。航続距離：4,287km、
武装：7.7mm機銃×4、20mm機銃×1、
魚雷・爆弾：800kg、乗員5名

●敵機の来襲に注意をはらう乗組員

●米軍からワンショット・ライターと呼ばれた一式陸攻

酸素魚雷は日本が開発した超兵器

ついに米英の追随を許さなかった必殺の魚雷

日本海軍が太平洋戦争で使用した画期的な兵器の一つに酸素魚雷があった。魚雷は、空気と燃料を燃焼室で混合させて燃やすことでスクリューを動かす動力をつくり、燃焼室冷却用に清水を使用していたが、酸素魚雷は空気を純酸素、冷却水を海水に換えたものである。

酸素を使うとどんなメリットがあるのか？　空気の成分のうち、燃焼に必要なのは約二〇パーセントを占める酸素だけで、大部分の窒素は役に立たない。魚雷の容積の半分は空気を積むための気室で占められており、従来の魚雷（空気魚雷）は気室の八割を無駄にしていたことになる。酸素魚雷ではこの無駄がなくなり、より多くの爆薬が積めるようになるし、空気魚雷と同じ爆薬の量でも、理論的には五倍も遠くへ走ることができるのである。しかも、海水に溶けない窒素がないので、航跡がなくなるという理想的な魚雷であった。

しかし、酸素は引火しやすいので大事故になりやすく、日本に先駆けて酸素魚雷の開発に着手していたとされるイギリスが、開発を断念したのも、まさに取り扱いが難しいからにほかならなかった。日本海軍もこの難問に突き当たったが、普通の空気を使って起動したあとに酸素へ切り替えるという方法で難問をクリアし、酸素魚雷は昭和十年（一九三五）に採用された。

酸素魚雷はもちろん極秘扱いで、太平洋戦争開戦直後のインドネシア近海での戦いで初めて使われ、連合国海軍の撃滅に大きく貢献した。しかし、米軍が空と海から日本艦隊の行動を圧迫し始めると、酸素魚雷を積んだ艦艇は自由に行動できなくなった。どんなに優秀な酸素魚雷を持っていても、それだけでは戦争には勝てないのである。

●駆逐艦からの魚雷発射

酸素魚雷の構造

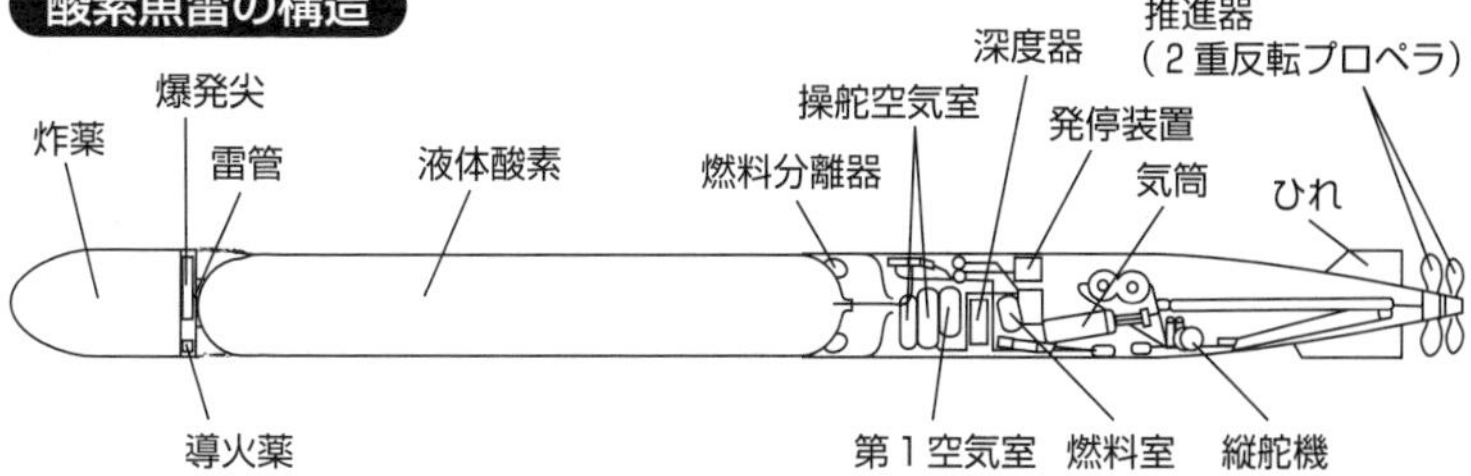
炸薬
爆発尖
雷管
導火薬
液体酸素
燃料分離器
操舵空気室
深度器
推進器
(2重反転プロペラ)
発停装置
気筒
ひれ
第1空気室
燃料室
縦舵機

機能だけを追求した日本軍の兵器思想

特殊潜航艇に代表される人命軽視の攻撃兵器

太平洋戦争の末期には「回天《かいてん》」と称した人間魚雷が登場した。魚雷に操縦席や潜望鏡を付け、そのまま敵艦に体当たりする特攻艇だった。

「回天」の源をたどると特殊潜航艇にたどりつく。これは太平洋戦争が始まる前から開発が進められた超小型潜水艦で、大型潜水艦で敵の軍港まで運んでもらい、あとは自力で潜航して軍港内に突入、魚雷を発射して引き返すという兵器だった。

特潜は必ず引き返して母潜に収容されることを前提としていたが、はたしてそういうことができるだろうか。現実にはほとんどできなかった。

開戦直後の真珠湾奇襲に際し、五隻の特潜が出撃して以来、シドニー、ディエゴスワレス(マダガスカル島)、ラバウル、ガダルカナル、トラック、キスカ(アリューシャン列島)、セブ(フィリピン)などの敵艦艇基地に突入した。特潜関係の戦没者は四四〇名にものぼっている。

命知らずの兵器には違いないが、「敵ながらあっぱれ」と逆に感動させるところもあった。

シドニーに対する特潜攻撃隊の場合(一九四二年五月三十日)は、戦争中にもかかわらず豪軍は丁重に遺体を日本まで送り届けるという騎士道精神を発揮した。その前日、二隻の特潜が、マダガスカル島のディエゴスワレス軍港(英海軍)を襲い、戦艦「ラミリーズ」を大傾斜させ、タンカー「ブリティッシュ・ロイアルティ」を撃沈した。チャーチル首相をして「驚天動地の大事件」と言わしめ、英王室潜水艦記念館コンプトン・ホール館長は「搭乗員の技量と勇気は、第二次大戦中他に類を見ない」と讃えた。特潜は人命軽視の兵器だったが、それでしか戦えないと覚悟し、隊員たちは従容《しょうよう》として任務を遂行したのだった。

●甲標的母艦「日進」

●特殊潜航艇（甲標的）

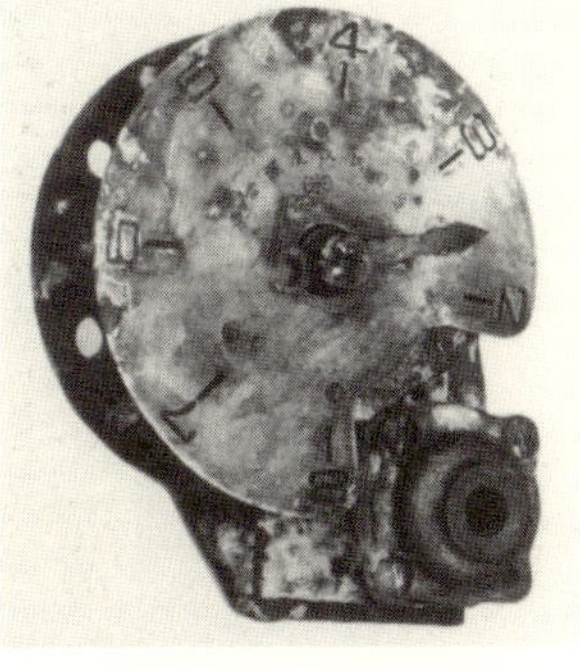

●ディエゴスワレスを攻撃した海底から引き揚げられた特殊潜航艇の部品

人間爆弾・特攻兵器の悲しき奇抜さ

本土決戦用に作られた究極のロケット兵器

「この槍、つかい難《がた》し」と喝破《かっぱ》したのは野中五郎海軍少佐だった。この槍とは、「桜花《おうか》」と名づけられた人間ロケット爆弾のことである。高度三五〇〇メートルで母機から切り離し、約九秒間火薬ロケットで噴射し、あとはグライダーとなって敵艦に体当たりする兵器だ。

野中は最初の桜花特攻隊（神雷隊）の隊長だった。といっても、自分が桜花に乗るのではなく、桜花を胴体に吊り下げて敵艦が見えるところまで運んでいく陸攻隊の指揮官だった。出撃（桜花一五）は昭和二十年（一九四五）三月二十一日。「あとはなんとかして桜花の使用をやめさせてくれ」と後輩に遺言した（生出寿『勝負と決断』）。戦果は不明。

が、この特攻だけで一六〇名が戦死した。桜花だけなら一五名だが、陸攻には一機七、八名乗っているし、戦闘機も付いていたからだ。

桜花は約八五〇機製造、全体の戦果は駆逐艦一隻撃沈だったという。アメリカ軍は桜花が人間ロケットであることを知り、ＢＡＫＡと命名したそうだ。よほど日本語に堪能な者がいたか？

大戦末期になると桜花に似た特攻兵器が次々に作られた。実際に特攻に投入された例では、回天が潜水艦ごと撃沈されたもの八隻・戦死八五七名、特攻戦死八五名、回天整備員戦死三〇名。「震洋《しんよう》」（一人乗り水上特攻艇）は約六〇〇〇隻製造、輸送途中の海没戦死も含めて約二五〇〇名が戦死。陸軍もマルレイという二人乗りモーターボートで海上挺身隊《ていしんたい》が編成され、沖縄戦で出撃した。

本土決戦用として製造された特殊潜航艇が「蛟《こう》竜《りゅう》」（五人乗り魚雷二本搭載、一一〇隻完成、終戦時五〇〇隻建造中）と「海竜」（二人乗り魚雷二本搭載、二〇〇隻完成）だ。

「桜花」
最大速度：648ｋｍとされた火薬ロケット推進機。自力で発進も着陸もできないので、陸攻の機外に搭載された。機首に1.2トンの爆弾を装着できた

「震洋」
速度：23ノットのベニヤ板製爆装モーターボート。本土決戦用とされ6200隻も量産された

「回天」（潜水艦に積まれている）
水中速度30ノットで酸素魚雷そのものを利用した人間魚雷である

「蛟竜」
水中速度16ノット、乗員5名の特殊潜航艇で、本土決戦用に大量生産を予定し150隻を製造した

風船爆弾はほんとうに使われたのか

アメリカ本土が受けた奇妙な爆弾の実被害は?

太平洋戦争はアメリカとの戦争だったが、日本は最初からアメリカ本土への攻撃は諦めざるを得なかった。そこで案出されたのが風船爆弾だ。冬季、八〇〇〇から一万メートルの高層で一定して西寄りの風が吹いていることに目をつけ、実際に飛ばした。気球連隊という部隊まであったのだ。

第一次〝攻撃〟は昭和十九年(一九四四)十一月三日。基地は福島県勿来《なこそ》付近、茨城県大津付近、千葉県一宮の三ヵ所。一つだけラジオゾンデを付けた気球を混ぜ、地上で位置を測定し続け、約三〇時間から五〇時間かかってアメリカ西海岸上空に到達したことが確認された。

〝攻撃〟は昭和二十年三月で打ち切りとなったが(空襲が激しくなり気球づくりが難しくなった)、それまでに約九〇〇〇個を放球した。

戦果のほどはいかに? アメリカ西海岸参謀長ウィルバー大将によれば、「二〇〇個近くが完全な形で発見され、他に七五個の破片が見つかった。内輪少なくとも一〇〇個以上が空中で爆発した。内輪に見積もっても九〇〇から一〇〇〇個が到達した」。爆弾は焼夷弾《しょういだん》だったが、季節が冬で、雪もあり火災発生はなかったようだ。

風船そのものは楮《こうぞ》の繊維で作った和紙をコンニャク糊で三、四枚張り合わせ、苛性ソーダ液で強化処理したもの。製造には全国の女学生が動員された。完成した風船に空気を入れて検査するため、東京では国技館や歌舞伎座などが使用され(柱がない大広間が必要)、地方都市のほとんどの大劇場はこのために徴用された。

「夜を徹して作れる原紙五百枚を張りし成りしものこの爆弾は」——風船爆弾作りに動員された高見沢幸子さん(当時山口高女生)の歌である。

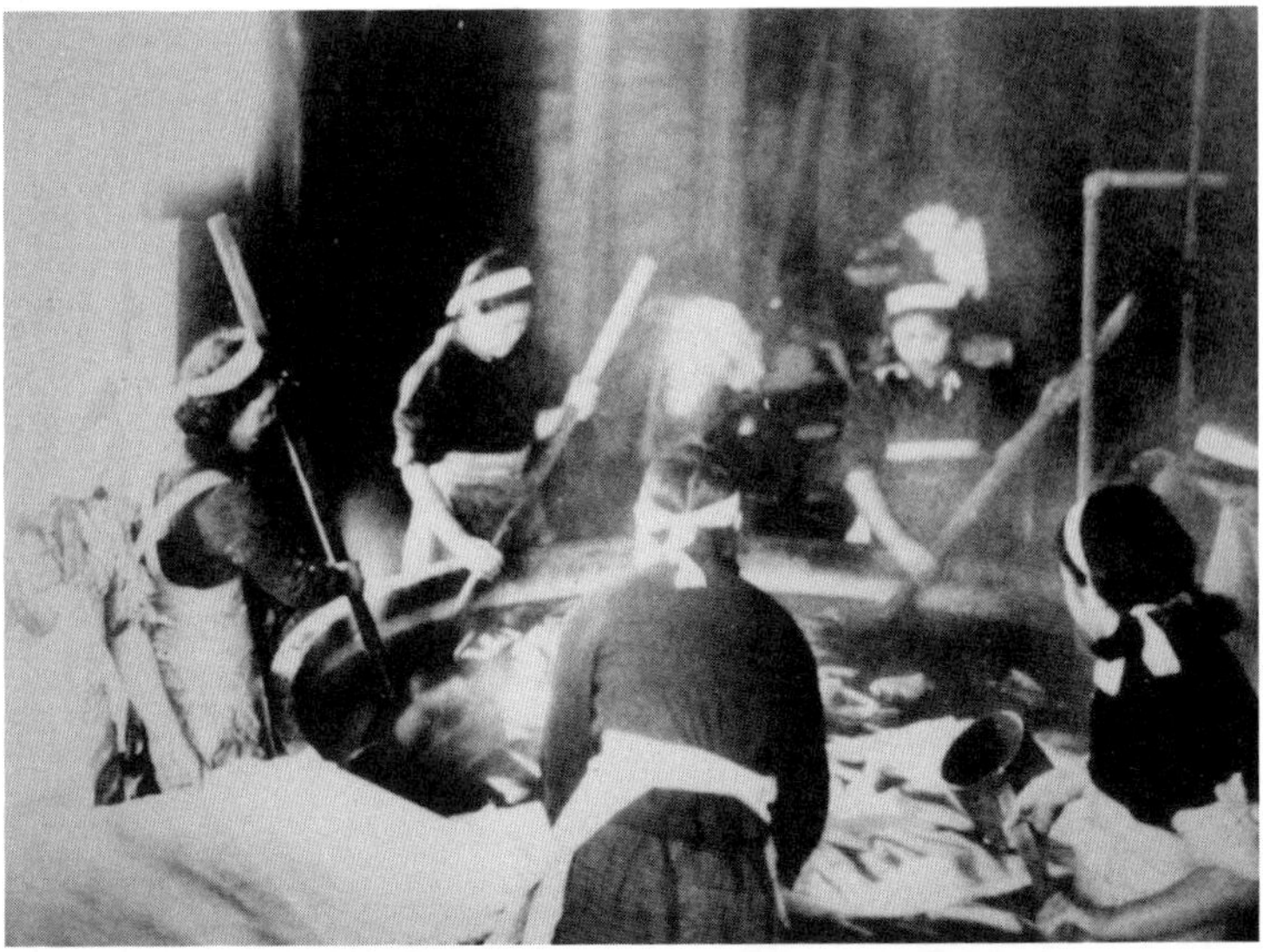

●風船爆弾用コンニャク糊の製造風景

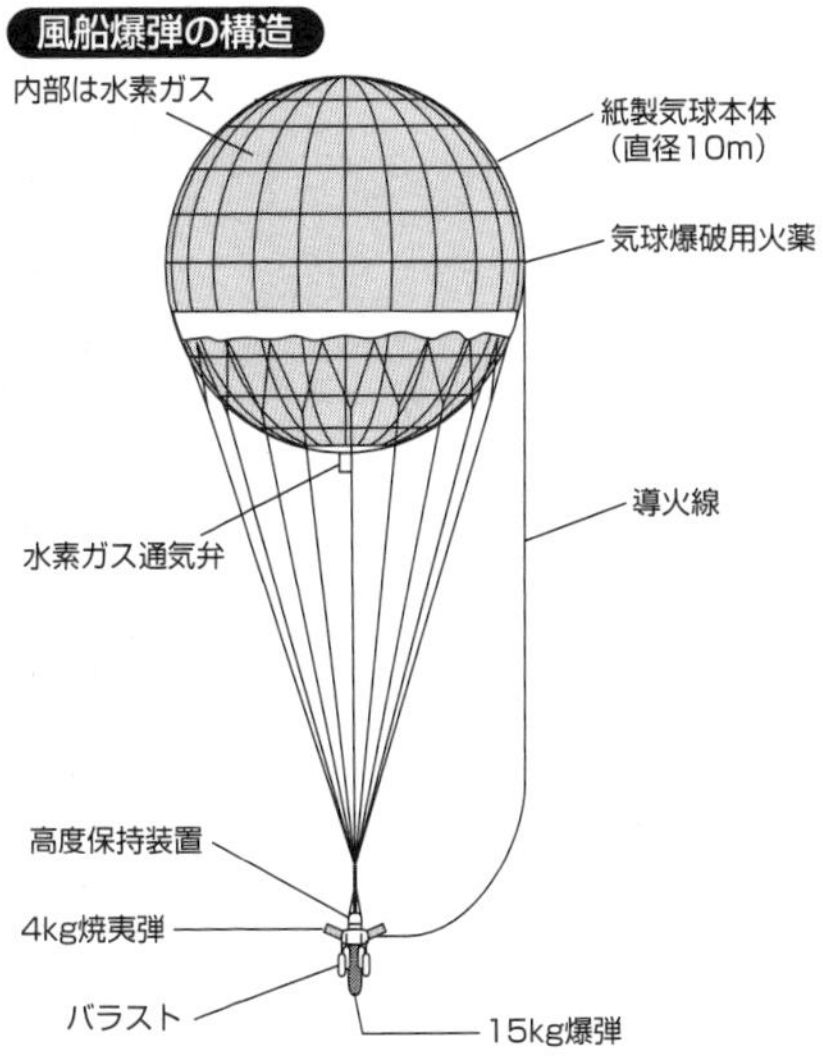
風船爆弾の構造
内部は水素ガス
紙製気球本体
（直径10m）
気球爆破用火薬
導火線
水素ガス通気弁
高度保持装置
4kg焼夷弾
バラスト
15kg爆弾

●打ち上げられた風船爆弾

日本の特殊兵器5

日本海軍オリジナルの水陸両用戦車

いかにも日本軍らしい凝った構造にはなっていたが

戦車を使っていたのは陸軍だけではなく、海軍も装備していた。海軍が使用した戦車は九五式軽戦車、九四式軽装甲車などで、車体は陸軍と同じものであったが、側面に海軍の所属を示す旭日《きょくじつ》旗（軍艦旗）が描かれていた。

日本海軍オリジナルの戦車もあった。「特二式内《ない》火艇《かてい》」と呼ばれた水陸両用戦車だ。戦車といわなかったのは機密保持のためで、艦艇の一種として登録され、実際に時速九・五キロで水上を航行することもできた。特二式内火艇は昭和十六年（一九四一）から三菱重工業で開発が始まり、翌年に制式採用された。車体は三七ミリ砲を搭載する九五式軽戦車をベースにした本体部分と、水上航行時に浮きの役目をする前後のフロートという三つのパーツからできていた。フロートを着けないと水上を走れないが、陸上では必要ないから取り外して九五式軽戦車並みの性能を発揮するという、いかにも日本軍らしい凝《こ》った構造になっていた。

米軍もＬＶＴと呼ばれる水陸両用戦車を使用していたが、こちらは水上航行時と陸上走行時でスタイルが変わるような複雑な仕掛けはもっていなかった。その代わり、大砲や火焔放射器を搭載するなど、バリエーションは多かった。

「特二式内火艇」は、アメリカとの艦隊決戦に備えるための前進基地を確保するため、太平洋の島々を奇襲、上陸するという目的で開発された。しかし、実戦配備が始まる頃には、すでに太平洋の戦局は日本の敗色が濃厚であり、奇襲上陸などできるような状況ではなかった。クェゼリンやフィリピンなどで少数が使われたが、九五式軽戦車が米軍戦車にまったく太刀打ちできなかったのだから、特二式内火艇が勝てるはずはない。

●海軍特二式内火艇

●上陸後は切り離す前部浮舟

●上陸後は切り離す後部浮舟

●アメリカ軍の水陸両用戦車LVT

科学技術と戦争1

射撃用レーダーの開発に〝成功〟した陸軍

故障続出で信頼性の乏しかったイギリスのパクリ

太平洋戦争は一面では科学技術の戦争だったが、その代表例の一つがレーダーだった。

日本のレーダー開発も、ご多分にもれず陸軍と海軍が互いに別個に研究開発し、情報の交換はなかったが、陸軍が海軍を追い抜いていたのが射撃用レーダーである。

これは高射砲の射撃にどうしても必要で、敵機が見えなくても方向・速度・高度を計算して射撃するレーダーだ。その実用例が住友通信工業製の「三型」。モデルはシンガポール占領で押収したイギリスのレーダーで、開発者は蒸気機関発明のジェームス・ワットの孫だそうだ。

三型は昭和十九年（一九四四）秋から関東地区の高射砲部隊に配備された。最大四〇キロ先の敵機B29に命中させられるという計算だったが、実際には故障続出で役立たなかった。もっともレーダーが正確でも、B29が一万メートル以上で飛行したら日本の高射砲弾丸はそこまで届かないから、効果なしということでは同じ結果であった。

ただし、見張用のレーダーはよくB29の接近を知らせてくれた。和歌山～姫路～岡山を結ぶ線上に電波ネットを設け、そこを一機でも通過したら「播磨灘《はりまなだ》を東進中」と警戒警報を流せた。東芝の乙型という。この乙警戒用レーダーに高度測定用レーダーを連動させ、成功している。住友通信機社のそれは千葉県松戸、埼玉県越谷《こしがや》、静岡県御前崎《おまえざき》に設置され、最大一〇〇キロ先のB29を捕捉し、高度誤差は五〇〇メートルだった。これにより、関東地区（第一〇飛行師団）の戦闘機はある程度はっきりした情報のもとに迎撃態勢をとることができた。暗夜でも使える電波誘導装置も実戦配備されたが、これは信頼性に問題があったという。

●音波利用の聴音兵器

●索敵レーダーを実用化したのは開戦後であった。B29の飛行高度が上昇するにつれ高射砲も強力なものが使われるようになった

●射撃レーダーと15cm高射砲（射程距離20,000m）はリモートコントロールで発射される

肉眼では見えてもスクリーンに映らない!?

陸軍に遅れをとった海軍のレーダー開発

真っ暗闇のなかで砲弾を直撃させせられたサボ島沖海戦（110頁参照）で日本海軍はレーダーの威力に開眼させせられたが、「早く、早く！」とせきたてられてもすぐにできるものではなかった。二年かかってやっと完成したが（二二号型）、やはり不完全、肉眼で敵艦を発見しているのに、レーダーのスクリーンには映らない場合が多かった。

もっともこの前の二一号型は空母「翔鶴《しょうかく》」に装備して南太平洋海戦（一九四二年十月二十六日）を迎えたが、空母「ホーネット」から飛び立った艦爆隊を一三〇キロ前方でキャッチした。同海戦の勝利の陰にはこのレーダーの働きもあったのだ。

軍艦に積むレーダーは軽くてコンパクトで、主砲発射の衝撃に耐えられるものが必要だった。衝撃に最も弱かったのが真空管。戦艦「日向《ひゅうが》」は最後の出撃となったレイテ海戦で小沢機動部隊につき従ったが、大小四基のレーダーを積んでいたものの、主砲射撃と同時に真空管が片っ端から切れてしまった。レーダー技術は新技術だったが、真空管製造は材料確保や品質管理という別の技術水準の問題であった。

では、肝心の射撃用レーダーはどこまで進んでいたか。戦艦「大和」が四六センチ主砲を一四分間発射したときは、雲に隠れて見えない二〇キロ先の米護衛空母を狙った。先に述べた二二号型を射撃用レーダーとして出力をアップして使用したのだった。これが射撃用としては限界で、試作器三二号型（日本無線と日立製作所）を初めて積まされた軽巡「木曽」では評判が悪かった。大きすぎたのである。「木曽」は無断（？）で早々と降ろしたらしい。日本海軍はついに射撃用レーダーを開発できなかったのである。

電波探信儀（レーダー）

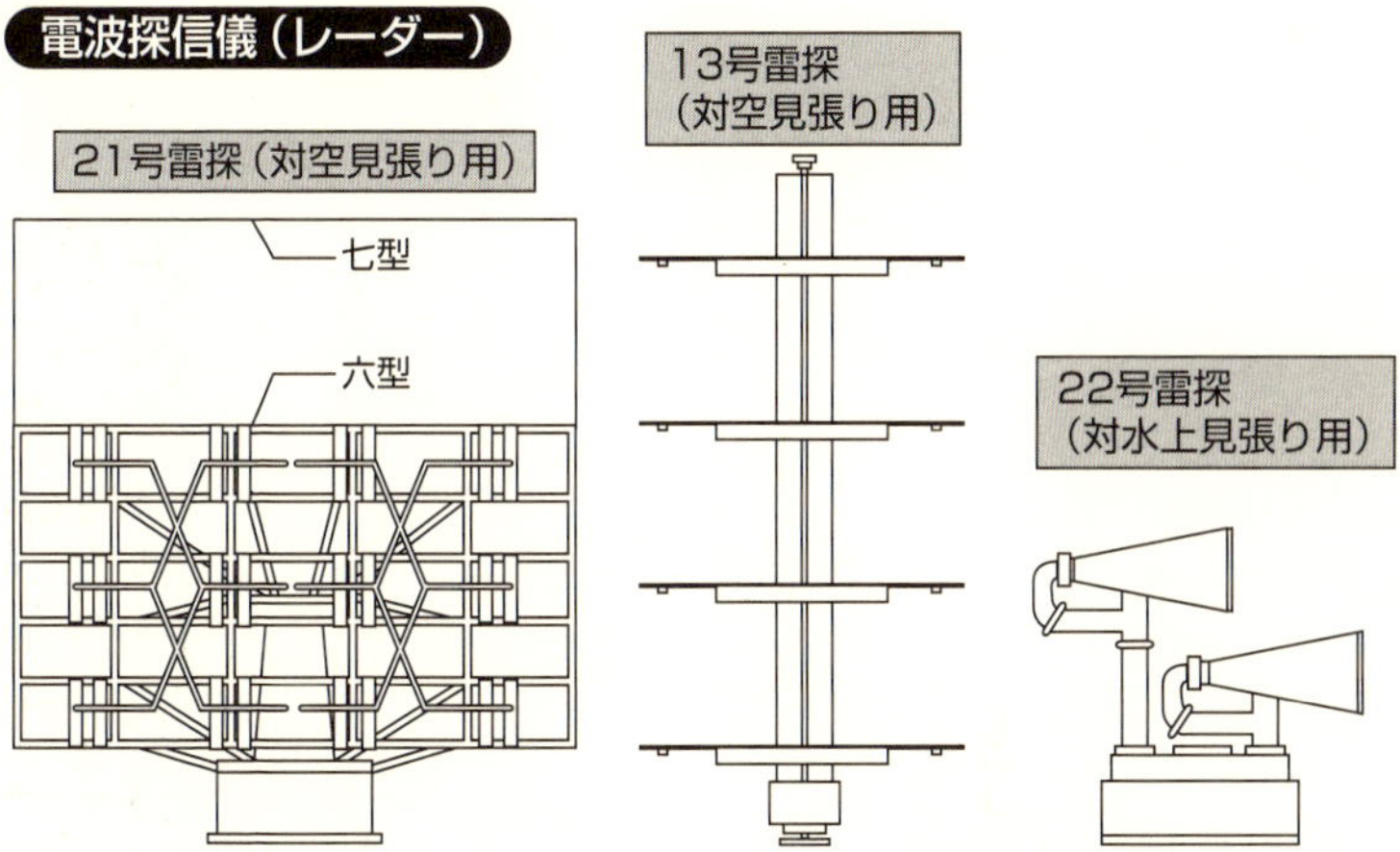
21号雷探（対空見張り用）
七型
六型
13号雷探
（対空見張り用）
22号雷探
（対水上見張り用）

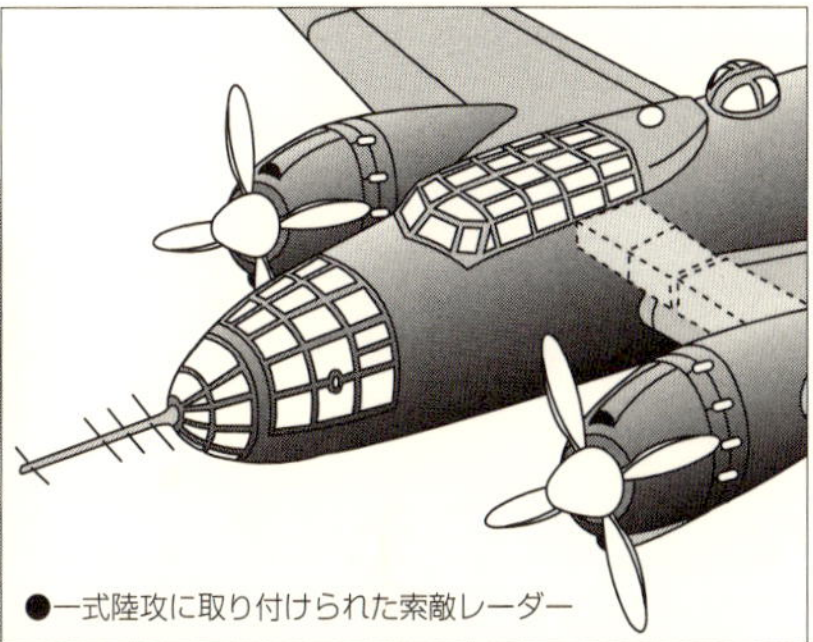

●一式陸攻に取り付けられた索敵レーダー

●サイパンの戦いで空母「レキシントン」を発艦する米攻撃機。大本営はこの時点でもまだアメリカ軍のサイパン上陸を予測できていなかった

科学技術と戦争3

日本の核開発はどこまで進んでいたか

研究開発を阻害した陸海軍の〝いつもの〟非協力的な体制

一九三八年にドイツで核分裂現象が発見されると、各国はこれを兵器に応用しようと考えた。日本では陸軍がまず着目し、昭和十六年（一九四一）四月、理化学研究所の仁科芳雄《にしな》博士に研究を依頼した。海軍でも翌年七月、仁科博士、長岡半太郎博士らを招いて、主に原爆と殺人光線開発の可能性を探る物理懇談会を発足させた。この後、海軍では関心を殺人光線に向けたため原爆開発は棚上げされたが、陸軍では仁科博士の名をとって「二号研究」という名目で開発が進められた。

原爆を造るためにまず必要なのは、ウラン鉱石の中から核分裂を起こすウラン235を分離させることであった。仁科博士の研究室ではウランの分離筒を造って実験を開始し、さらに、大阪大学、住友金属尼崎《あまがさき》工場にも分離筒が造られてウラン235の抽出が試みられた。その間、陸軍では南方の占領地で、日本では採掘されないウラン鉱脈探しが始まった。だが、ウラン235の分離には結局成功せず、施設は空襲などによって破壊され、また、陸軍もウラン鉱脈を発見できなかった。

一方、いったんは原爆開発を棚上げした海軍だったが、昭和十九年に再び原爆の開発に着手しだした。このときの海軍の原爆開発は京都大学の荒勝文策博士に依頼され、博士はまずウラン235を分離するための装置の製造にとりかかった。しかし、分離機が完成する前に終戦となっている。

このように日本の原爆開発は、陸軍と海軍が連絡も取り合わずにまったくバラバラで行ない、しかも、原爆製造の初期段階でいずれもつまずいたのである。アメリカがロスアラモスに科学者やその家族を含めて数万人を移住させ、二〇億ドルの巨費を投じたのとはまったく対照的であった。

●仁科博士とスタッフ

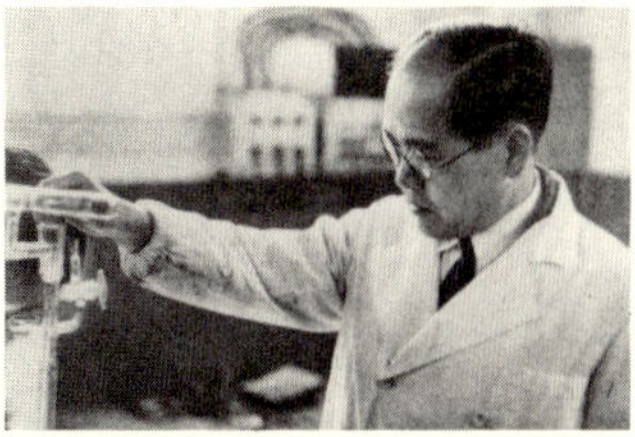

●仁科芳雄博士

日本の殺人光線・原子爆弾研究施設

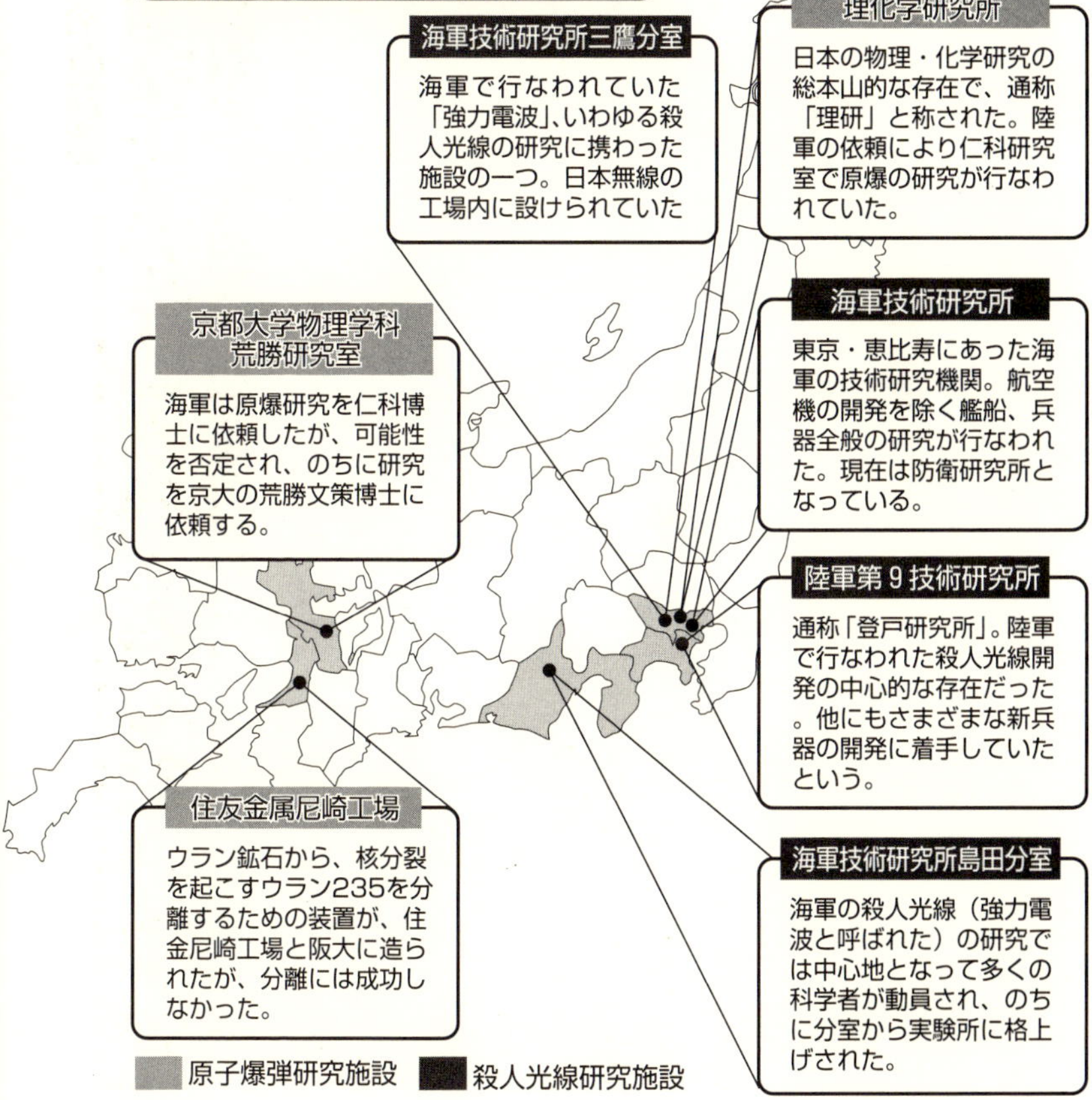
海軍技術研究所三鷹分室
海軍で行なわれていた「強力電波」、いわゆる殺人光線の研究に携わった施設の一つ。日本無線の工場内に設けられていた
理化学研究所
日本の物理・化学研究の総本山的な存在で、通称「理研」と称された。陸軍の依頼により仁科研究室で原爆の研究が行なわれていた。
京都大学物理学科荒勝研究室
海軍は原爆研究を仁科博士に依頼したが、可能性を否定され、のちに研究を京大の荒勝文策博士に依頼する。
海軍技術研究所
東京・恵比寿にあった海軍の技術研究機関。航空機の開発を除く艦船、兵器全般の研究が行なわれた。現在は防衛研究所となっている。
陸軍第9技術研究所
通称「登戸研究所」。陸軍で行なわれた殺人光線開発の中心的な存在だった。他にもさまざまな新兵器の開発に着手していたという。
住友金属尼崎工場
ウラン鉱石から、核分裂を起こすウラン235を分離するための装置が、住金尼崎工場と阪大に造られたが、分離には成功しなかった。
海軍技術研究所島田分室
海軍の殺人光線（強力電波と呼ばれた）の研究では中心地となって多くの科学者が動員され、のちに分室から実験所に格上げされた。
原子爆弾研究施設
殺人光線研究施設

潜水艦でドイツと技術協力した日本

ドイツの科学技術を輸入しようとした〝深海の使者たち〟

同盟国ドイツは科学技術の点で日本より水準が高かった。が、知恵を借りようにも戦争中で行きようがない。たった一つの方法が潜水艦を派遣することである。昭和十七年（一九四二）四月から十九年にかけて五隻の潜水艦がドイツへ派遣された。伊30、伊8、伊34、伊29、伊52がそれである。このうち、完全往復に成功したのは「伊号第8潜水艦」（艦長内野信二大佐）だけだった。

航路は広島県呉《くれ》軍港を出発、インド洋からアフリカ南端の喜望峰を回り、ドイツ占領下のフランス西岸のビスケー湾まで。マレー半島西海岸のペナンに立ち寄り、そこから無寄港の約三万一〇〇〇キロの旅である。航路はすべて連合国の制海域だから、開発間もない電波探知器を備えたのがただ一つの頼りだった。

暴風、敵哨戒機、電探制圧などに苦しめられながらも、呉出港以来九二日目の昭和十八年（一九四三）八月三十一日に到着。約一ヵ月碇泊し、レーダー、機銃、高速魚雷艇用エンジンなど最新式兵器や図面を譲り受けた。十月一日出港、呉帰港は十二月二十一日であった。

じつはその頃、新たな潜水艦一隻が呉を出港、ドイツに向かった。あの米空母「ワスプ」を単独で撃沈した潜水艦長木梨鷹一《きなしたかかず》中佐（106頁参照）が新しく艦長となった「伊29」である。約七ヵ月かかって無事にシンガポールまで帰ってきた。そこでロケット戦闘機、ジェット戦闘機の設計図を降ろして、呉に向かった。七月十四日午前四時過ぎ、艦は台湾南方バリタン海峡を浮上して航行していた。そこへ突然の米潜による魚雷攻撃、三本が命中してアッというまに沈んだ。生存者は見張りの兵一名という。

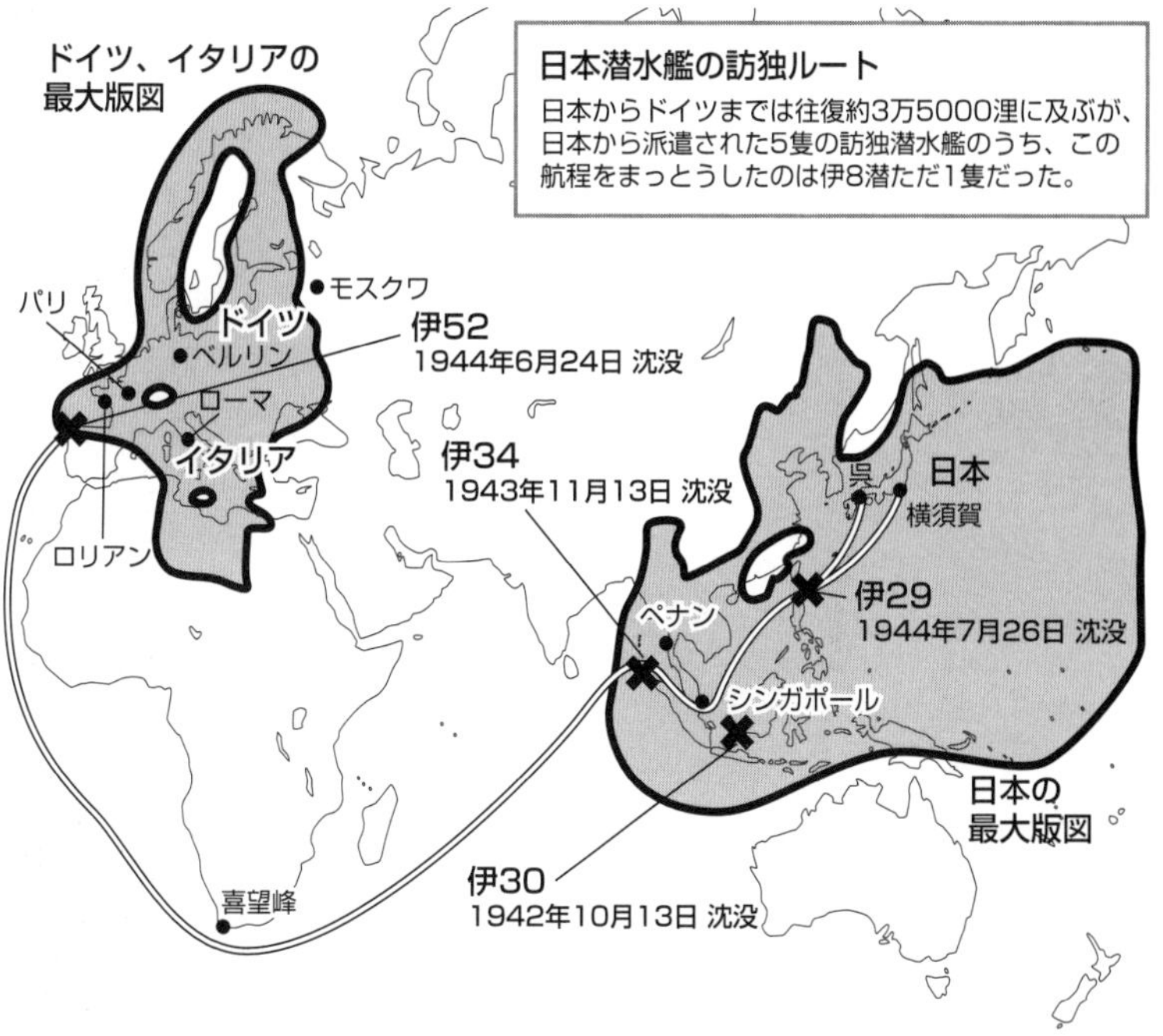
日本潜水艦の訪独ルート
日本からドイツまでは往復約3万5000浬に及ぶが、日本から派遣された5隻の訪独潜水艦のうち、この航程をまっとうしたのは伊8潜ただ1隻だった。
ドイツ、イタリアの最大版図
パリ
モスクワ
ドイツ
ベルリン
伊52
1944年6月24日 沈没
ローマ
イタリア
ロリアン
伊34
1943年11月13日 沈没
呉
日本
横須賀
伊29
1944年7月26日 沈没
ペナン
シンガポール
日本の最大版図
伊30
1942年10月13日 沈没
喜望峰

ターボジェット・エンジン

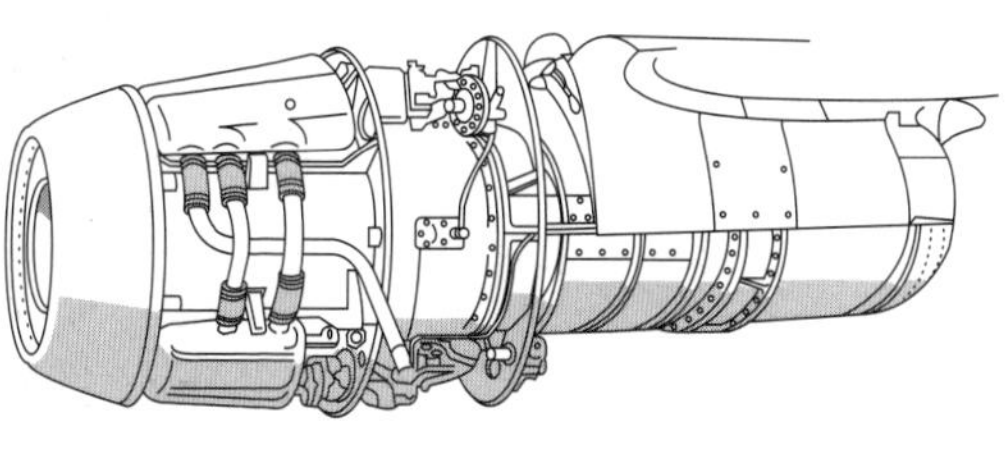

●ジェット・エンジンやロケット・エンジンの開発も潜水艦でドイツを往復し設計図を取り寄せてなされたものである

ロケット・エンジン

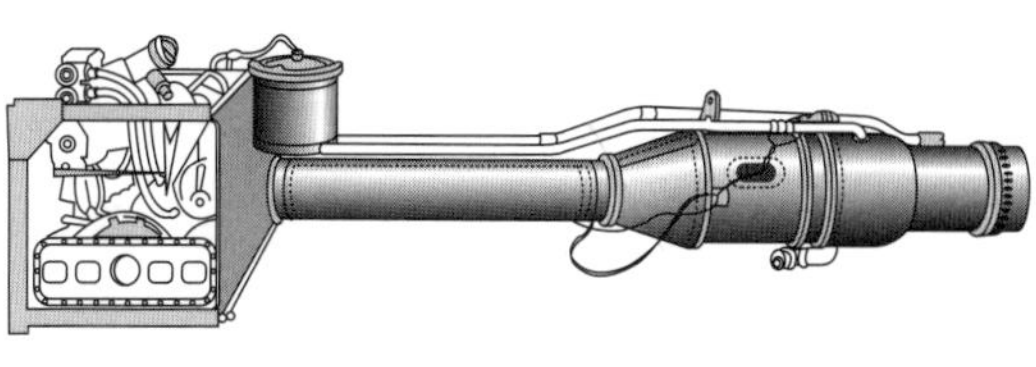

科学技術と戦争5

ロケット戦闘機「秋水」の試験飛行

敗勢のなかでも模索が続いた新鋭機開発

前項で述べたように、「伊号第29潜水艦」がドイツからもたらしたロケット戦闘機の設計図に基づき、その試作機づくりが始まった。ドイツのメッサーシュミットMe163Bコメート戦闘機の技術だった。最大時速九〇〇キロで、零戦の約二倍の速さである。

もっともこの時期、マリアナ沖海戦で日本機動部隊が全滅し、サイパンなどマリアナ諸島が米軍の手に渡り、戦局は一気に敗勢に傾いた。それでも、これからまったく新しいタイプの新鋭機を作ろうとしたわけだ。それが「秋水《しゅうすい》」である。

せっぱつまった状況だから、あれほど仲の悪かった陸海軍が開発を分担、エンジンを陸軍が、機体を海軍が担当した。試作一号機の完成が昭和二十年（一九四五）六月、すでに沖縄戦も敗戦がはっきりした頃である。七月七日、初テスト。ところが離陸はしたが途中で失速、墜落に近い形で不時着し、機体は破損、パイロットも翌日死んだ。

八月十日（広島・長崎に原爆が投下されたあと）、二号機のテストが行なわれたが、やはり飛ばなかった。記録によれば試作機は五機製造されたというが、テストは二回だけでやがて終戦となった。

終戦間際に試作機が完成したケースで実用化までいかなかった飛行機はこのほか、戦闘機「震電《しんでん》」（最大時速七五〇キロ、八月初飛行）、特殊攻撃機「橘花《きっか》」（最大時速六二一キロ、八月初飛行）などがある。

最も凄まじい飛行機は「剣《つるぎ》」で、本土決戦用の特攻機である。機体はブリキ材、車輪は離陸したら外れるようになっていた。一〇五機製造され、その日を待っていた。機体がベニヤ板の陸軍「日国《にっこく》夕号」特攻機は試作機だけに終わったが、「夕号」の夕は「竹槍」の略である。

●試作された局地戦闘機「秋水」

秋水三面図

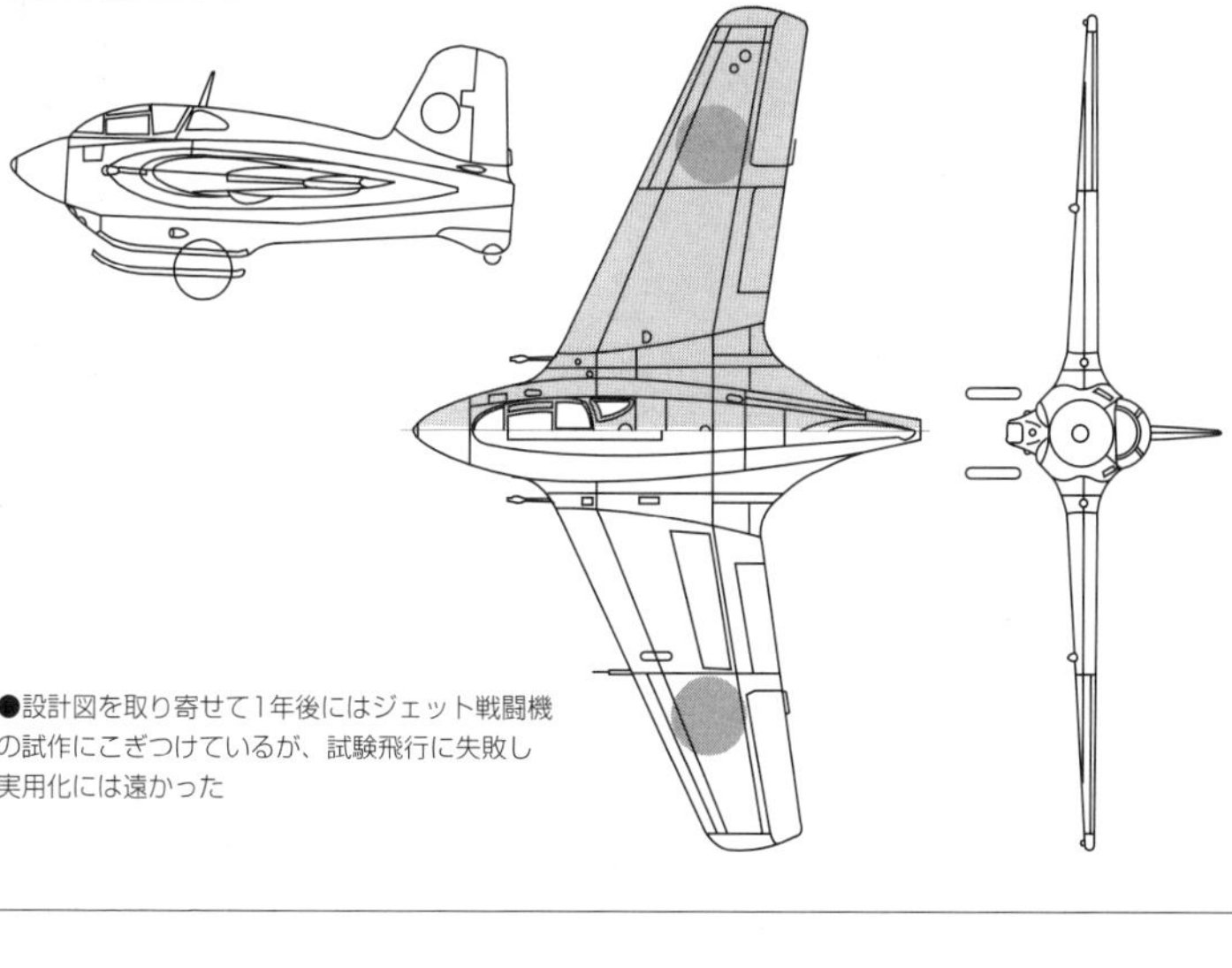

●設計図を取り寄せて1年後にはジェット戦闘機の試作にこぎつけているが、試験飛行に失敗し実用化には遠かった

松ヤニとサツマイモで戦闘機を飛ばせ!

全国で掘り起こした松根からもガソリンづくり

「急速に燃料が不足となり、計画通りの飛行訓練が出来なくなってきた。具体的にいうとガソリンが不足なので、アルコール燃料を主にして訓練しなければならない。ところが航空燃料ではないから、エンジンが飛行中にしばしば急速に回転が低下、停止してしまうことがあった。回転が落ちかけた瞬間をとらえて、教官席の私が伝声管で後席の学生に『注射!』とどなり、アルコール燃料の中に少量のガソリンを注射し、出力を回復しなければならなかった」

飛行機好きの学生で組織された学鷲血盟特攻隊天虎基地（琵琶湖畔）での訓練の模様を、平木國夫氏はこう書いている（『別冊歴史読本』第七〇号所収「民間特攻機の孤独な決意」）。時期は昭和二十年（一九四五）五、六月頃、戦艦「大和」が片道燃料で沖縄特攻に出撃し、撃沈されたあとである。アルコールの最大原料はサツマイモだ。

一方、全国の農村では大政翼賛会《たいせいよくさんかい》が女性や子供を大動員して松根を掘らせていた。一般にはその松ヤニ、すなわち松根油《しょうこんゆ》から飛行機のガソリンを作ると説明されたが、実際には航空燃料に不可欠の高性能オクタン価（松ヤニは一五〇以上ある）を得るためだった。

全国で掘り続けられた松ヤニは約八四万トン。ここでも地域別に海軍地域と陸軍地域とに分けられていた。どういうわけか海軍地域からは陸軍地域の三倍近い松ヤニが採《と》れたそうだ。計算ではこれで約四万トンの松根油が生産されたはずという。

ここまで追いつめられても日本軍は投了（降伏）する気はまったくなかったが、戦後の台風によって松根掘りで荒らされた山に山津波が起こり、初めてその愚を悟るのであった。

●松根掘りに動員された人たち

●松根を乾溜釜に詰め込む

●松根油を採取する

5 日本の戦没者の内訳

厚生省援護局調べでは、日中戦争から太平洋戦争までの戦没者は三一〇万人。内訳は軍人軍属など二三〇万人、外地で戦没した一般邦人三〇万人、内地の戦災死没者五〇万人である。

戦場別の戦没者は次のようだという（単位・人）。

- フィリピン　五一万八〇〇〇
- 中国本土　四六万五七〇〇
- 中部太平洋　二四万七〇〇〇
- 東部ニューギニア・ビスマルク諸島・ソロモン諸島　二四万六三〇〇
- 旧満州（現中国東北部）　二四万五四〇〇
- 沖縄　一八万六五〇〇
- ビルマ(現ミャンマー)・インド　一六万七〇〇〇
- 西部ニューギニア・モルッカ　五万三〇〇〇
- 旧ソ連邦本土　五万二七〇〇
- インドネシア　二万五四〇〇
- 樺太・千島・アリューシャン　二万四四〇〇
- タイ・マレー・シンガポール　二万一〇〇〇
- 硫黄島　二万〇一〇〇
- 韓国　一万八九〇〇
- ボルネオ　一万八〇〇〇
- 仏印（ベトナム・ラオス・カンボジア）　一万二四〇〇
- モンゴル　一七〇〇 ■

▼ガダルカナル島アウステン山の戦没者慰霊碑

第6章 戦後処理と日本の独立

帝國政府 四國共同宣言を受諾

萬世の爲に太平開かむ

畏し 敵の殘虐・民族滅亡を御軫念

神州不滅 總力建設御垂示

ルヲ得ス帝國臣民ニシテ戰陣ニ死シ職域ニ殉シ非命ニ斃レタル者及其ノ遺族ニ想ヲ致セハ五内爲ニ裂ク且戰傷ヲ負ヒ災禍ヲ蒙リ家業ヲ失ヒタル者ノ厚生ニ至リテハ朕ノ深ク軫念スル所ナリ惟フニ今後帝國ノ受クヘキ苦難ハ固ヨリ尋常ニアラス爾臣民ノ衷情モ朕善ク之ヲ知ル然レトモ朕ハ時運ノ趨ク所堪ヘ難キヲ堪ヘ忍ヒ難キヲ忍ヒ以テ萬世ノ爲ニ太平ヲ開カムト欲ス朕ハ茲ニ國體ヲ護持シ得テ忠良ナル爾臣民ノ赤誠ニ信倚シ常ニ爾臣民ト共ニ在リ若シ夫レ情ノ激スル所濫ニ事端ヲ滋クシ或ハ同胞排擠互ニ時局ヲ亂リ爲ニ大道ヲ誤リ信義ヲ世界ニ失フカ如キハ朕最モ之ヲ戒ム宜シク擧國一家子孫相傳ヘ確ク神州ノ不滅ヲ信シ任重クシテ道遠キヲ念ヒ總力ヲ將來ノ建設ニ傾ケ道義ヲ篤クシ志操ヲ鞏クシ誓テ國體ノ精華ヲ發揚シ世界ノ進運

「民を斃すに忍びず」

白き御手袋を御眼に

聖慮宏遠 諸員みな慟哭

憂國の至情交々吐露

御前會議、閣議の經過

四國宣言受諾ま

帝國提議 四國

ソ連の対日参戦と取り引きした米大統領

日ソ中立条約を破った軍事独裁者スターリン

一九四五年（昭和二十）八月九日、ソ連は対日宣戦を行ない、満州国（形式は独立国だが、日本の完全な植民地）や南樺太《カラフト》、千島列島（ともに日本領土）に侵攻した。日ソは中立条約を結んでいたが、ソ連は一九四五年四月に条約不延長（条約満期は一九四六年四月）を通告していたので、ソ連侵攻は十分予想されていた。

ソ連の対日参戦は、一九四三年十一月のテヘラン会談で米英両国により初めて要請され（ソ連同意）、一九四五年二月のヤルタ秘密協定（ヤルタはクリミヤ半島のソ連領）で参戦条件の細部が詰められた。二つの会談で米英は、ソ連に対し千島列島引き渡し（明治初期、全樺太と交換）、南樺太の返還（日露戦争で日本に割譲）、大連港の使用権と大連への鉄道保有などを認めた。

当時のソ連首相はスターリンで、米英ともこの軍事独裁者のごり押しを認めることによって、ドイツ降伏後の二、三ヵ月後に対日参戦を約束させたのだった。

大連港の使用権と大連への鉄道保有を認めたことは、テヘラン会談の数日前に先だって開かれた米英中のカイロ会談で、米英が蔣介石《しょうかいせき》に約束した「満州・台湾・澎湖《ほうこ》島の中国への返還」と矛盾していた。あえて米英が二枚舌を使った背景は何か。ビルマ奪還作戦に対する蔣介石の煮え切らない態度に、中国の対日戦継続に疑念を抱いたこと（実際、蔣介石は抗日戦勝利を確信し、戦後の対共産軍との戦争に戦力を温存しようとしていた）、ヨーロッパからソ連の大軍が極東に派遣されることは、ドイツ敗戦後の軍事バランス上、英にとって好都合だったからである。

こうして、スターリンは日ソ中立条約を侵《おか》した。

連合国側のおもな首脳会議

①太平洋会談→大西洋憲章
- 1941年8月
- ルーズベルト、チャーチル
- ファシズム打倒と、戦後の平和構想
  ①領土の不拡大
  ②民族自決権
  ③通商と資源に対する機会均等
  ④労働条件の改善と社会保障のための国際協力
  ⑤恐怖と欠乏からの解放
  ⑥侵略国の武装解除、軍備撤廃、恒久的安全保障制度の確立など
  →1942年1月、連合国共同宣言
  →⑤

⑦ポツダム宣言
- 1945年7月
- トルーマン、チャーチル（→アトリー）、スターリン
- ヨーロッパの戦後処理、日本への無条件降伏の勧告と戦後の管理
  ①軍国主義勢力の永久除去
  ②新秩序建設まで連合軍が占領
  ③領土範囲の決定（本土4島と付属諸島）
  ④軍隊の完全武装解除
  ⑤戦犯の処罰
  ⑥民主主義の確立
  ⑦賠償実行のための産業・経済の維持など

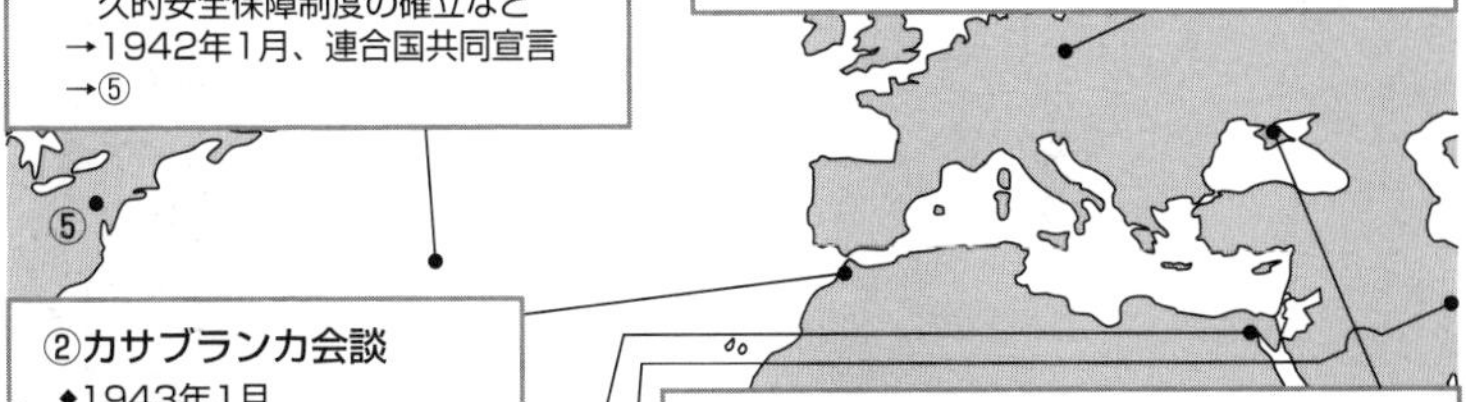

②カサブランカ会談
- 1943年1月
- ルーズベルト、チャーチル
- シチリア島とイタリア本土への上陸作戦。枢軸国とくにドイツに対する「無条件降伏」の原則。フランスの対独共同作戦。

⑥ヤルタ会談
- 1945年2月
- ルーズベルト、チャーチル、スターリン
- 戦後ドイツの処理とソ連の対日参戦
  ①国際連合の設立と安全保障理事会での大国の拒否権の承認
  ②ドイツの無条件降伏と米、英、仏、ソ4国による分割管理。軍隊の解体と戦争責任者の処罰
  ③東欧諸国の主権と自治の回復
  ④ソ連の対日参戦と南樺太、千島のソ連帰属等

③カイロ宣言
- 1943年11月
- ルーズベルト、チャーチル、蔣介石
- 対日共同作戦と日本の無条件降伏の要求
  ①満州、台湾、澎湖島を中国に返還する
  ②1914年以降に獲得した太平洋上の全島を放棄する
  ③朝鮮は適当な時期に独立させるなど→⑦

④テヘラン会談
- 1943年11～12月
- ルーズベルト、チャーチル、スターリン
- 対独共同作戦ー第二戦線の形成
  ①3国の協力と戦争遂行に関する宣言
  ②イランの独立と領土の保全
  ③第二戦線の形成ー東部戦線でのソ連の反攻に呼応して米英のノルマンディー上陸作戦を展開する
  ④ユーゴスラビアのパルチザン援助など→⑥

⑤ダンバートン＝オークス会議
- 1944年8～9月
- 1944年9～10月
- 大西洋憲章を受け、戦後の平和保障に関する新しい国際組織の設立案を作成。

1945年4～6月、サンフランシスコ会議→⑥
→国際連合憲章

連合軍の謀略2

日本の降伏を無視したソ連の対日侵略

スターリンが要求した「日露戦争の代償」とは?

ソ連の対日戦は正義にかなっていなかった。宣戦布告が一九四五年八月八日。次の日、満州国と樺太南部(北緯五〇度が境界線)の国境を越え、大軍で侵攻した。一週間後の八月十五日、日本は「米英中ソ共同宣言=ポツダム宣言」を受諾して降伏。これを受けて満州では次第に戦火がやんだ。

異様だったのは樺太と千島列島だった。

樺太では降伏軍使が数ヵ所で射殺され、停戦協定成立後に樺太からの引き揚げ船三隻がソ連潜水艦の攻撃を受けた。そのうち「小笠原丸」が沈没し推定乗員七二〇人中、約六六〇人が死亡。他の二隻は沈没はしなかったが、四〇〇人が死亡した。

千島列島北端の占守島《シュムシュ》には激しい砲撃を交えて八月十六日にソ連軍が上陸した。同島の日本軍守備隊はすでに帰還準備を進めていたが、一転、自衛戦争に立ち上がり、ソ連上陸部隊を海岸まで追いつめたところで停戦命令が出され、降伏した。

占守島攻略のソ連軍指揮官は「日本軍が最後の総攻撃を行なわなかったことに感謝する」と殊勝だったが、ソ連軍の千島侵攻はその後も続き、八月二十二日択捉島《エトロフ》、九月一日色丹島《シコタン》・水晶島を占領して、やっと止まった。ソ連は日本降伏直後からアメリカに対して「釧路~留萌《るもい》」以北のソ連領土化を繰り返し求めていた。

スターリンは、千島列島の占領はヤルタ秘密協定の当然の権利と言い、北海道半分を領有化する権利は、日本がシベリア出兵(一九一九~二二年)でソ連極東地帯を占領した報復だと主張した。シベリア出兵とは、第一次大戦中に起こったロシア革命に危機感を抱いた米英仏が日本を誘って起こしたもので、日本は米英仏が撤兵したあとも二年近く軍事行動を続け、のち全面撤収した。

●日露戦争時、樺太コルサコフに集結した日本の艦船。同地は日本に割譲されたあと大泊と改称された

米英軍の反攻路と終戦時の日本とソ連の侵攻

ソ連軍の侵攻ルート
樺太
モンゴル
千島列島
満州国
朝鮮
日本
終戦時の
日本の勢力圏
米中軍
B29の行動半径
英印軍
沖縄
硫黄島
台湾
米軍の反攻ルート
①
タイ
フィリピン
サイパン
仏印
米軍
グァム
英軍
パラオ
マレー
トラック
ラバウル
米軍の反攻ルート②
ニューギニア

連合国の謀略3

日本兵六〇余万を強制労働させたソ連の不法

ロシア国内では意外と知られていない日本兵抑留

ソ連・スターリン首相の日本軍捕虜に対する虐待は、古代ローマ帝国のようにむごいものだった。

すなわち、満州、北緯三八度線以北の朝鮮、樺太、占守島、幌筵島《パラムシル》（占守島に隣接）で降伏した日本軍捕虜をシベリア各地に連行し、強制労働につかせたのである。その数は六〇万を超えた。

抑留者は、シベリア鉄道の北方を大迂回するバム鉄道建設や、各地の鉱山採掘、森林伐採などに従事させられ、その範囲もクラスノヤルスク地方からカザフ共和国、さらにはウズベク共和国にまで及んだ。日本兵のシベリア移送が始まったのが九月から十月だったから、やがて極寒が訪れ、その冬中に多くが死んだ。

自ら建設した宿舎は暖房は無きに等しく、抑留者は粗末な食糧しか与えられず、共産主義者特有の無理なノルマの設定と理不尽な罰則などに苦しんだ。さらに「日本軍国主義の糾弾と民主化運動」と称するスターリン崇拝が強制された。

日本政府の懇請でアメリカはソ連に対して抑留者の早期帰還を要求したが、ソ連は最初、対象者はいない、とシラを切った。恐るべき欺瞞《ぎまん》である。当然、秘密国家ソ連の国民大多数は、日本人と接触する地元住民以外、日本人強制連行の事実を知っているはずもなかった。

それでも「米ソ協定」（日ソ協定ではない）によって昭和二十一年（一九四六）十一月から少人数の帰国が始まり、戦後一三年たった昭和三十三年九月七日にやっと全生存者の帰国が終わった。

ソ連崩壊後の平成四年（一九九二）六月、来日したエリツィン大統領は、六万一八〇五名の死亡者名簿（フロッピー）を手渡し、テレビカメラの前で一〇数秒間頭を垂れて、公式に謝罪した。

海外からの引き揚げ者

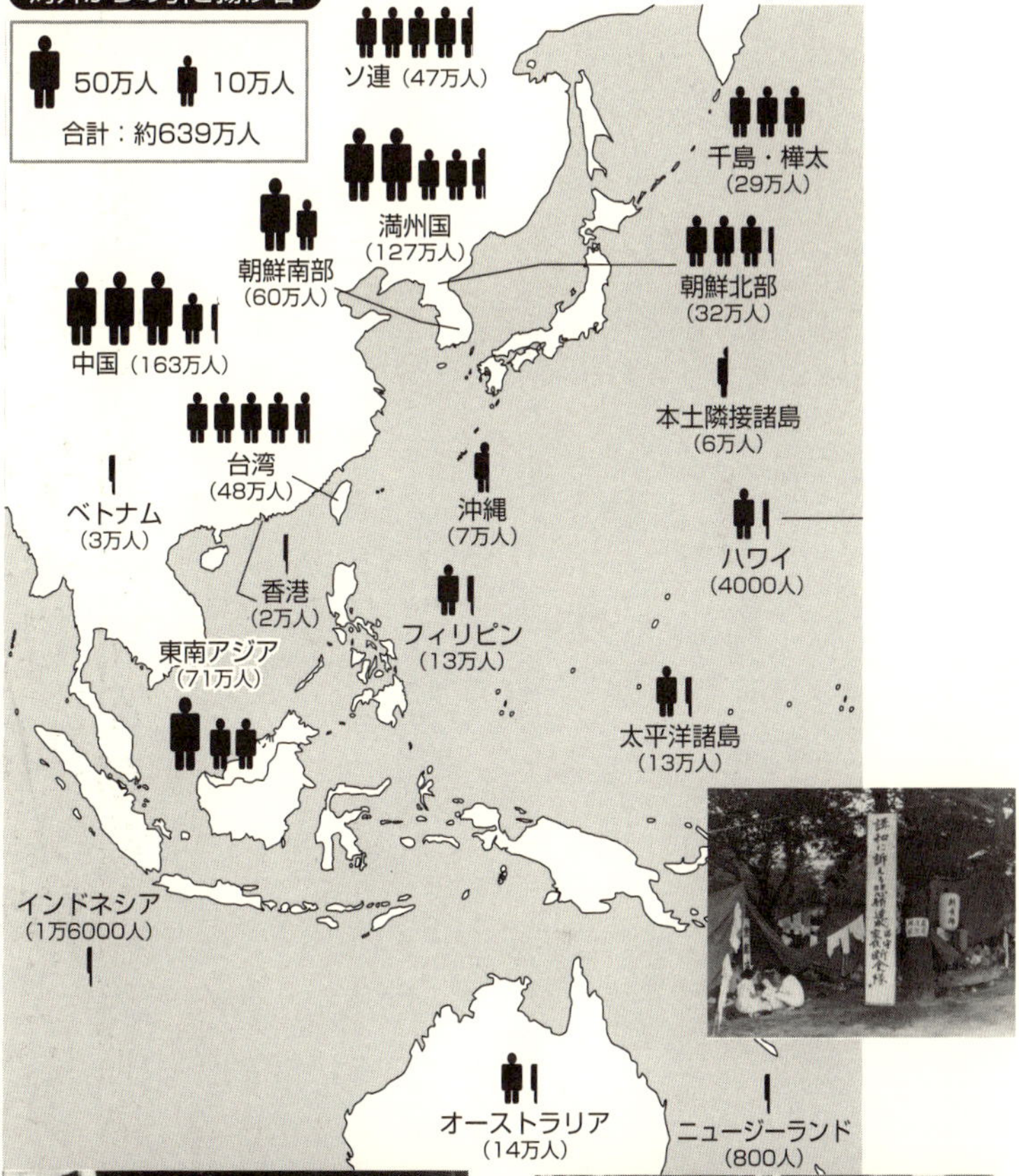
50万人 10万人
合計：約639万人
ソ連（47万人）
千島・樺太
（29万人）
満州国
（127万人）
朝鮮南部
（60万人）
朝鮮北部
（32万人）
中国（163万人）
本土隣接諸島
（6万人）
台湾
（48万人）
沖縄
（7万人）
ベトナム
（3万人）
ハワイ
（4000人）
香港
（2万人）
フィリピン
（13万人）
東南アジア
（71万人）
太平洋諸島
（13万人）
インドネシア
（1万6000人）
オーストラリア
（14万人）
ニュージーランド
（800人）

●シベリアからの帰還者を出迎える家族

●シベリア抑留者の早期帰還をめざす運動はさまざまなかたちで行なわれた

日本占領1

なぜ日本はアメリカ軍が占領したのか

ドイツ管理と異なったアメリカ単独管理の真相

敗戦国日本を実質占領したのはアメリカだった。形式上はアメリカも連合国の一員にすぎないが、日本と事実上戦い、降伏に導いたのはアメリカだったからだ。トルーマン大統領はフィリピンを奪還したダグラス・マッカーサー元帥を、日本占領の連合国軍最高司令官に任命した。

マッカーサーは飛行機で神奈川県厚木航空基地（旧海軍基地）にやってきた。アメリカ軍は東京、横浜、京都、札幌、仙台、大阪、岐阜、高知、岡山、福岡などに進駐、兵力約五〇万だった。

ドイツの場合はソ連管理地域と英米仏管理地域に四分し、首都ベルリン（ソ連管理地域にあった）も四分割して統治したが、日本占領はアメリカ一国支配となった。現実に日本を敗戦に追い込んだのはアメリカだったことと、東欧の占領地域をソ連の管理に委ねる代わりに日本に関してはソ連に口出しさせない、という政策の現われでもあった。

やがて、極東委員会という日本管理の意思最高機関がワシントンに置かれ、形式上は極東委員会の政策をマッカーサーが実行するということになったが、米英中ソは拒否権を持っているうえ、英中ソが拒否権を行使しても、アメリカだけに与えられていた「緊急中間指令権」を行使して占領政策を推し進めることができるようになっていた。

こうしてアメリカは、連合国のなかで最も対立していたソ連の意向を無視して、マッカーサー指令を日本政府に通告することができたのだ。これが間接統治である。

日本国内でも沖縄は特別扱いで、通貨はドル、公用語も英語で、アメリカ軍による軍政が敷かれた。のち高等弁務官制となり、国防長官の指揮下に置かれ、昭和四十七年（一九七二）まで続いた。

●厚木に降り立ったマッカーサー元帥

●皇居お濠ばたを示威行進する米軍

米占領軍（第８軍）と駐屯地 （1946年3月11日）

●ミズーリ号艦上での降伏調印式

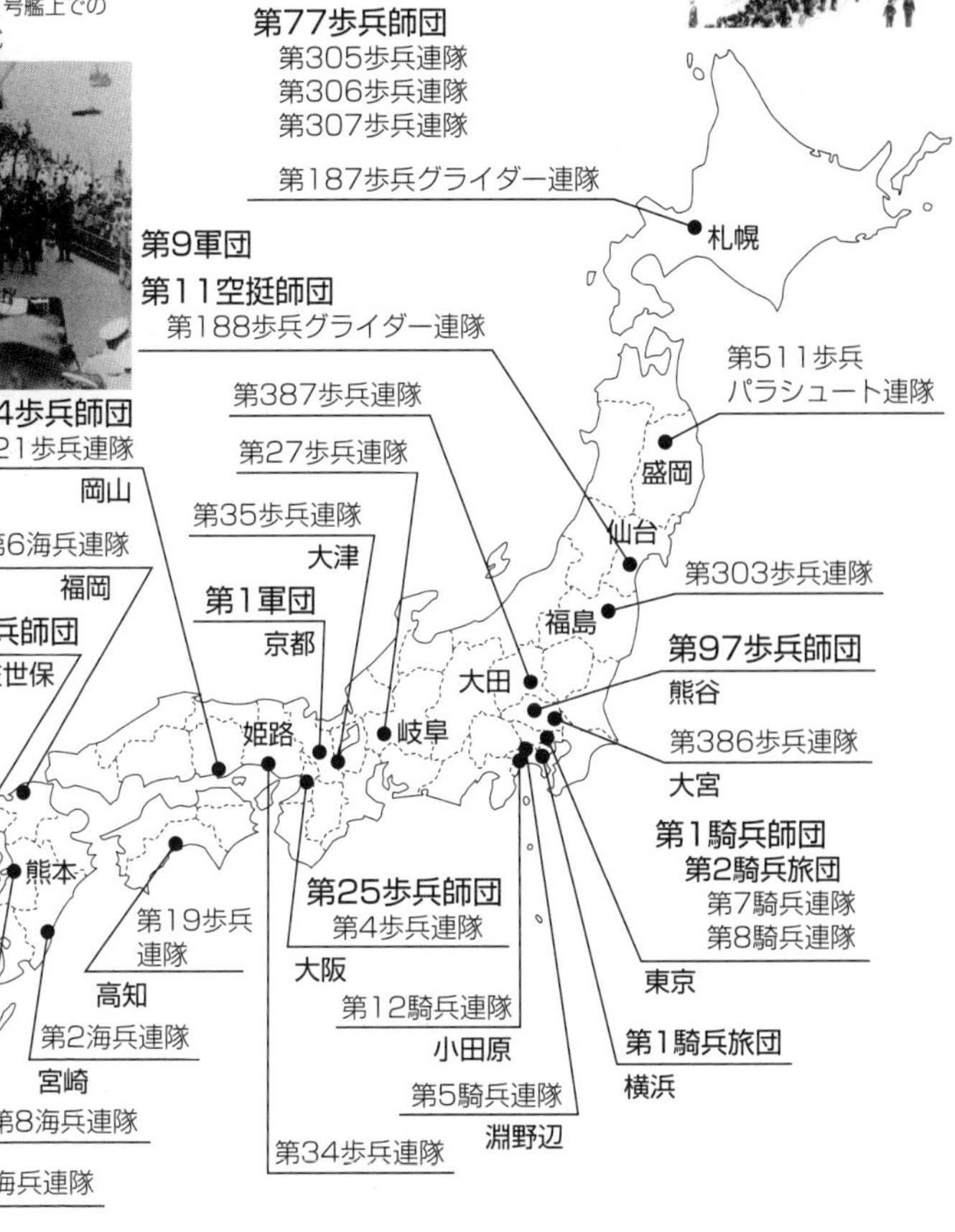
第77歩兵師団
第305歩兵連隊
第306歩兵連隊
第307歩兵連隊
第187歩兵グライダー連隊
札幌
第9軍団
第11空挺師団
第188歩兵グライダー連隊
第511歩兵
パラシュート連隊
盛岡
仙台
第24歩兵師団
第21歩兵連隊
岡山
第387歩兵連隊
第27歩兵連隊
第35歩兵連隊
大津
第6海兵連隊
福岡
第1軍団
京都
第303歩兵連隊
福島
第2海兵師団
佐世保
第97歩兵師団
大田
熊谷
第386歩兵連隊
大宮
姫路
岐阜
長崎
熊本
第1騎兵師団
第2騎兵旅団
第7騎兵連隊
第8騎兵連隊
第25歩兵師団
第4歩兵連隊
第19歩兵
連隊
大阪
高知
東京
第12騎兵連隊
小田原
第2海兵連隊
宮崎
第1騎兵旅団
横浜
第5騎兵連隊
淵野辺
第8海兵連隊
第34歩兵連隊
第10海兵連隊

日本占領2

危うく四分割されそうになった日本

ソ連は「北海道の半分をよこせ」と強談判！

日本占領はアメリカ一国のものとなったが、ドイツ式に分割統治の案が作成されたこともあった。作ったのはアメリカ統合参謀本部内の統合戦争計画委員会で、その骨子は以下のようであった。

◎ソ連占領地域＝北海道・東北地方
◎アメリカ＝関東・信越・東海・北陸・近畿地方
◎中国＝四国地方
◎イギリス＝中国・九州地方
●東京は米・英・中・ソ四ヵ国共同管理
●大阪は米・中の共同管理

　これが検討の対象として生きていたのは昭和二十年八月十六日から九月初旬にかけてで、その後は正式に取り上げられることなく、廃案となった。

　ソ連が、「ヤルタ秘密協定に従って、千島、樺太の領有とともに、北海道の半分を寄こせ」（250頁参照）とトルーマン米大統領に要求したのが八月十六日。ソ連は四分割案が構想されたことを知らなかった。日本四分割案は、トルーマンがソ連の〝北海道の半分を要求〟を拒否した時点で、廃案の運命と決まったようなものである。

　それにしても、ルーズベルト大統領やチャーチル首相がいとも気軽に「千島を取ってもよい」と約束したことが、現在の北方領土問題として残っている。そのうえ、占領国の立場から昭和二十六年（一九五一）のサンフランシスコ講和条約締結の際、アメリカは日本に対して千島列島の放棄を強要した。当時、続行しようとしていた沖縄と小笠原の占領にソ連からクレームをつけられないようにという配慮だった。日本はそれを受け入れつつも、歯舞《ハボマイ》・色丹《シコタン》・国後《クナシリ》・択捉《エトロフ》の北方四島はいわゆる千島列島ではなく、日本固有の領土であることに言及したのだった。

●女性兵士も進駐してきた

●中国代表部

日本分割統治案

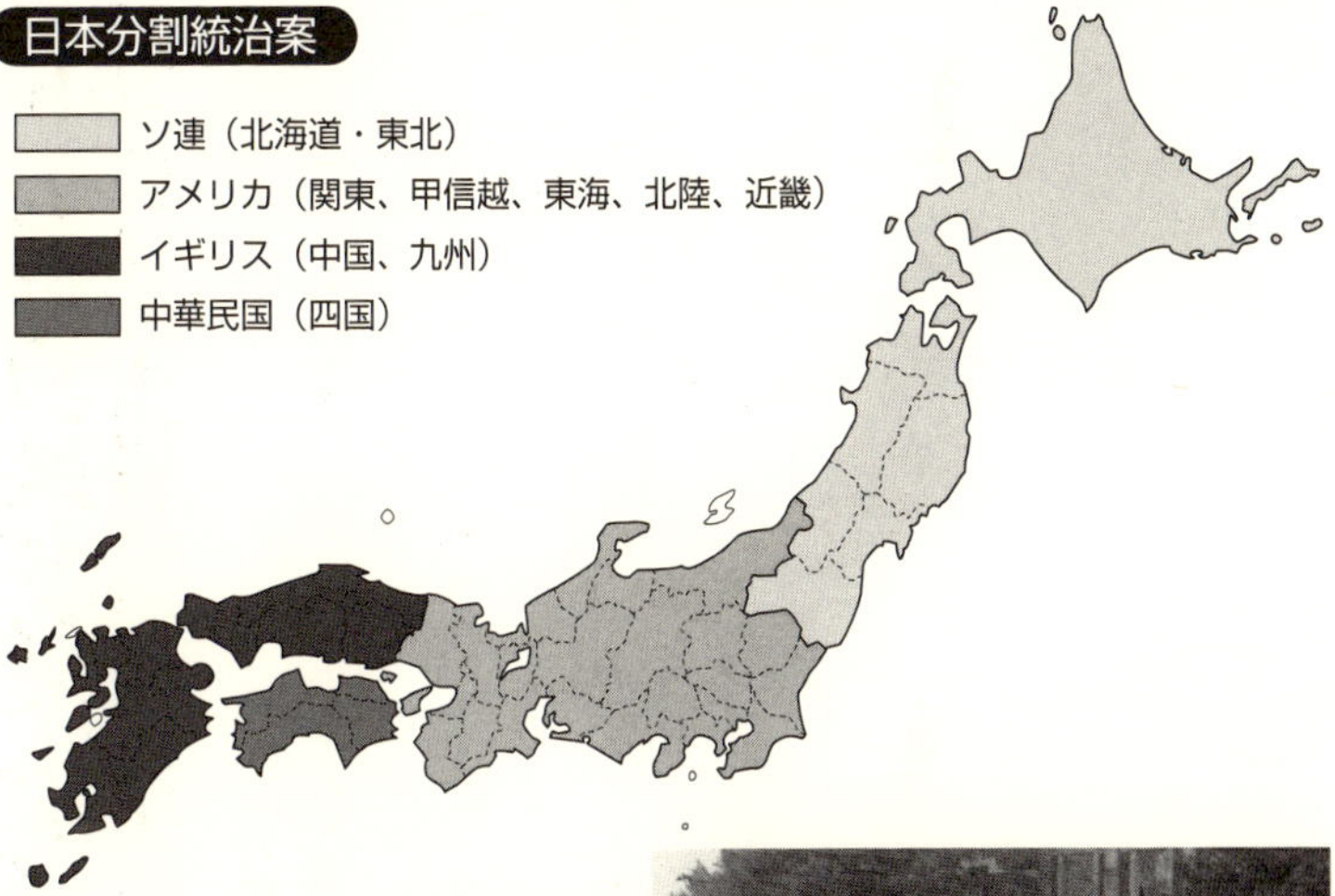
ソ連（北海道・東北）
アメリカ（関東、甲信越、東海、北陸、近畿）
イギリス（中国、九州）
中華民国（四国）

●オーストラリア陸軍部隊

●イギリス空軍部隊

マッカーサー元帥が描いた新生日本像

ドイツは四十五歳、日本は十二歳、私は保護者

「ドイツ国民は成熟した民族です。たとえば、かりにアングロ・サクソン族が科学、芸術、神学、文化の点で四十五歳だとすれば、ドイツ人はそれとまったく同じぐらいに成熟しています。しかしながら、日本人は、時計で計った場合は古いが、まだまだ教えを受けなければならない状態にあります。現代文明の基準で計った場合には、我々が四十五歳であるのに対して、十二歳の少年のようなものでしょう」（一九五一年五月五日、米議会上院軍事外交合同委員会聴聞会でロング議員の質問に対するマッカーサーの陳述）。

「私は五年以上もの期間、日本改革の仕事にとりくむことになった。私の考えていた改革案は、けっきょく全部実現した。……私が一貫して、時には諸大国に反対してまでも、日本国民を公正に取扱うことを強調していることがわかってくるにつれて、日本国民は、私を征服者ではなく、保護者とみなしはじめたのである。私は、これほど劇的な形で私の責任下に置かれた日本人に対して、保護者としての深い責任感を感じている」（『マッカーサー回想録』）。

日本の民主化と軍国主義の一掃というアメリカの政策を、マッカーサーは忠実に実行した。

一九五〇年六月に『ルック』誌の依頼でマッカーサーを取材したジョン・ガンサーは、日本に対する「根本的な把握力と直感には、ほとんど欠けているものがない」と評し、「敗戦で自信と面子を失い屈辱感を味わった日本人」ではあるけれども、「あらゆる人間の属性のうち最も貴重なもの、すなわち自由な人間が自由でいられる権利を味わったからには、絶対にふたたび自由のない生活にはかえらないだろう」と語ったことを伝えている。

●マッカーサー元帥

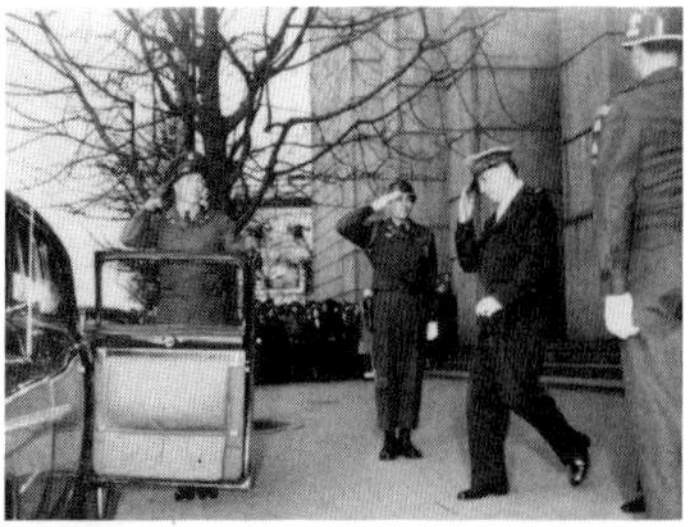

GHQ組織図

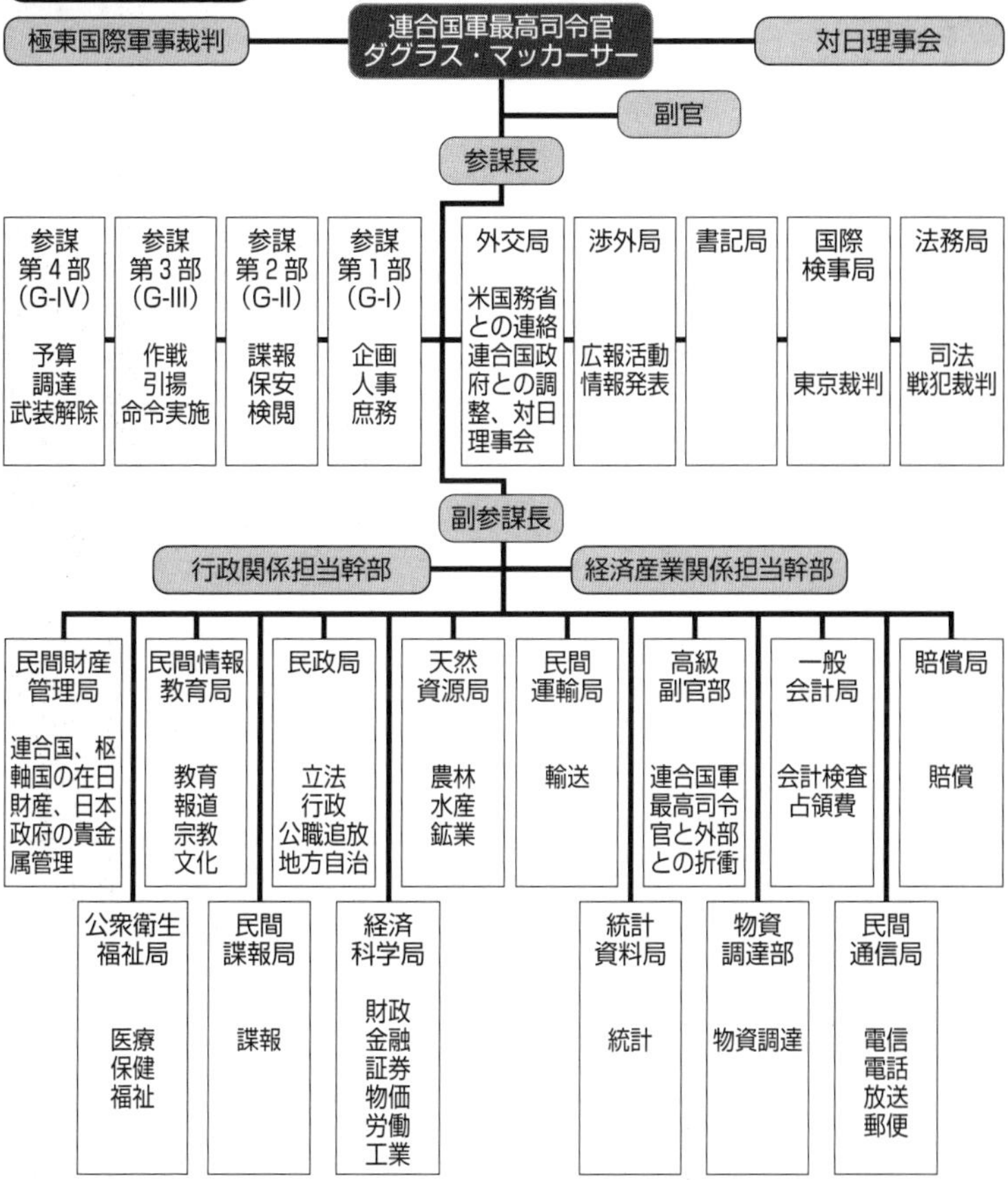

極東国際軍事裁判
連合国軍最高司令官 ダグラス・マッカーサー
対日理事会
副官
参謀長
参謀第4部(G-IV) 予算 調達 武装解除
参謀第3部(G-III) 作戦 引揚 命令実施
参謀第2部(G-II) 諜報 保安 検閲
参謀第1部(G-I) 企画 人事 庶務
外交局 米国務省との連絡 連合国政府との調整、対日理事会
渉外局 広報活動 情報発表
書記局
国際検事局 東京裁判
法務局 司法 戦犯裁判
副参謀長
行政関係担当幹部
経済産業関係担当幹部
民間財産管理局 連合国、枢軸国の在日財産、日本政府の貴金属管理
民間情報教育局 教育 報道 宗教 文化
民政局 立法 行政 公職追放 地方自治
天然資源局 農林 水産 鉱業
民間運輸局 輸送
高級副官部 連合国軍最高司令官と外部との折衝
一般会計局 会計検査 占領費
賠償局 賠償
公衆衛生福祉局 医療 保健 福祉
民間諜報局 諜報
経済科学局 財政 金融 証券 物価 労働 工業
統計資料局 統計
物資調達部 物資調達
民間通信局 電信 電話 放送 郵便

日本占領4

東京裁判は正義の裁判だったか

戦勝国が企画・制作・演出した世紀の政治裁判ショー

連合国はニュルンベルク裁判でドイツに対して二四名を「侵略戦争の共同謀議」「平和に対する罪」「殺人・虐待など戦時犯罪」「人道に対する罪」などで起訴し、ゲーリング元空軍大臣、リッベントロップ外務大臣など一二名に死刑の判決を下した(一九四六年十月一日)。

同様の理由で日本でも東京裁判極東国際軍事裁判)を開き、東条英機元首相らA級戦犯二八名を起訴し七名に絞首刑を宣告した(昭和二十三年＝一九四八年十一月十二日、十二月二十三日執行)。

近代法治主義では、犯罪が行なわれてから法律をつくって(連合国が一九四五年八月八日制定の国際軍事裁判条例がそれ)裁くというのは、罪刑法定主義と法律不遡及《ふそきゅう》の原則に反するものだった。

連合国はハーグ条約(一九〇七年)、ジュネーブ議定書(一九二四年)、不戦条約(一九二八年)などを根拠に、近代法の原理は貫かれているという立場をとったが、苦しい弁解には変わりなかった。むしろ、法廷で述べられた「戦勝国が侵略戦争の責任者を処罰できないという理由はありえない、日本は無条件降伏したのだ」という首席検察官キーナンの論述が本音であった。

文明国という矜持《きょうじ》が、裁判という手続き抜きでは人を罰し得ないというジレンマを克服するために、近代法の原理を変えてまで裁判を強行するという二重の矛盾を連合国は犯した。ソ連との駆け引きのために、容疑者を気軽に入れ替えたり、その政治性は拭いがたい。しかし、裁判の過程で満州事変以来の日本軍部の暗部が次々に暴露され、国民が昭和の戦争の全貌を垣間見る機会ともなった。東京裁判が行なわれていなかったら、我々の昭和史に関する知識はいまだに乏しいものだろう。

A級戦犯被告の判決一覧

被告名	判決	主な階級・職歴	訴因
東条英機	絞首刑	陸軍大将。陸相、首相、参謀総長、軍需相	①②④
木村兵太郎	絞首刑	陸軍大将。陸軍次官	①②④
板垣征四郎	絞首刑	陸軍大将。関東軍高級参謀、陸相	①②③④
土肥原賢二	絞首刑	陸軍大将。奉天特務機関長	①②③④
松井石根	絞首刑	陸軍大将。上海派遣軍・中支那方面軍司令官	④
武藤　章	絞首刑	陸軍中将。陸軍省軍務局長	①②④
広田弘毅	絞首刑	外相、首相	①②④
畑　俊六	終身禁錮刑	陸軍元帥。陸相	①②④
荒木貞夫	終身禁錮刑	陸軍大将。陸相、文相	①②
梅津美治郎	終身禁錮刑	陸軍大将。関東軍司令官、参謀総長	①②
小磯国昭	終身禁錮刑	陸軍大将。関東軍参謀長、首相	①②④
南　次郎	終身禁錮刑	陸軍大将。陸相	①②
大島　浩	終身禁錮刑	陸軍中将。駐独大使	①
鈴木貞一	終身禁錮刑	陸軍中将。企画院総裁	①②
佐藤賢了	終身禁錮刑	陸軍中将。陸軍省軍務局軍務課長	①②
橋本欣五郎	終身禁錮刑	陸軍大佐。日本青年党統領	①②
嶋田繁太郎	終身禁錮刑	海軍大将。海相、軍令部総長	①②
岡　敬純	終身禁錮刑	海軍中将。海軍省軍務局長	①②
白鳥敏夫	終身禁錮刑	駐伊大使	①
賀屋興宣	終身禁錮刑	蔵相	①②
木戸幸一	終身禁錮刑	内大臣	①②
平沼騏一郎	終身禁錮刑	首相、国本社創設者	①②③
星野直樹	終身禁錮刑	満州国総務長官、内閣秘書官長	①②
東郷茂徳	禁固20年	外相	①②
重光　葵	禁固7年	外相	②④
永野修身	公訴棄却	海軍元帥。軍令部総長	
松岡洋右	公訴棄却	満鉄総裁、外相	
大川周明	公訴棄却	右翼理論家	

訴因：①共同謀議　②侵略戦争の遂行　③対ソ謀略　④戦争犯罪

A級戦犯七名の遺骸はどう処分された？

関係者の機転でかろうじて保たれた遺灰

連合国（対日戦争の戦勝国）が設けた極東国際軍事裁判、通称「東京裁判」で絞首刑の判決を受けた東条英機（元首相・陸軍大将）をはじめとするA級戦犯七人の刑の執行は、昭和二十三年（一九四八）十二月二十三日午前零時一分から三五分まで、二回に分けてスガモ・プリズン（巣鴨拘置所）内で行なわれた。遺体はその夜のうちに横浜市営久保山火葬場に運ばれ、焼却された。

一方、東京裁判の日本人弁護人の一人である三文字正平弁護士は、処刑された七人の遺体が久保山火葬場で処理されることをつかみ、遺骨の奪取計画を立てた。たまたま火葬場に近い興禅寺住職を知っていたので、和尚を通じて火葬場長を説得、火葬が終わったらそれぞれの遺骨を骨壺に収めて持ち去ることにしたのである。

計画は成功し、七人の遺骨を七つの骨壺に分納、火葬場内にいったん隠して、線香を手向《たむ》けた。これがいけなかった。流れ出た線香の煙が警備の米兵に発見され、骨壺は没収されてしまったのだ。

米兵たちは七人の遺骨を鉄棒で粉々に砕くや容器に入れて持ち去った。そしてGHQ（連合国総司令部）戦犯仮釈放委員長だったヘーゲン大佐によれば、遺骨は飛行機で太平洋上に〝散骨〟したという。米軍は遺骨が日本人の崇拝の対象になるのを極度に恐れていたからだった。

だが、三文字弁護士たちはくじけなかった。米兵たちが遺棄していった残りの遺骨を集め、密かに保管していた。そして翌年五月、処刑された松井石根《いわね》大将が生前に建立《こんりゅう》した熱海市伊豆山の興亜観音堂に納めたのだ。

のちに遺灰は愛知県の三ケ根《さんがね》山頂に建立された「殉国《じゅんこく》七士墓」にも分けられた。

●木村兵太郎

●東条英機

●松井石根

●広田弘毅

●三ヶ根山頂の「殉国七士墓」

●板垣征四郎

●武藤　章

●土肥原賢二

日本占領6

アメリカに利用された天皇制

東京裁判で昭和天皇の訴追を必死でかわしたアメリカ

アメリカは東京空襲において皇居を意図的に爆撃したことは一度もなかった。天皇は日本の最高権力者であるということはわかっていたが、もし天皇を空襲で殺しでもしたら、全国民が発狂して戦争は無限に続き、日本を降伏させる機会は訪れないと考えたからである。

東京裁判は簡単にいえば戦争を始めた者を裁く法廷だったが、アメリカ政府もマッカーサー元帥も、最初から天皇をA級戦犯として訴追する気はなかった。むしろ天皇の権威を利用して占領政策を進めようとした。しかし、そのことを高飛車に最初から宣言することはなく、A級戦犯として出廷した者が、天皇には戦争を始める意思はなかったと証言させることで、ソ連やウェッブ裁判長、アメリカ国内の世論を納得させる方法をとった。

その証言に最もふさわしい者は開戦時の首相・東条英機以外にいない。東条にうまく証言させるため、告発者のキーナン首席検事自ら活発な裏工作を行なった。そしてついにその日は来た。

東条はキーナンの質問に次のように答えた。

「（開戦は）私の進言……統帥部その他の責任者の進言によって、しぶしぶ御同意になったというのが事実でしょう。……（開戦の）御詔勅《しょうちょく》のなかに、明確にその御意思の文句が付け加えられております。しかも、それは陛下の御希望によって、政府の責任において入れた言葉です……まことにやむを得ざるものあり、朕《ちん》の意思にあらずという御意味の御言葉であります」

この証言の直後、昭和二十三年（一九四八）一月八日、マッカーサー元帥はキーナン首席検事とウェッブ裁判長に対して天皇不起訴を正式に指示した。やはり東京裁判は高度に政治性を帯びていた。

●マッカーサー元帥を訪問した昭和天皇（昭和20年9月27日）

天皇・皇后を訪問したアイルケルバーガー夫妻

朝鮮戦争がもたらした日本の再軍備

経済復興と独立を一挙にはたした敗戦国日本

占領政策において、日本の軍国主義一掃は徹底したもので、その象徴が憲法第九条（戦争の放棄）だった。平和産業の育成ももちろん一方の柱だったが、それは「国民の生活水準が近隣諸国のそれより上回らないように」進められた。

一方、米ソ対立を軸とする冷戦は年ごとに深刻化し、アメリカはこの状況に対応するため、共産主義封じ込めを大きな戦略とし、アジアでは日本を太平洋の防波堤にしようとしていた。そのことを前提として、アメリカ主導の対日講和は模索されていたのだ。

それを一挙に押し進めたのが、朝鮮戦争の勃発（一九五〇年＝昭和二十五年六月二十五日）だった。アメリカは国連軍（実質は米軍）を編成し、マッカーサー元帥を総司令官に任命した。マッカーサーは国家警察予備隊（七万五〇〇〇名）の創設と海上保安庁の八〇〇〇名増員を指令、同時に旧軍人のうち「日米開戦後に陸軍士官学校や海軍兵学校に入学した者」の公職追放解除を行ない、新しい軍隊「警察予備隊」への道を開いた（旧軍人すべての追放解除は昭和二十六年八月）。

日本の再軍備が事実上軌道に乗るとともに、対日講和問題も進展し、米軍を日本に駐留させる日米安全保障条約と対になった平和条約調印会議がサンフランシスコで開かれた（一九五一年＝昭和二十六年九月四～八日、ソ連調印拒否・中国不参加）。

こうして敗戦六年目に日本は独立を回復した。

一方、朝鮮戦争は長引き、戦争開始直後から起こった朝鮮特需は引き続き好調で、五年間の累計は一六億二〇〇〇万ドル（五八三二億円）。昭和二十七年に国家予算が初の一兆円台に乗った。朝鮮戦争は日本経済復興の大きな要因となったのである。

●事実上の再軍備となった警察予備隊の発足

朝鮮戦争 1950年

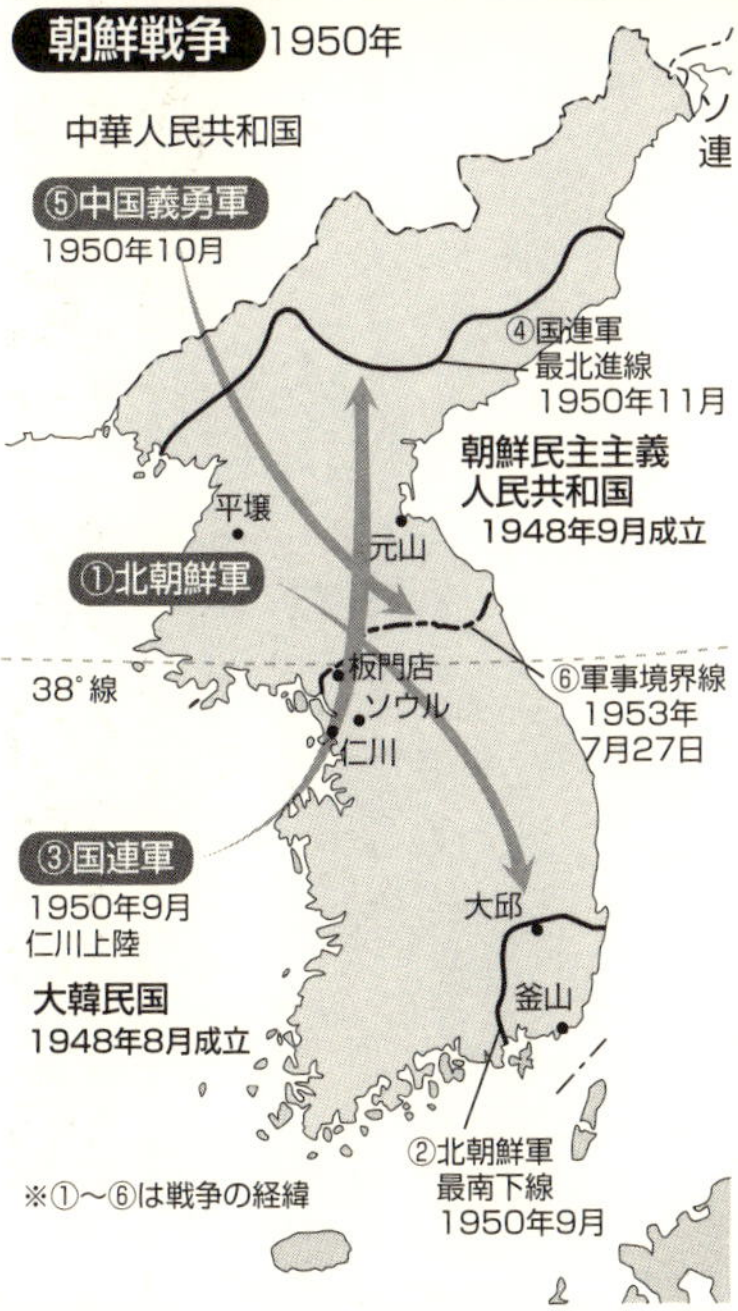
中華人民共和国
ソ連
⑤中国義勇軍
1950年10月
④国連軍
最北進線
1950年11月
朝鮮民主主義
人民共和国
1948年9月成立
平壌
元山
①北朝鮮軍
38°線
板門店
ソウル
仁川
⑥軍事境界線
1953年
7月27日
③国連軍
1950年9月
仁川上陸
大邱
釜山
大韓民国
1948年8月成立
②北朝鮮軍
最南下線
1950年9月

※①〜⑥は戦争の経緯

経常収支と特需収入

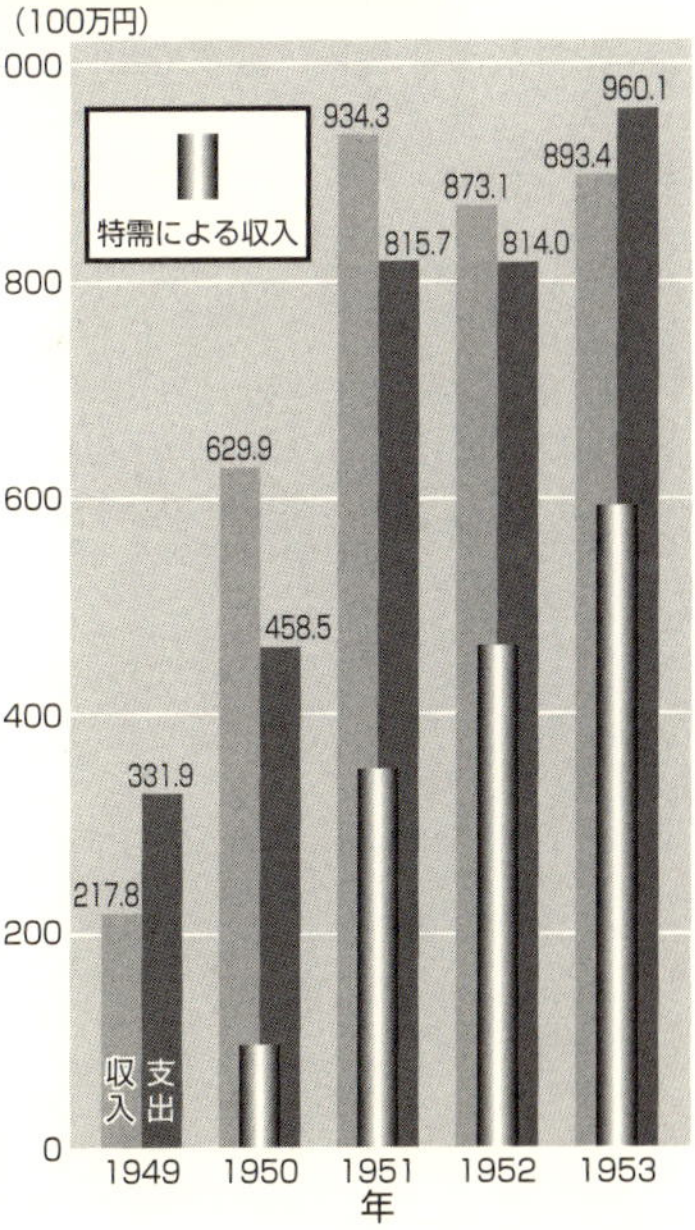
(100万円)
1000
800
600
400
200
0
特需による収入
収入
支出
217.8
331.9
629.9
458.5
934.3
815.7
873.1
814.0
893.4
960.1
1949
1950
1951
1952
1953
年

日本の独立2

アメリカが急いだ日本独立の真意は？

ソ連抜きでも日本の独立を願ったアメリカの新戦略

サンフランシスコ平和条約には連合国の一翼を担っていたソ連は調印しなかった。中国は共産党政府と国民党政府のどちらにするかで米英の意見が一致せず代表が招かれなかった。いずれにしても日本は米英仏など自由主義陣営の一員として独立を回復した。そして、日本国内では社会党や共産党を中心とする勢力が、ソ連・中国を含む全面講和条約を主張し激しく対立した。

米英仏は朝鮮戦争が始まる前の一九四八年六月から約一年間、ソ連による西側ベルリン封鎖に対抗して空輸による補給を続け、その間に、NATO（北大西洋条約機構）を成立させ、西側一六ヵ国による個別的・集団的自衛権の行使を約束してソ連の脅威に対抗する集団安全保障体制を打ち立てた。対日講和条約も、こうしたヨーロッパにおける集団安全保障体制の事実上のアジア版であった。

「日本を共産主義の防波堤にする」というロイヤル陸軍長官の発言は一九四八年（昭和二十三）一月である。中国大陸の内戦は、毛沢東指導の共産党軍が蔣介石《しょうかいせき》指導の国民党軍を押し気味に進めていた。朝鮮半島では統一に向けた南北会談が進展せず、まもなく大韓民国と朝鮮民主主義人民共和国の分断国家が成立した。そして、ヨーロッパでは前記のソ連によるベルリン封鎖が行なわれた。

こうした状況下で、アメリカはヨーロッパでもアジアでも共産主義勢力の浸透を食い止めるという政策を掲げ、日本を同盟国の一員として選んだのである。日本に米軍駐留という事実があり、最大の軍事基地がある沖縄の占領が引き続き許されるのであるから、日本はアメリカから離反できない。そういうおりに朝鮮戦争が勃発し、対日講和交渉が加速されたのだった。

日本と連合国とのサンフランシスコ平和条約

●調印する
全権吉田茂首相

■ 調印国

アメリカ
アルゼンチン
イギリス
イラク
イラン
インドネシア
ウルグアイ
エクアドル
エジプト
エチオピア
エルサルバドル
オーストラリア
オランダ
カナダ
カンボジア
キューバ
ギリシャ
グァテマラ
コスタリカ
コロンビア
サウジアラビア
シリア
セイロン（スリランカ）
チリ
ドミニカ
トルコ
ニカラグア
ニュージーランド
ノルウェー
ハイチ
パキスタン
パナマ
パラグアイ
フィリピン
ブラジル
フランス
ベトナム
ペルー
ベルギー
ボリビア
ホンジュラス
南アフリカ連邦
(南アフリカ共和国)
メキシコ
ラオス
リベリア
ルクセンブルグ
レバノン

■ 調印拒否国

ソビエト社会主義共和国連邦（ソ連）
チェコスロバキア
ポーランド

■ 不参加国

インド
ビルマ（ミャンマー）
ユーゴスラビア

□ 不招請国

中華人民共和国
中華民国

6 マッカーサーの日本評とは？

「日本国民は戦後、現代史上最大の変革を行なってきた。日本国民はみごとな意志力と学ぼうとする熱意、優れた理解力を発揮して、戦いの跡に残された灰の中から個人の自由と尊厳を至高とする高い精神を築きあげた。

……日本が今後のアジアの動向にきわめて有益な影響を及ぼすことは十分に期待できる。その証拠に、日本国民は最近、国外からの戦火と不安と混乱の試練をみごとに乗り切っただけでなく、国内でも共産主義の膨張を押さえながら急速な進歩をなしとげたのである。

私は朝鮮の戦場に占領軍の四個師団全部を派遣したが、そのために日本に力の空白が生まれるというような不安は全く感じなかった。その結果は、完全に私の信頼を裏づけるものであった。

私は日本ほど安定し、秩序を保ち、勤勉である国、日本ほど人類の前進のため将来建設的な役割を果たしてくれるという希望のもてる国を他に知らない」

占領軍司令官を解任された直後、一九五一年四月十九日、米議会での演説の一節だ。■

▼帰国したマッカーサーは、ニューヨークで盛大な歓迎を受けた

井上成美

伊藤整一

宇垣　纏

太平洋戦争
日本軍の
主要将官
人名事典

海軍主要将官

井上成美《しげよし》（一八八九〜一九七五）　海軍大将
　開戦時に第四艦隊司令長官で、ポートモレスビー上陸作戦（ＭＯ作戦）を指揮したが、失敗した。その後、海兵学校長を経て、鈴木貫太郎内閣で米内光政海相のもと次官となり、終戦工作を極秘裏に進めた。もともと日米開戦には反対で、日独伊三国同盟には米内海相、山本次官とともに徹底反対を貫いた。敗戦後も、開戦派に回った将官を批判し続けた。航空主兵論の急先鋒で、開戦前の航空本部長時代、海軍軍備計画を見て「明治の頭で昭和の軍備を行なおうとする愚案」と痛烈批判、「新軍備計画論」を書いて提出した。

伊藤整一（一八九〇〜一九四五）　海軍大将
　開戦時の軍令部次長、最後は「大和」海上特攻の総指揮官で出撃、艦と運命を共にした。開戦時、海軍は陸軍とともに最後通牒《つうちょう》なしの奇襲を主張したが、外務大臣が反対、やむなくそれを受け入れた。東郷外相は真珠湾奇襲計画を知らなかったが、伊藤は最後通牒の手渡しを、真珠湾奇襲開始一時間前の十二月七日午後十二時三十分（ワシントン時間）と要望、のちに三〇分繰り下げて午後一時を要望、外相もそれを受け入れた。演習などの経験から作戦開始は遅れがちだから、三〇分前で十分と伊藤は考えたという。

宇垣　纏《まとめ》（一八九〇〜一九四五）　海軍中将
　開戦時の連合艦隊参謀長。しかし、ハワイ奇襲作戦からミッドウェー作戦に至るまでは、山本長官の偏愛もあって作戦参謀黒島亀

大西瀧治郎

小沢治三郎

草鹿龍之介

人の独壇場で、鬱々として過ごした。山本撃墜死のおりは二番機でやはり遭難。しかし傷癒えて前線に復帰、「大和」「武蔵」の第一戦隊司令官として、マリアナ沖海戦、レイテ海戦に従軍した。最後は第五航空艦隊司令長官として沖縄特攻の指揮をとり、終戦の詔勅《しょうちょく》を聞いた後、一一機二三名の搭乗員とともに最後の特攻に飛び立ち、戦死した。

大西瀧治郎《たきじろう》（一八九一〜一九四五）海軍中将

アメリカ軍がフィリピンに上陸したとき、零戦による敵艦体当たり戦法を採用した。「統帥の外道《げどう》」と自覚しつつも、その後も中止することはなかった。終戦時は軍令部次長でポツダム宣言受諾に強く反対した。終戦翌日未明に割腹自決。開戦時に山本長官からハワイ奇襲構想を打ち明けられ、源田実大佐に作戦案を作らせ、山本に提出したが、自身は反対だった。慎重繊細な大西の一面であるが、特攻指導との大きすぎる落差はなぜだったのか。

小沢治三郎《じさぶろう》（一八八六〜一九六六）海軍中将

開戦時、南遣艦隊司令長官で、陸軍のマレー半島コタバル上陸など、南方作戦全般にわたって陸軍と協同作戦を進めた。陸軍部隊に対する理解や決断力の見事さから、陸軍から「海軍では小沢が一番偉い」という評判をとった。早くから航空を重視した思想の持ち主で、機動部隊の創設を最も早く提言した。実際に機動部隊を任されマリアナ沖海戦を戦ったが、大敗。その後、最後の連合艦隊司令長官となったが、すでに動く軍艦はなかった。

草鹿《くさか》龍之介（一八九二〜一九七一）海軍中将

真珠湾奇襲を行なった機動部隊の参謀長。ミッドウェー海戦敗退後も機動艦隊参謀長を続け、南太平洋海戦などを戦った。のち連合艦隊参謀長となったが、マリアナ沖海戦で機動部隊が全滅、つづくレイテ沖海戦も敗退した。「大和」海上特攻では渋る伊藤整一中将を「一億特攻の魁《さきがけ》になってほしい」と説得し、出撃させた。敗戦後、各司令官と一緒に天皇

嶋田繁太郎

鈴木貫太郎

豊田副武

に拝謁、「みなさん、どうかたのみます」との御言葉に、「私らは声を上げて泣いた。けだし二六〇〇年の涙である」と書いている。

嶋田繁《しげ》太《た》郎《ろう》（一八八三～一九七六）　海軍大将

「開戦には何等責任を感じていないが、敗戦には責任を感じている」が、開戦時に海軍大臣だった嶋田の戦後の発言。東条内閣で海相になったが、開戦反対を押し通すには陸軍と内乱覚悟でやらないとできない雰囲気だったというのがその理由だ。開戦後は東条首相に全面協力し、「東条の副官」と陰口をたたかれた。戦後A級戦犯で終身刑の判決、のち釈放された。

鈴木貫《かん》太《た》郎《ろう》（一八六七～一九四八）　海軍大将

長く侍従長をつとめ、在任中に二・二六事件で襲撃され重傷を負った。昭和二十年四月、首相を引き受けたとき七八歳。鈴木は固辞したが天皇の「まげて頼む」に引き受けた。最初から終戦を秘中に組閣したが、むろん自ら降伏するということではなかった。本土決戦を準備しつつ「（ローマに滅ぼされた）カルタゴになるかネ、するかネ」と漏らしていたそうだ。ポツダム宣言受諾を巡って閣内不一致を理由に「聖断」を要請するという非常手段は天皇との阿吽《あうん》の呼吸だったといわれる。

豊田副武《そえむ》（一八八五～一九五七）　海軍大将

終戦時の軍令部総長。開戦直前、天皇から組閣を命じられた東条英機は、海軍が推薦した「豊田海相」を拒否した。日独伊三国同盟反対、南部仏印進駐反対、日米避戦と、反陸軍の姿勢がはっきりしていたし、陸軍を「陸《りく》助《すけ》」だの「陸軍には獣みたいな者がいる」との発言も聞こえていたからだ。すでに形をなさなくなっていた連合艦隊長官に推されたとき（昭和十九年五月）、「冗談じゃない」と嫌がった。ポツダム宣言では軍令部総長として米内海相に相談なしに「戦争継続」を上奏、米内から怒鳴られたが、そのときは神妙だったという。

永野修身

南雲忠一

福留　繁

永野修身《おさみ》（一八八〇～一九四七）　海軍大将・元帥

開戦時の軍令部総長。軍令部総長とは大元帥・天皇の海軍幕僚長である。アメリカの対日石油禁輸の直接原因となった南部仏印進駐に関し、日独伊三国同盟を存続させるかぎり、アメリカと戦わざるを得ないので、（開戦準備のために）進駐すべきだと上奏し、同時に戦争に勝てるかどうかはわからないと述べた。石油が止められたあとは、備蓄の石油がなくならないうちに早く開戦してもらいたいと強硬だった。戦後、A級戦犯で起訴されたが、途中で病没した。

南雲《なぐも》忠一《ちゅういち》（一八八七～一九四四）　海軍大将

真珠湾奇襲からインド洋作戦（英東洋艦隊の駆逐）に至るまで、第一航空艦隊司令長官として、六隻の空母部隊を統一指揮した。実際はハワイへの途中「とんでもないことを引き受けたのではないだろうか」と草鹿参謀長に問わず語りにつぶやくなど、自信はなかった。南雲は長く魚雷戦の指揮官として訓練を積んできたからで、航空戦は素人だったのだ。南太平洋海戦を最後に航空から離れ、最後は名ばかりの中部太平洋艦隊長官としてサイパンにあったとき米軍上陸に遭遇した。陸海軍総指揮官として奮戦、最後は自決した。

福留　繁（一八九一～一九七一）　海軍中将

開戦時の軍令部作戦部長。軍令部は海軍部隊を指揮するところだから、海軍全体の作戦を取り仕切るポストである。作戦の神様と称されたように頭はよかったが、真珠湾奇襲には反対した。航空機では戦艦も空母も沈まないと信じており、典型的な大艦巨砲主義者だった。山本戦死のあと古賀峯一が連合艦隊司令長官になると乞われて参謀長になった。しかし、具体的な戦果はなく、いわゆる海軍乙事件（134頁参照）の際、敵に次期作戦計画書類を奪われるという失態を演じた。その後、大西瀧治郎らとフィリピン航空特攻作戦を指揮した。

山口多聞

山本五十六

米内光政

山口多聞《たもん》（一八九二～一九四三）　海軍中将

　ミッドウェー海戦で脱出の機会がありながら空母「飛龍《ひりゅう》」艦長・加来止男《かくとめお》とともに運命をともにした。その模様は絵に描かれ、潔い武人の典型として教科書にも載った。開戦時から空母「蒼龍《そうりゅう》」「飛龍」を率いる第二航空戦隊司令官。航続力不足から奇襲部隊から外されていたが、帰りは漂流してもよいから連れていってくれと直談判して実現させた。ミッドウェー海戦では、僚艦の三空母が火炎に包まれるなか、全飛行機を発進させて、空母「ヨークタウン」大破（のち日本潜水艦が撃沈）の戦果をあげた。

山本五十六《いそろく》（一八八四～一九四三）　海軍大将・元帥

　一九三九年八月末連合艦隊司令長官となり、そのまま開戦。四三年四月にソロモン海上で米機により撃墜死した。日独伊三国同盟が陸軍からはじめて提起されたとき海軍次官。日米戦必至として米内海相・井上軍務局長らと絶対反対を貫いた。開戦が避けられないとみるや、真珠湾奇襲を構想、周囲の反対を押しきって実現させ、国民的英雄となった。ミッドウェー海戦に敗れ、続くソロモン海域の戦いでは有効な作戦を打ち出せなかった。

米内光政《よないみつまさ》（一八八〇～一九四八）　海軍大将

　太平洋戦争開戦時はすでに重臣（首相経験者）の一人で、「ジリ貧を避けようとしてドカ貧にならないよう十分御注意を願います」と天皇に奉答するのが精一杯だった。サイパン失陥のあと、小磯・米内連立内閣の一翼を担い、続く鈴木貫太郎内閣では「終戦を考えることを条件に」海軍大臣、井上次官の終戦工作を容認した。ポツダム宣言受諾にあたっては「国体の護持《ごじ》」を前提に受諾を強く主張、海軍部内の強硬派を押さえて鈴木首相、東郷外相らと終戦の「聖断《せいだん》」に導いた。

安達二十三

飯田祥二郎

今村　均

陸軍主要将官

安達《あだち》二十三《はたぞう》（一八九〇～一九四七）　陸軍中将

東部ニューギニア（現パプアニューギニア共和国）戦線の第一八軍司令官。具体的に指揮をとったのはダンピール海峡の悲劇（116頁参照）以後終戦まで。同戦線はマッカーサー軍がフィリピンへ向かう進撃路にあたり、米軍はところどころに上陸して補給基地を築いた。一八軍はそのつど反撃を繰り返したが、最初から補給路が断たれており、加えてジャングル、マラリア、沼沢湿原が将兵を苦しめた。投入兵力約一〇万・生還約九〇〇〇（一八軍のみ）。戦後、戦犯収容所内で自決。遺書に「将兵に対し人として堪《た》え得る限度を遙かに超越せる克難《こくなん》敢闘を要求致候《いたしそうろう》」とある。

飯田祥二郎（一八八八～一九八〇）　陸軍中将

ビルマ攻略の総指揮官。攻略軍はタイから陸路でビルマへ入ったが、飯田はその前にタイへの〝平和進駐〟を実現させるという任務を果たした。ビルマ平定後も、ビルマ独立運動の最高指導者バーモウ博士らとの協調を通じて、大東亜共栄圏内でのビルマ独立への下地を敷いた。いったん予備役となり、戦争末期に満州の関東軍の一軍司令官となり、ソ連軍と交戦、終戦後は五年間シベリアに抑留。

今村　均《ひとし》（一八八六～一九六八）　陸軍大将

蘭印（現インドネシア）攻略の総指揮官。軍政は強圧的でなく、大本営の不興を買った。のち、ガダルカナル島攻防とそれにつづくソロモン諸島とニューギニア戦の総指揮官となり、終戦までラバウルに在った。戦後、オーストラリア側から禁固一〇年、次いでオランダ側の戦犯裁判ではインドネシア有力者が有罪の不当性を訴え続け、無罪。禁固刑は巣鴨で服役したが途中で自ら望んでマヌス島に赴き服役し、のちふたたび巣鴨に移された。「死して虜囚《りょしゅう》の辱《はずかし》めを受けず」で有名な『戦陣訓』作成の統括責任者でもあった。

梅津美治郎

岡村寧次

栗林忠道

梅津美治郎《よしじろう》（一八八二〜一九四九）　**陸軍大将**
　開戦時は関東軍（満州駐屯の日本軍）司令官。主戦場は南方だったから、梅津の役割は国境を接しているソ連とトラブルを起こさないこと、すなわち「静謐《せいひつ》確保」だった。サイパン失陥後に参謀総長。そのまま終戦を迎えたが、ポツダム宣言受諾には強硬に反対した。ミズーリ号での降伏調印式では大本営代表で署名。代表になったら自決すると嫌がっていたが、天皇の直接の要請で引き受けたという。東京裁判でA級戦犯、判決は終身禁固刑だったが、判決まもなく病没した。

岡村寧次《やすじ》（一八八四〜一九六六）　**陸軍大将**
　開戦時、中国大陸に展開していた大軍団の一つ、北支那《しな》方面軍司令官。終戦時、中国大陸展開の全日本軍総指揮官である支那派遣軍総司令官で兵力一〇〇万を率いていた。支那派遣軍総司令官に就任したとき、すでに全体の戦局は敗勢必至だったが、首都である重慶への進攻作戦を提議するなど（大本営拒否）情勢に暗かった。降伏と決まったあとも、中国では負けていないとして戦争継続を天皇に訴える電報を発するなど、強硬だった。

栗林忠道《ただみち》（一八九一〜一九四五）　**陸軍大将**
　開戦時、広東にあった第二三軍参謀長で、香港攻略作戦を取り仕切った。やがて硫黄島守備部隊の小笠原兵団長となり、昭和十九年六月から準備に入り、地下坑道・陣地によるゲリラ戦による徹底抗戦を準備。米軍上陸後は想定どおりの戦いに徹し、米上陸部隊司令官ホーランド・スミス海兵中将をして「この戦闘は、過去一六八年の間に海兵隊が出会ったもっとも苦しい戦闘の一つであった。…太平洋で戦った敵指揮官中、栗林はもっとも勇猛であった」と言わしめた。同島で戦死。

小磯国昭《くにあき》（一八八〇〜一九五〇）　**陸軍大将**
　朝鮮総督だったが、サイパン失陥後、東条に代わって首相となったとき、「なんだこんなに負けているのか」と驚いたという。最後

小磯国昭

杉山　元

寺内寿一

は中国要人を通じての和平への模索を行なったが、軍の本土決戦論に勝てず総辞職、鈴木内閣に引き継がれた。満州事変・日中戦争から日米戦争に至る過程は、昭和初期に小磯がリーダー的役割を果たしつつ提唱していた陸軍主導の国家総動員体制を実現したが、首相になったときはすでに破綻していたわけである。

杉山　元《はじめ》（一八八〇～一九四五）**陸軍大将・元帥**

開戦時の参謀総長で、昭和十九年二月、東条首相兼陸相が強引に参謀総長職を奪うまでそのポストにあった。日中戦争勃発時にすでに陸軍大臣で、日本政府の、有名な「蔣介石を相手とせず」声明を強力に推進した。日独伊三国同盟締結後に参謀総長。松岡外相が訪独に当たってヒトラーへの〝手みやげ〟としたかったシンガポール攻略や、ドイツによるソ連侵攻に呼応しての、松岡の対ソ開戦要求には言質《げんち》を与えないだけの慎重さはあった。膨大な『杉山メモ』は残したが、自身の見解は全く述べていない。敗戦に際し自決した。

寺内寿一《ひさいち》（一八七九～一九四六）**陸軍大将・元帥**

開戦時から終戦時まで南方軍総司令官。南方軍とはマレー・シンガポール、ジャワ、ビルマ、フィリピン、ニューギニア、ソロモン、太平洋の各諸島など、中国・満州・内地の戦線以外すべてを束ねる司令部である。太平洋戦争とは寺内が戦ったようなものともいえるが、実態は大本営の作戦を取り次ぐ機関にすぎなかった。寺内が積極的に取り組んだ作戦にはインパール作戦やレイテ決戦があるが、両方とものの見事に失敗している。どちらも現地指揮官からは「無謀」「無意味」とされた作戦である。戦後一年目に病没。

東条英機（一八八四～一九四八）**陸軍大将**

昭和十六年十月、天皇から首相に指名された。前内閣（第三次近衛）は東条陸相の強硬な「中国からの撤兵不可論」のため総辞職したようなものだったが、「虎穴《こけつ》に入らずんば

東条英機

本間雅晴

牟田口廉也

虎児を得ず」の心境での大命降下といわれる。東条は天皇が求めた日米開戦見直しを彼なりに誠実に模索したが、ハル・ノートの通告を受けて開戦に踏み切った。戦後の東京裁判では日米双方による強い要請もあり、天皇に開戦責任なしと言い切った。

本間雅晴《まさはる》（一八八七〜一九四六）　陸軍中将

フィリピン攻略の総指揮官。陸軍きっての英語堪能者といわれ、詩歌にも秀でていた文人将軍だったが、フィリピン攻略後は予備役となった。バターン攻略の〝不手際〟を問われたのである。戦後、「バターン死の行進」（58頁参照）の責任を問われてマニラ戦犯裁判で銃殺刑。裁判には証人として富士子夫人も出廷、「私は、今なお本間雅晴の妻たることを誇りとしております。私の一人娘を本間のような人に嫁がせることを望んでおります」と陳述、法廷を感動させたという。

牟《む》田《た》口《ぐち》廉《れん》也《や》（一八八八〜一九六六）　陸軍中将

開戦時、第一八師団長としてマレー・シンガポール作戦に参加したあと、ビルマ攻略戦に途中から参加した。そのままビルマにとどまり、三個師団を束ねる第一五軍司令官となった。インパール攻略を提起し、多くの反対をねじ伏せるようにして大本営の認可を取りつけた。大方の予想どおりに失敗、最大推定六万五〇〇〇名がアラカン山中に屍をさらす結果を招いた。作戦中に参加三個師団の師団長すべてを更迭《こうてつ》するという異常な指揮ぶりで、神がかり的な言動も数多く残っているが、本人は戦後も作戦の正当性を訴え続けた。

武藤　章《あきら》（一八九二〜一九四八）　陸軍中将

開戦時、陸軍省軍務局長。このポストは大蔵省にたとえれば主計局長を想像すれば、だいたい見当がつく。武藤が最後まで拒否したのは「中国からの撤兵」だった。それが日米交渉で最大のネックになっており、こじれたら日米開戦という予想もしていた。そのうえ「（米英との）戦争は一歩誤ると社稷《しゃしょく》（国家・

武藤　章

山崎保代

山下奉文

朝廷）を危うくする」との自覚もあった。しかし、米英との戦争を避けてまで中国大陸からの撤兵を容認できなかった。東京裁判でA級戦犯として絞首刑。開戦に果たした大きな役割が問われたのだった。

山崎保代《やすよ》（一八九一〜一九四三）　陸軍中将

アッツ島守備隊長として「公認第一号」の玉砕戦を指揮した（128頁参照）。上級司令部からの玉砕の要請に、「その期至らば、在島将兵全員喜んで一丸となって死地につき、魂魄《こんぱく》は永く祖国を守るものと信ず」と返電。真面目一本の典型的な軍人といわれ、豪放磊落《らいらく》型の軍人ではなかった。玉砕戦は一方では負傷者に自決を命じたり、軍人ではない軍属にも玉砕を強いるものであっただけに、父親の性格をよく知る子息は「父も辛かったろうと思います。ずいぶん苦しんだことでしょう」と偲んでいる。没後、二階級特進で中将。

山下奉文《ともゆき》（一八八五〜一九四六）　陸軍大将

マレー・シンガポール攻略作戦の総指揮官。イギリスの東洋における最大の根拠地を短時間で占領したことから〝マレーの虎〟と称された。しかし、東条首相兼陸相に嫌われその後は満州に左遷された。フィリピン防衛戦で呼び戻され総指揮官となったが、すでに勝機はなく、あまつさえ情報無視のレイテ決戦を上級司令部から強いられた。そのため肝心のルソン島決戦ではほとんど満足な兵力がなく、完敗。戦後、マニラの戦犯裁判で、抗日ゲリラ討伐に名をかりた日本軍の残虐行為の責任を問われ、絞首刑。

日中戦争〜太平洋戦争年表

昭和	西暦	主な動き
6	1931	9・18満州事変勃発（関東軍の謀略で行なった柳条湖の鉄道爆破を口実に）
7	1932	3・1満州国建国を宣言　5・15五・一五事件（海軍青年将校らが犬養首相暗殺）
8	1933	3・27日本、国際連盟を脱退　5・7熱河作戦（日本軍が万里の長城を越えて河北省に侵攻）※この年、ヒトラーがドイツ首相に就任。ルーズベルトがアメリカ大統領に就任（一期目）
11	1936	2・26二・二六事件（陸軍青年将校らが軍・政府要人を襲撃殺害）　11・25日独防共協定調印　12・12西安事件（張学良が蔣介石を監禁、国共合作、すなわち国民党と共産党の協同による抗日戦を要請）※この年、スペイン内戦始まる
12	1937	7・7蘆溝橋事件（日中戦争始まる）　12・13日本軍、南京占領
13	1938	4・1国家総動員法公布　4・7〜6中旬徐州〜開封を占領　10・27武漢三鎮を占領 ※この年、ドイツはオーストリアを併合
14	1939	2〜3海南島を占領　5・14ノモンハン事件勃発　7・26米、日米通商航海条約の破棄通告（一九四〇・一失効）※この年、ドイツとソ連がポーランドに侵攻、第二次世界大戦始まる
15	1940	5・13〜9・4重慶など中国奥地航空爆撃（一〇一号作戦）　9・23北部仏印進駐 9・27日独伊三国同盟調印※この年、ドイツがフランスなど西ヨーロッパを占領、さ

		らにイギリス本土上陸をめざして空襲を開始したが、イギリスは防衛に成功
16	1941	4・13日ソ中立条約調印　4・16日米交渉始まる　5〜8月末重慶など中国奥地空襲作戦　7・28南部仏印進駐　8・1アメリカ、対日石油輸出禁止　10・18東条英機内閣成立　11・26米政府、ハル・ノートを提示　12・1御前会議、対米英蘭開戦を決定　12・8真珠湾を奇襲、マレー半島に上陸（太平洋戦争始まる）　12・10マレー沖海戦　※6月、ドイツのソ連侵攻開始、12月初攻勢頓挫
17	1942	1・2マニラ占領　2・15シンガポール占領　3・8ラングーン占領　3・9ジャワのオランダ軍降伏　4・18ドゥリットル空襲　5・7フィリピンの米比軍降伏　5・7〜8珊瑚海海戦、MO作戦失敗　6・5ミッドウェー海戦　7・18南海支隊、陸路でポートモレスビー攻略作戦開始　8・7米軍、ガダルカナルに上陸　8・9第一次ソロモン海戦　8・21一木支隊、ガダルカナル島飛行場奪還作戦で全滅　8・24第二次ソロモン海戦　9・12〜13川口支隊、ガダルカナルで総攻撃　9・26南海支隊、ポートモレスビー攻略を断念、撤退開始　10・12サボ島沖海戦　10・24〜25第二師団のガダルカナル総攻撃　10・26〜27南太平洋海戦　11・12〜14第三次ソロモン海戦　11・30ルンガ沖海戦　※この年、ドイツがユダヤ人絶滅政策を決定（ヴァンゼー会議）
18	1943	1月東部ニューギニアのブナ、ギルワ地区全滅　2・8ガダルカナルから撤退完了　3・3ダンピールの悲劇（ビスマルク海海戦）4月初旬い号作戦　4・18山本五十六連合艦隊司令官、撃墜死　5・29アッツ島守備隊玉砕　6月連合軍、ソロモン諸島と東部ニューギニアで攻勢開始　9・30御前会議、絶対国防圏を決定　11・24〜25マキ

		ン・タラワ島守備隊玉砕 ※この年、1・22スターリングラードドイツ軍降伏 5・12～13北アフリカでドイツ、イタリア軍降伏 9・8イタリア降伏 11・22カイロ会談 11・28テヘラン会談
19	1944	2・6クェゼリン島守備隊玉砕 3・8インパール作戦開始（～7月） 3・31古賀峯一連合艦隊司令長官行方不明、海軍乙事件 4・17大陸打通作戦（一号作戦）開始（～1945・1月） 5・3豊田副武、連合艦隊司令長官へ 6・15米軍、サイパン上陸 6・16B29日本初空襲（北九州） 6・19マリアナ沖海戦 7・7サイパン守備隊玉砕 7・18東条内閣総辞職 7・22小磯・米内内閣成立 10・10米、機動部隊が那覇を大空襲 10・12～16台湾沖航空戦 10・20米軍、レイテ島上陸 10・23～26レイテ沖海戦 10・25神風特別攻撃隊、初戦果（航空特攻始まる） 11・24マリアナ諸島発のB29、東京初空襲 ※この年、ソ連がレニングラードを奪還 6・6ノルマンディ上陸作戦開始 8・25連合軍、パリ解放 11・8米大統領ルーズベルト四選
20	1945	1・9米軍、ルソン島上陸 3・3米軍、マニラ解放 3・10東京大空襲 3・17硫黄島守備隊玉砕 4・1米軍、沖縄本島上陸沖縄航空特攻始まる 4・5小磯・米内内閣総辞職 4・7鈴木貫太郎内閣成立、戦艦「大和」沈没（沖縄海上特攻） 6・8御前会議、本土決戦方針を確認 6・23沖縄戦終わる 7・26ポツダム宣言 8・6広島に原爆投下 8・8ソ連、日本へ宣戦 8・9長崎へ原爆投下、ポツダム宣言受諾の聖断 8・14ポツダム宣言受諾の第二回目聖断 8・15正午ポツダム宣言受諾の玉音放送（日本降伏） 9・2ミズーリ号上で降伏調印 9・27天皇、マッカーサー元

		帥を訪問　※この年、5・8ドイツ降伏
21	1946	1・1天皇、自身の神格を否定（いわゆる人間宣言）　5・3極東国際軍事裁判（東京裁判）開始　※この年、ニュルンベルク裁判閉廷、一二人に死刑判決
22	1947	5・3日本国憲法施行
23	1948	11・12東京裁判、二五人に有罪判決（東条英機ら七人に死刑）　12・23東条英機らA級戦犯七人の死刑執行　※この年、ソ連によるベルリン封鎖　8・15大韓民国成立　9・9朝鮮民主主義人民共和国成立
24	1949	※この年、北大西洋条約機構（NATO）成立　10・1中華人民共和国成立
25	1950	※この年、6・25朝鮮戦争始まる
26	1951	4・11トルーマン米大統領、連合国最高司令官マッカーサー元帥を罷免、後任にリッジウェー中将　4・16マッカーサー帰国　9・8サンフランシスコ平和条約調印（沖縄はアメリカの信託統治下へ）、日米安全保障条約調印　※この年、7・10朝鮮戦争休戦会談開始（1953・7・27休戦協定調印）
27	1952	4・28対日平和条約、日米安全保障条約発効　GHQ廃止（日本独立を回復）
47	1972	5・15沖縄が日本復帰

主要参考文献

朝雲新聞社　防衛庁防衛研修所戦史室著『戦史叢書』全一〇二巻

朝日新聞社　『太平洋戦争への道　開戦外交史』全八巻

潮書房　『丸　別冊　太平洋戦争証言シリーズ』第二、四、六、七、八、一三、一四の各巻

新人物往来社　『別冊歴史読本　戦記シリーズ』第一～第五〇

河出書房新社　「図説シリーズ（ふくろうの本）」『日露戦争』『満州帝国』『日中戦争』『太平洋戦争』『第二次世界大戦』『アメリカ軍が撮影した占領下の日本』『日本海軍』

草思社　『米軍が記録したガダルカナルの戦い』『米軍が記録したニューギニアの戦い』『米軍が記録した日本空襲』

翔泳社　『図説　帝国陸軍』（監修・森松俊夫）　『図説　帝国海軍』（監修・野村実）

フットワーク出版　「秘蔵写真で知る近代日本の戦歴」シリーズ第一、二、三、四、五、六、七、八、一一、一二、一三、一四、一六、二〇の各巻

世界文化社　ビッグマンスペシャル『連合艦隊』の「勃興編」「激闘編」「日米開戦編」「日米決戦編」「南雲機動部隊編」「小沢機動部隊編」、同『ヒトラーの野望』の「電撃作戦編」「帝国滅亡編」

銀河出版　『戦場写真で見る　日本軍実戦兵器』

池宮商会　「太平洋戦争写真史」シリーズの『サイパンの戦い』『徹底抗戦　ペリリュー・ア

ンガウルの玉砕』『硫黄島の戦い』『フーコン・雲南の戦い』
『日本の戦争　図解とデータ』（桑田悦・前原透編著）『日本の戦争責任』（若槻泰雄）
『日本陸海軍総合事典』（秦郁彦編）
『ニミッツの太平洋海戦史』（実松譲・冨永謙吾訳）
『マッカーサー　記録・戦後日本の原点』（袖井林二郎・福島鑄郎編）
『第二次大戦　米国海軍作戦日誌』（米国海軍省戦史部編纂　史料調査会訳編）
『海戦史に学ぶ』（野村実）『魔性の歴史』（森本忠夫）
『太平洋戦争と日本軍部』（野村実）
『勝負と決断』（生出寿）

原書房
東京大学出版会
恒文社
日本放送出版協会
出版協同社
文藝春秋
山川出版社
光人社

太平洋戦争研究会
主として日中戦争・太平洋戦争に関する取材・調査・執筆・編集グループ。
新人物往来社の『別冊歴史読本・戦記シリーズ』の企画編集に従事し、河出書房新社の図説シリーズ「フクロウの本」で、『日露戦争』『満州帝国』『日中戦争』『太平洋戦争』『第二次世界大戦』『アメリカ軍が撮影した占領下の日本』『日本海軍』を執筆編集。
主要メンバーに平塚柾緒(代表)・森山康平・大原徹など。

学校で教えない教科書

面白いほどよくわかる
太平洋戦争

編著者
太平洋戦争研究会
発行者
友田　満
DTP
フレッシュ・アップ・スタジオ
印刷所
誠宏印刷株式会社
製本所
大口製本印刷株式会社
発行所
株式会社日本文芸社
〒101-8407 東京都千代田区神田神保町1-7
TEL.03-3294-8931[販売], 03-3294-8920[編集]
振替口座　00180-1-73081

*

落丁・乱丁はおとりかえいたします。
Printed in Japan　ISBN978-4-537-25001-5
112000825-112100810Ⓝ31
編集担当・石井

URL http://www.nihonbungeisha.co.jp